발달지체 영유아 조기개입 | 신변처리편 5

임경옥 저

학지사

머리말

필자가 25년을 특수교육현장에 있으면서 느꼈던 가장 큰 안타까움은 장애 및 발달지체 영유아를 지도하기 위해 조기에 개입할 수 있는 지침서가 없다는 것이었다. 이와 관련하여 이들을 양육하는 부모와 현장에서 지도하는 교사들의 요구가 지속되었지만 감히 엄두를 낼 수가 없었다.

그러나 대학에서 후학을 양성하고자 운영하던 특수교육기관을 정리하면서 그동안 미루어왔던 장애 영유아 발달 영역별 지도를 위한 지침서를 현장 경험을 바탕으로 열정 하나만 가지고 집필하였고, 출간된 지 벌써 6년이 지났다.

열정만 가지고 집필했던 지침서는 6년이 지난 현 시점에서 돌이켜 보면 부끄러워 감히 내놓을 수 없을 만큼 미숙하고 부족한 부분이 너무 많아 죄송한 마음을 금할 길 없다. 그럼에도 불구하고 『장애 영유아 발달 영역별 지침서』(전5권)가 장애 영유아를 지도하는 데 많은 도움이 되었다는 장애아동의 부모님, 특수교사, 그리고 장애 영유아를 위한 유아 교육현장의 통합반 담당 교사들에게 먼저 감사드린다. 그리고 부족한 부분에 조언을 아끼지 않고 오랫동안 이 책을 지켜봐 주신 주변 지인들에게도 감사의 인사를 드린다. 이러한 지원과 채찍은 기존에 출판된 저서의 미숙하고 부족한 부분을 보완하여 전반적인 수정과 더불어 다시 집필해야 한다는 책무로 다가왔다. 그러므로 『발달지체 영유아 조기개입』에 대한 집필은 이 책을 아껴 주셨던 모든 분에게 감사의 마음으로 헌납하고자 심혈을 기울였으며, 처음 집필 시의 열정을 가지고 미숙하게 출간된 부끄러움을 조금이나마 만회하고자 최선을 다하였다.

이 책은 시리즈로 구성되어 각 영역별로 구성되어 있다. '인지' '수용언어' '표현언어' '대근육과 소근육' '사회성과 신변처리' 등의 영역으로 구성되어 있으며, 각 영역별로 가정에서도 장애 및 발달지체 영유아를 쉽게 지도할 수 있도록 초점을 맞추었다. 이를 위해 가능한 한 전문적인 용어를 배제하고 가장 쉽게 이해할 수 있는 용어를 선택하고자 고심하였으며, 실제적이고 기능 중심적인 항목을 배치하고자 노력하였다. 그리고 각 항목마다 되도록 자세히 서술하였고, 각 책의 부록에는 각 영역별 발달수준을 체크하여 지도할 수 있도록 항목별 시행 일자와 습득 일자를 기록할 수 있는 관찰표를 수록하였다.

따라서 이 책을 활용하여 지도할 경우, 각 항목의 방법 1은 수행 여부를 가늠하기 위한 선행검사에 중점을 두었으므로 방법 1로 각 항목의 수행 여부를 관찰표에 기록한 후 지도하도록 한다. 이를 위해 각 영역별로 개인별 특성을 고려하여 장애 및 발달지체 영유아의 현재 나이를 기준으로 한두 살 아래와 위 단계까지 관찰표에 수행 여부를 기록한 후 지도할 것을 권장한다. 또한 각 항목별 수행 후 반드시 다양하게 위치를 바꾸어 수행 여부를 확인해야 하며, 특히 그림 지도 시에는 위치가 고정되어 있어 외워서 수행될 가능성을 배제할 수 없으므로 그림을 여러 장 복사한 후 그림을 오려서 다양하게 위치를 바꾸어 확인해야 한다.

강화제(행동의 결과로 영유아가 좋아하는 것을 제공하는 것. 예: 음식물, 장난감, 스티커 등) 적용은 각 항목의 방법에 적용되어 있는 순서를 참고하여 필요 시 각 단계마다 적절하게 상황을 판단하여 제공해 줄 것을 제안한다. 그리고 처음 지도 시에는 자주 강화제를 제공하다가 점차 줄여나가야 함을 유의하도록 한다.

끝으로, 이 책이 장애 및 발달지체 영유아를 양육하는 부모님과 이들을 현장에서 지도하는 모든 교사, 그리고 장애 영유아를 위한 보육교사와 특수교사를 배출하는 대학의 교재로서 미력하나마 도움이 되길 진심으로 바란다. 또한 이 책의 출판을 맡아 준 학지사의 김진환 사장님을 비롯하여 완성도 높은 책이 출판될 수 있도록 힘든 편집과 교정 및 삽화 작업을 묵묵히 도와주신 편집부 김준범 차장님과 직원들에게도 감사드린다. 마지막으로 이 책의 이해를 돕기 위해 사용한 삽화의 근간이 되어 준 『장애 영유아 발달 영역별 지침서』의 그림을 그려 준 딸 수지와 진심으로 격려해 주고 지원해 준 지인들에게 무한한 고마움을 전하며 모든 분에게 하나님의 축복과 영광이 함께하길 기원한다.

장애 및 발달지체 영유아의 행복한 삶을 기원하며

2018년 1월 임경옥

차례

신변처리편

0~1세 ———-• 11

1. 도움 받아 젖병의 우유 빨아 삼키기
2. 두 손으로 젖병 잡기
3. 젖병을 두 손으로 잡고 우유 빨아 삼키기
4. 성인이 컵을 잡아 주면 음료수 마시기
5. 스파우드 컵으로 음료수 마시기
6. 빨대 컵으로 음료수 마시기
7. 도움 받아 유동식 먹기
8. 도움 받아 숟가락에 놓인 유동식 먹기
9. 손을 사용하여 과자 집어 먹기
10. 양쪽에 손잡이가 달린 컵 쥐기
11. 모자 벗기

1~2세 ———-• 37

12. 한쪽 손잡이가 달린 컵 쥐기
13. 두 손으로 컵 잡기
14. 두 손으로 컵 잡고 물 마시기
15. 지퍼를 내려 주면 바지 내리기
16. 성인을 모방하여 수건으로 손 닦기
17. 찍찍이를 떼어 주면 신발 벗기
18. 벙어리장갑 벗기
19. 양말 벗기
20. 겉옷을 입혀 줄 때 팔 벌리기
21. 모자 쓰고 벗기

2~3세 ———— 59

22. 도움 받아 손 씻기
23. 동화책을 책장에 꽂기
24. 빨대를 사용하여 음료수 마시기
25. 숟가락을 사용하여 흘리면서 음식 먹기
26. 컵을 제자리에 갖다 놓기
27. 영아용 변기에 앉기
28. 바지를 잡아 주면 바지에 다리 넣기
29. 찍찍이를 떼고 신발 벗기
30. 똑딱단추 열기
31. 지퍼를 내려 주면 바지 내리기
32. 한 손으로 컵 잡고 물 마시기
33. 큰 지퍼 내리기
34. 냅킨을 사용하여 입 닦기
35. 영아용 변기에 대소변 보기
36. 신발장에 신발 넣기

3~4세 ———— 90

37. 고무줄 바지 벗기
38. 포크로 음식 찍어 먹기
39. 단추나 지퍼를 열어 주면 외투 벗기
40. 화장실 노크하기
41. 변기의 물 내리기
42. 도움 받아 이 닦기
43. 수건으로 스스로 손 닦기
44. 수건으로 얼굴 닦기
45. 스탠드 옷걸이에 겉옷 걸기
46. 숟가락을 사용하여 음식 먹기
47. 머리 빗기
48. 교사를 모방하여 손 씻기
49. 찍찍이를 떼어 주면 신발 신기
50. 큰 지퍼 올리기
51. 옷의 앞부분 찾기
52. 양말 신기
53. 화장실에서 대소변 보기

4～5세 ———— 127

54. 휴지통 비우기
55. 화장실 문 열기
56. 티셔츠의 목을 늘여 주면 티셔츠 벗기
57. 단추나 지퍼를 열어 주면 외투 입기
58. 고리에서 벨트 빼기
59. 모방하여 이 닦기
60. 나이프를 사용하여 빵에 잼 바르기
61. 찍찍이 달린 신발 신기
62. 수도꼭지 틀고 잠그기
63. 스스로 손 씻기
64. 손 씻고 수건으로 닦기
65. 고무줄 바지 입기
66. 지퍼 내리고 바지 벗기
67. 도움 받아 세수하기
68. 좌우를 살피며 길 건너기
69. 큰 단추 빼기
70. 옷에 묻은 것 닦기
71. 코 닦기
72. 벙어리장갑 끼기
73. 혼자 스스로 놀이터나 슈퍼 가기
74. 쟁반 들고 음식 나르기
75. 팩 음료수 구멍에 빨대 꽂기
76. 작은 지퍼 내리기

5～6세 ———— 175

77. 팔과 다리 씻기
78. 화장실 문을 닫아 잠그기
79. 차에서 안전벨트 매기
80. 세수하기
81. 이 닦기
82. 고리에 벨트 끼우기
83. 주전자로 컵에 물 따르기
84. 나이프로 부드러운 음식 자르기
85. 휴지로 대변 닦기
86. 큰 단추 끼우기
87. 수저 사용하기
88. 200㎖ 우유 팩 열기
89. 작은 단추 빼기
90. 외투 벗기
91. 큰 접시에 담긴 음식 덜어서 먹기
92. 티셔츠의 목을 늘여 주면 티셔츠 입기
93. 티셔츠 벗기
94. 가방 메기
95. 후크 풀기
96. 신발 끈 풀기
97. 음료수 뚜껑 열기
98. 작은 지퍼 올리기

6~7세

6~7세 ———-• 249

99. 캔 음료수 뚜껑 따기
100. 미숫가루 타서 마시기
101. 샌드위치 만들기
102. 주전자로 컵에 그어진 선까지 물 따르기
103. 외투 입기
104. 벨트의 버클 풀기
105. 작은 단추 끼우기
106. 외투 입고 벗기
107. 후크 잠그기
108. 똑딱단추 잠그기
109. 음료수 뚜껑 닫기
110. 티셔츠 입기
111. 바지 입기
112. 속옷 입기
113. 장화 신기
114. 자기 방의 물건 정리 정돈하기
115. 옷걸이에 외투 걸기
116. 상황이나 장소에 맞는 옷 고르기
117. 벨트의 버클 끼우기
118. 삼색 주먹밥 만들기
119. 지퍼 끼우기
120. 신발 끈 끼우기
121. 신발 끈 묶기

부록 ———-• 311

관찰표-신변처리편

신변처리편

| 0~1세 | 1~2세 | 2~3세 | 3~4세 | 4~5세 | 5~6세 | 6~7세 |

0~1세

1 도움 받아 젖병의 우유 빨아 삼키기

0~1세

목표 | 도움 받아 젖병의 우유를 빨아 삼킬 수 있다.

자료 | 젖병, 강화제

방법 ❶

- 교사가 젖병의 우유를 빨아 삼키는 시범을 보인다.
- 교사가 젖병의 젖꼭지 부분을 영아의 입에 넣어 준 후 영아 스스로 젖병의 우유를 빨아 삼키게 한다.
- 수행되면 영아의 특성에 맞는 적절한 강화제를 제공한다.

방법 ❷

- 교사가 젖병의 우유를 빨아 삼키는 시범을 보인다.
- 교사가 젖병의 젖꼭지 부분을 영아의 입에 넣어 준 후 영아에게 젖병의 우유를 빨아 삼키게 한다.
- 젖꼭지 부분을 빨지 못하면 교사가 젖꼭지 부분에 꿀을 발라 영아의 입속에 넣어 준다.
- 교사가 영아의 입에 젖꼭지를 물린 후 손으로 입을 오므려 주고 볼을 앞, 뒤로 만지면서 자극을 준다.

- 교사가 영아의 입에 물린 우유병을 잡고 앞, 뒤로 천천히 움직여 준다.
- 영아가 쉽게 삼킬 수 있도록 교사가 손으로 영아의 턱 아래부터 시작해서 목까지 아래, 위로 반복하여 부드럽게 마사지해 준다.
- 도움을 점차 줄여 간다.
- 교사가 다시 젖병의 젖꼭지 부분을 영아의 입에 넣어 준 후 영아 스스로 젖병의 우유를 빨아 삼키게 한다.
- 수행되면 영아의 특성에 맞는 적절한 강화제를 제공한다.

☞ 필요시 각 단계마다 적절한 강화제(예: 안아 주기, 뽀뽀하기, 칭찬하기, 좋아하는 과자나 장난감 주기 등)를 제공하면 과제 수행을 촉진할 수 있으므로 적극적으로 활용하도록 한다.

☞ 우유 대신 영아가 좋아하는 천연 음료 등을 만들어 젖병에 넣어 사용한 후 지도해도 효과적이다.

☞ 젖병에 예쁜 그림이 그려져 있어 영아의 호기심을 자극할 수 있는 젖병부터 젖병의 윗부분이 엄마의 가슴과 같이 생긴 다양한 종류의 젖병들이 시판되고 있어 이를 활용하면 효율적이다.

☞ 스푼젖병은 영아가 젖병을 빠는 것이 아니라 양육자가 젖병을 짜서 필요한 양을 스푼에 담아 영아 입으로 흘려주기 때문에 영아가 흘리지 않고 깨끗하게 먹을 수 있을 뿐만 아니라 모유나 우유를 편안하게 섭취할 수 있어 젖병을 잘 빨지 못하는 경우에도 활용할 수 있다.

☞ 영아의 안전과 위생을 고려하여 환경호르몬이 검출되지 않는 폴리에테르설폰(PES)이나 폴리페닐설폰(PPSU), 실리콘 재질의 젖병을 사용하도록 한다.

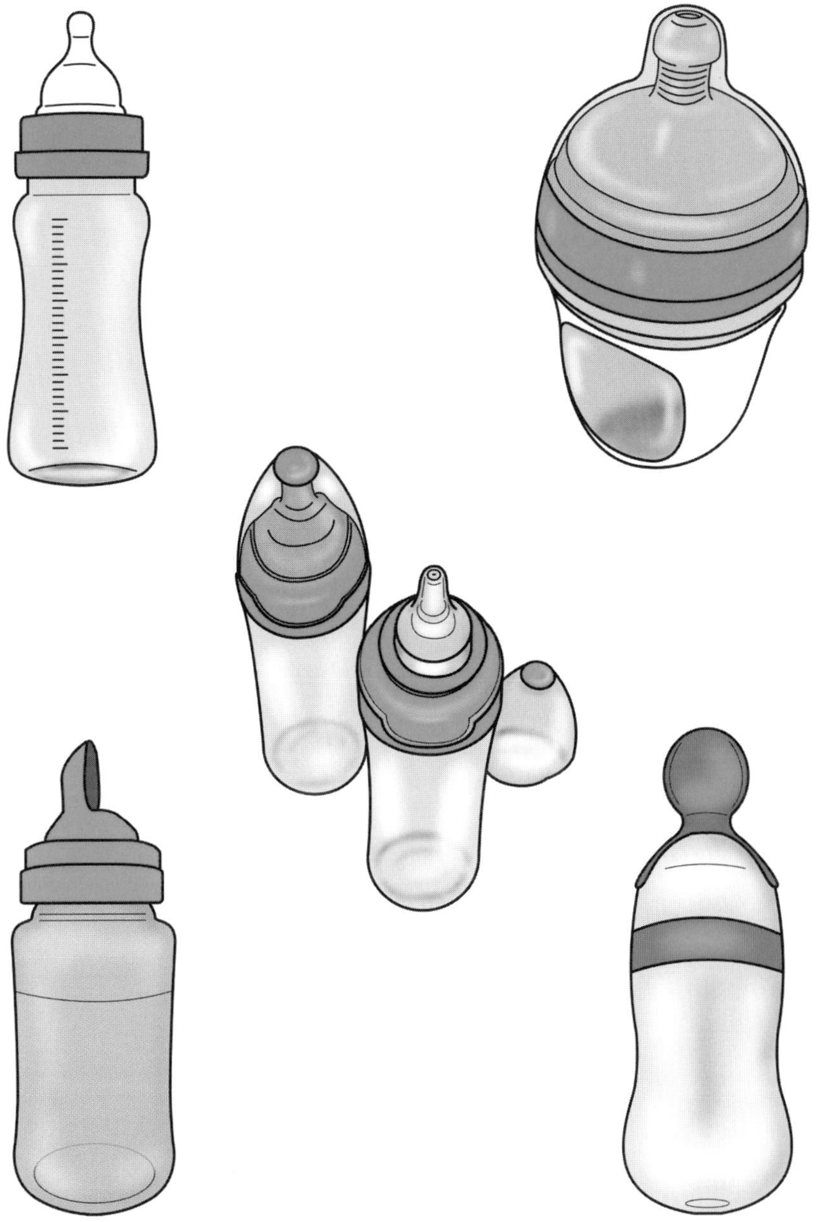

스푼젖병

2 두 손으로 젖병 잡기

0~1세

목표 | 두 손으로 젖병을 잡을 수 있다.

자료 | 젖병, 양쪽에 손잡이가 달린 젖병, 강화제

방법 ❶

- 교사가 두 손으로 젖병을 잡는 시범을 보인다.
- 교사가 영아를 비스듬히 안고 얼러 주면서 젖병을 준 후 교사를 모방하여 두 손으로 젖병을 잡게 한다.
- 수행되면 영아 스스로 두 손으로 젖병을 잡게 한다.
- 수행되면 영아의 특성에 맞는 적절한 강화제를 제공한다.

방법 ❷

- 교사가 두 손으로 젖병을 잡는 시범을 보인다.
- 교사가 영아를 비스듬히 안고 얼러 주면서 젖병을 준 후 교사를 모방하여 두 손으로 젖병을 잡게 한다.
- 잡지 못하면 교사가 양쪽에 손잡이가 달린 젖병을 준 후 두 손으로 젖병을 잡게 한다.
- 잡지 못하면 영아가 양쪽에 손잡이가 달린 젖병을 잡을 수 있도록 교사가 영아의 손을 잡아 양쪽의 손잡이에 손을 넣어 준 후 두 손으로 손잡이를 잡게 하고 같이 젖병을 잡아 준다.
- 수행되면 영아가 두 손으로 젖병을 잡을 수 있도록 교사가 한쪽의 손잡이에 영아의 손을 넣어 준 후 잡게 하고 한쪽은 교사가 영아의 손을 잡고 잡아 준다.
- 영아가 두 손으로 젖병을 잡을 수 있도록 교사가 양쪽의 손잡이에 영아의 손을 넣어 준 후 잡게 한다.
- 교사가 양쪽에 손잡이가 달린 젖병을 가리키며 두 손으로 잡는 몸짓을 보여 주며

영아에게 잡게 한다.

- 도움을 점차 줄여 간다.
- 수행되면 영아 스스로 양쪽에 손잡이가 달린 젖병을 두 손으로 잡게 한다.
- 수행되면 교사가 손잡이가 없는 젖병을 준 후 영아에게 두 손으로 젖병을 잡게 한다.
- 잡지 못하면 교사가 영아의 두 손을 잡고 젖병을 잡아 준다.
- 교사가 영아의 한쪽 손을 잡아 젖병을 같이 잡고 영아의 다른 손이 젖병에 닿게 도와준 후 젖병을 잡게 한다.
- 교사가 영아의 두 손을 젖병에 닿게 한 후 영아에게 젖병을 잡게 한다.
- 교사가 영아의 두 손이 닿을 수 있는 위치에 젖병을 놓아 준 후 영아에게 젖병을 잡게 한다.
- 도움을 점차 줄여 간다.
- 수행되면 영아 스스로 젖병을 두 손으로 잡게 한다.
- 수행되면 영아의 특성에 맞는 적절한 강화제를 제공한다.

☞ 영아의 안전과 위생을 고려하여 환경호르몬이 검출되지 않는 폴리에테르설폰(PES)이나 폴리페닐설폰(PPSU), 실리콘 재질의 젖병을 사용하도록 한다.

☞ 다음 그림과 같이 양쪽에 손잡이가 달린 다양한 종류의 젖병들이 시판되고 있으므로 이를 활용하면 효율적이다.

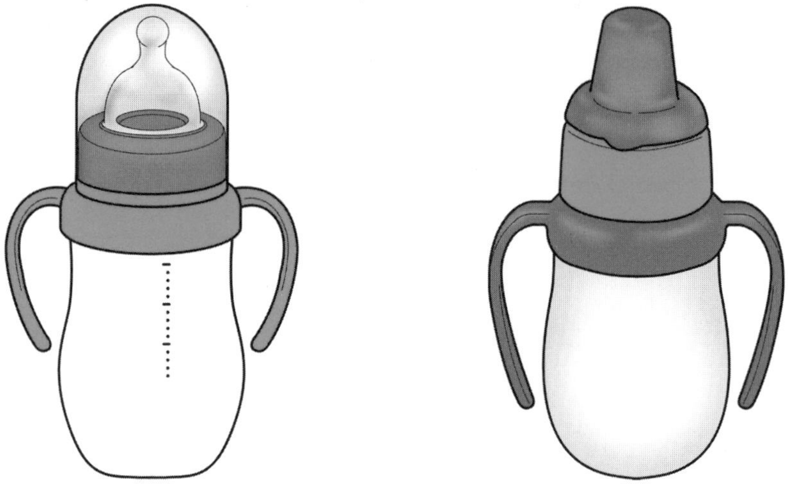

양쪽에 손잡이가 달린 젖병

일반 젖병

3 젖병을 두 손으로 잡고 우유 빨아 삼키기

0~1세

목표 | 젖병을 두 손으로 잡고 우유를 빨아 삼킬 수 있다.

자료 | 양쪽에 손잡이가 달린 젖병, 젖병, 강화제

방법 ❶

- 교사가 젖병을 두 손으로 잡고 우유를 빨아 삼키는 시범을 보인다.
- 영아에게 교사를 모방하여 젖병을 두 손으로 잡고 우유를 빨아 삼키게 한다.
- 수행되면 영아 스스로 젖병을 두 손으로 잡고 우유를 빨아 삼키게 한다.
- 수행되면 영아의 특성에 맞는 적절한 강화제를 제공한다.

방법 ❷

- 교사가 젖병을 두 손으로 잡고 우유를 빨아 삼키는 시범을 보인다.
- 영아에게 교사를 모방하여 젖병을 두 손으로 잡고 우유를 빨아 삼키게 한다.
- 모방하지 못하면 교사가 영아에게 양쪽에 손잡이가 달린 젖병을 준 후 양쪽 손잡이를 두 손으로 잡고 우유를 빨아 삼키게 한다.
- 수행되면 교사가 양쪽 손잡이가 없는 젖병을 준 후 영아에게 젖병을 두 손으로 잡아 우유를 빨아 삼키게 한다.
- 수행되면 교사가 영아의 두 손을 젖병에 대 준 후 영아에게 젖병을 잡아 우유를 빨아 삼키게 한다.
- 교사가 수건을 접어 영아의 가슴 부분에 올려놓은 후 그 위에 젖병을 놓아 영아에게 젖병을 두 손으로 잡아 우유를 빨아 삼키게 한다.
- 도움을 점차 줄여 간다.
- 수행되면 영아 스스로 젖병을 두 손으로 잡아 우유를 빨아 삼키게 한다.
- 수행되면 영아의 특성에 맞는 적절한 강화제를 제공한다.

☞ 우유 대신 영아가 좋아하는 음료수 등을 사용해도 효과적이다.

☞ 양쪽에 손잡이가 있는 젖병이 없는 경우 영아가 젖병을 쉽게 잡을 수 있도록 젖병에 까슬이나 보슬이를 붙여 주면 젖병을 잡을 때 미끄러지는 현상을 방지할 수 있어 효과적이다. 수행되고 나면 까슬이나 보슬이를 제거한 후 확인하도록 한다.

☞ 항목 1의 '도움 받아 젖병의 우유 빨아 삼키기' 와 항목 2의 '두 손으로 젖병 잡기' 를 수행시킨 후 젖병을 두 손으로 잡고 우유 빨아 삼키기를 지도하면 쉽게 수행이 가능하다.

4 성인이 컵을 잡아 주면 음료수 마시기 0~1세

목표 | 성인이 컵을 잡아 주면 음료수를 마실 수 있다.

자료 | 컵, 영아가 좋아하는 음료수(주스, 우유 등), 턱받이, 강화제

방법 ❶

- 교사가 영아에게 턱받이를 해 준 후 컵을 기울여 좋아하는 음료수가 들어 있는 것을 보여 준다.
- 교사가 컵으로 영아가 좋아하는 음료수를 마시는 시범을 보인다.
- 교사가 컵을 잡아 준 후 영아에게 교사를 모방하여 음료수를 마시게 한다.
- 수행되면 교사가 컵을 잡아 준 후 영아 스스로 음료수를 마시게 한다.
- 수행되면 영아의 특성에 맞는 적절한 강화제를 제공한다.

방법 ❷

- 교사가 영아에게 턱받이를 해 준 후 컵을 기울여 좋아하는 음료수가 들어 있는 것을 보여 준다.

- 교사가 컵으로 영아가 좋아하는 음료수를 마시는 시범을 보인다.
- 교사가 컵을 잡아 준 후 영아에게 교사를 모방하여 음료수를 마시게 한다.
- 마시지 못하면 교사가 컵에 1/4 정도 음료수를 따라 컵을 잡고 기울여 영아의 입에 닿게 해 준 후 마시게 한다.
- 수행되면 교사가 컵에 1/4 정도 음료수를 따라 컵을 잡고 기울여 준 후 영아에게 마시게 한다.
- 수행되면 교사가 컵에 2/4 정도 음료수를 따라 컵을 잡고 기울여 준 후 영아에게 마시게 한다.
- 도움을 점차 줄여 간다.
- 수행되면 교사가 컵을 잡아 준 후 영아 스스로 음료수를 마시게 한다.
- 수행되면 영아의 특성에 맞는 적절한 강화제를 제공한다.

☞ 영아가 좋아하는 음료수가 강화제가 될 수 있으므로 특별히 강화제를 준비하지 않아도 무방하다.

5 스파우드 컵으로 음료수 마시기 0~1세

목표 | 스파우드 컵으로 음료수를 마실 수 있다.

자료 | 스파우드 컵, 영아가 좋아하는 음료수(주스, 우유 등), 강화제

방법 ❶

- 교사가 스파우드 컵으로 영아가 좋아하는 음료수를 마시는 시범을 보인다.
- 영아에게 교사를 모방하여 스파우드 컵으로 음료수를 마시게 한다.
- 수행되면 영아 스스로 스파우드 컵으로 음료수를 마시게 한다.
- 수행되면 영아의 특성에 맞는 적절한 강화제를 제공한다.

방법 ❷

- 교사가 스파우드 컵 안에 영아가 좋아하는 음료수가 들어 있는 것을 보여 준다.
- 교사가 스파우드 컵으로 영아가 좋아하는 음료수를 마시는 시범을 보인다.
- 영아에게 교사를 모방하여 스파우드 컵으로 음료수를 마시게 한다.
- 마시지 못하면 교사가 스파우드 컵을 잡고 흡입구를 영아의 입에 닿게 한 후 마시게 한다.
- 영아에게 스파우드 컵을 잡게 하고 교사가 흡입구를 영아의 입에 닿게 한 후 마시게 한다.
- 도움을 점차 줄여 간다.
- 수행되면 영아 스스로 스파우드 컵을 잡고 마시게 한다.
- 수행되면 영아의 특성에 맞는 적절한 강화제를 제공한다.

☞ 스파우드 컵은 빨대 컵으로 넘어가기 전에 사용하는 것으로 다음 그림처럼 흡입구가 젖병처럼 되어 있거나 비슷한 모양으로 되어 있어 젖병에 익숙한 영아들도 거부감 없이 사용할 수 있다. 6개월 정도부터 사용할 수 있으며, 빨대 컵과도 호환이 가능하여 경제적이며 실용적이다.

☞ 영아의 안전과 위생을 고려하여 되도록 환경호르몬이 검출되지 않는 실리콘이나 트라이탄 재질로 된 친환경 소재의 스파우드 컵을 사용하도록 한다.

0~1
세

6 빨대 컵으로 음료수 마시기

0~1세

목표 | 빨대 컵으로 음료수를 마실 수 있다.

자료 | 빨대 컵, 영아가 좋아하는 음료수(주스, 우유 등), 강화제

방법 ❶

- 교사가 빨대 컵 안에 영아가 좋아하는 음료수가 들어 있는 것을 보여 준다.
- 교사가 빨대 컵으로 영아가 좋아하는 음료수를 마시는 시범을 보인다.
- 영아에게 교사를 모방하여 빨대 컵으로 음료수를 마시게 한다.
- 수행되면 영아 스스로 빨대 컵으로 음료수를 마시게 한다.
- 수행되면 영아의 특성에 맞는 적절한 강화제를 제공한다.

방법 ❷

- 교사가 빨대 컵 안에 영아가 좋아하는 음료수가 들어 있는 것을 보여 준다.
- 교사가 빨대 컵으로 영아가 좋아하는 음료수를 마시는 시범을 보인다.
- 영아에게 교사를 모방하여 빨대 컵으로 음료수를 마시게 한다.
- 마시지 못하면 교사가 빨대 컵을 잡고 빨대를 영아의 입에 넣어 준 후 마시게 한다.
- 수행되면 교사가 빨대 컵을 잡고 빨대를 영아의 입에 닿게 해 준 후 마시게 한다.
- 수행되면 영아에게 빨대 컵을 잡게 하고 교사가 빨대를 영아의 입에 넣어 준 후 마시게 한다.
- 수행되면 영아에게 빨대 컵을 잡게 하고 교사가 빨대를 영아의 입에 닿게 해 준 후 마시게 한다.
- 도움을 점차 줄여 간다.
- 수행되면 영아 스스로 빨대 컵을 잡고 마시게 한다.
- 수행되면 영아의 특성에 맞는 적절한 강화제를 제공한다.

☞ 빨대 컵은 10개월 정도부터 사용할 수 있으며, 일반 컵에 익숙해질 수 있도록 도와준다. 그리고 스파우드 컵이 있는 경우에는 빨대만 꽂아서 사용하면 된다.

☞ 영아의 안전과 위생을 고려하여 되도록 환경호르몬이 검출되지 않는 실리콘이나 트라이탄 재질로 된 친환경 소재의 컵을 사용하도록 한다.

7 도움 받아 유동식 먹기

0~1세

목표 | 도움 받아 유동식을 먹을 수 있다.

자료 | 유동식, 이유식 스푼이나 영아용 숟가락, 강화제

방법 ❶

- 교사가 영아에게 유동식을 보여 준 후 먹는 시범을 보인다.
- 교사가 팔로 영아를 비스듬히 안은 후 얼러 주면서 이유식 스푼으로 영아의 혀 중앙에 유동식을 조금씩 놓아 준다.
- 영아가 유동식을 먹게 한다.
- 수행되면 영아의 특성에 맞는 적절한 강화제를 제공한다.

방법 ❷

- 교사가 영아에게 유동식을 보여 준 후 먹는 시범을 보인다.
- 교사가 팔로 영아를 비스듬히 안은 후 얼러 준다.
- 교사가 이유식 스푼으로 영아의 혀 중앙에 유동식을 조금씩 놓아 준 후 삼킬 동안 기다려 준다.
- 삼키지 못하면 교사가 스푼으로 유동식이 있는 혀 중앙 부분의 주변을 눌러 주어 유동식을 삼킬 수 있도록 도와준다.
- 교사가 다시 영아의 혀 중앙에 유동식을 천천히 놓아 준다.
- 삼킬 동안 기다려 준 후 삼키지 못하면 교사가 스푼으로 유동식이 있는 혀 중앙 부분의 주변을 눌러 주어 유동식을 삼킬 수 있도록 도와주는 과정을 여러 번 반복한다.
- 도움을 점차 줄여 간다.
- 교사가 이유식 스푼으로 유동식을 영아의 혀 중앙에 놓아 준 후 영아 스스로 유동

식을 먹게 한다.

• 수행되면 영아의 특성에 맞는 적절한 강화제를 제공한다.

☞ 다음 그림과 같이 온도를 감지할 수 있는 이유식 스푼 및 영아들의 개월 수를 고려한 다양한 크기의 이유식 스푼이 시판되고 있다. 이유식 스푼을 선택할 때는 실리콘, 우드 등 영아의 잇몸이나 치아에 자극을 주지 않고 환경호르몬이 검출되지 않는 안전한 재질로 된 것을 사용하는 것이 바람직하다.

☞ 시판되고 있는 제품 중에는 다음 그림처럼 젖꼭지 부분이 스푼으로 되어 있어 젖꼭지를 빨아 우유를 먹는 것이 아니라 스푼으로 받아먹을 수 있게 되어 있는 스푼젖병이 판매되고 있다. 그리고 홈 크기가 구분되어 있어 모유나 분유, 액상을 먹일 수 있는 홈 크기와 죽, 이유식, 미음을 먹을 수 있는 홈 크기가 구분되어 있으므로 용도에 맞게 사용할 수 있다. 그러므로 이를 활용하면 모유 수유뿐만 아니라 유동식(이유식) 지도도 쉽게 도와줄 수 있으므로 효과적이다.

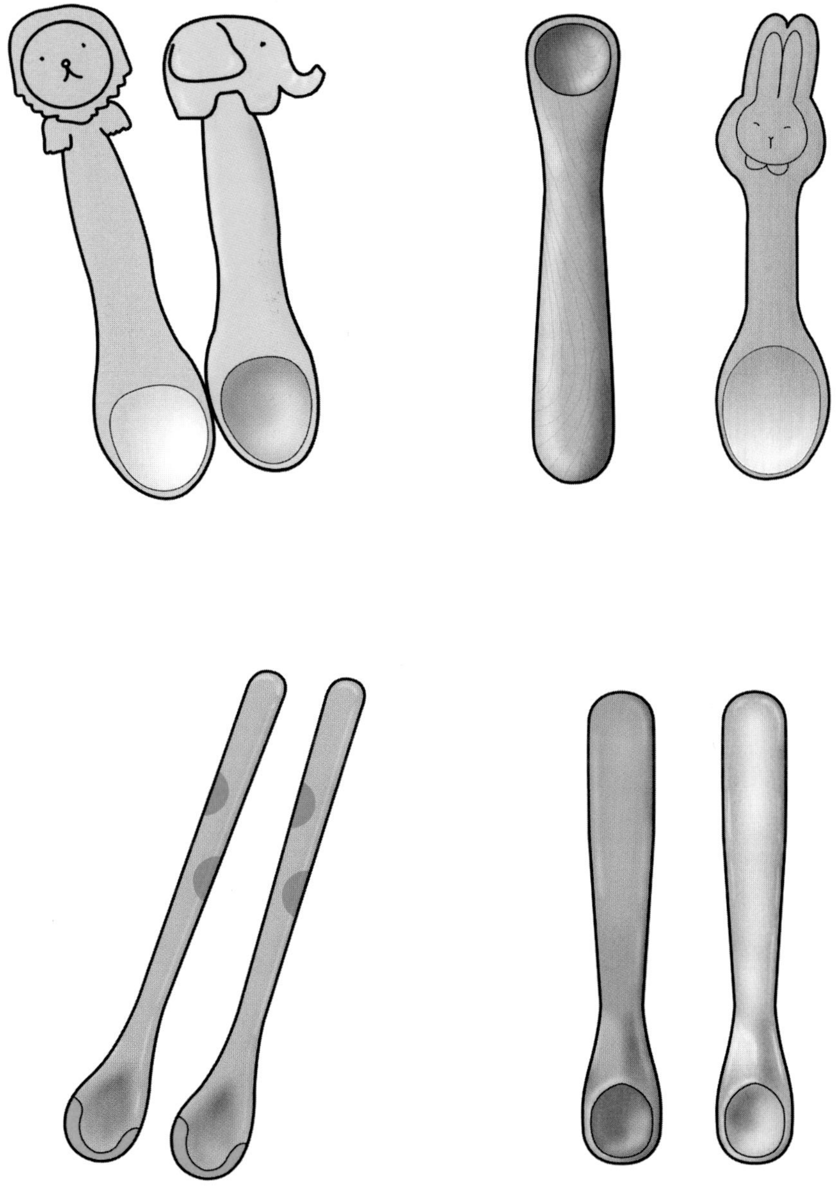

온도 감지 이유식 스푼

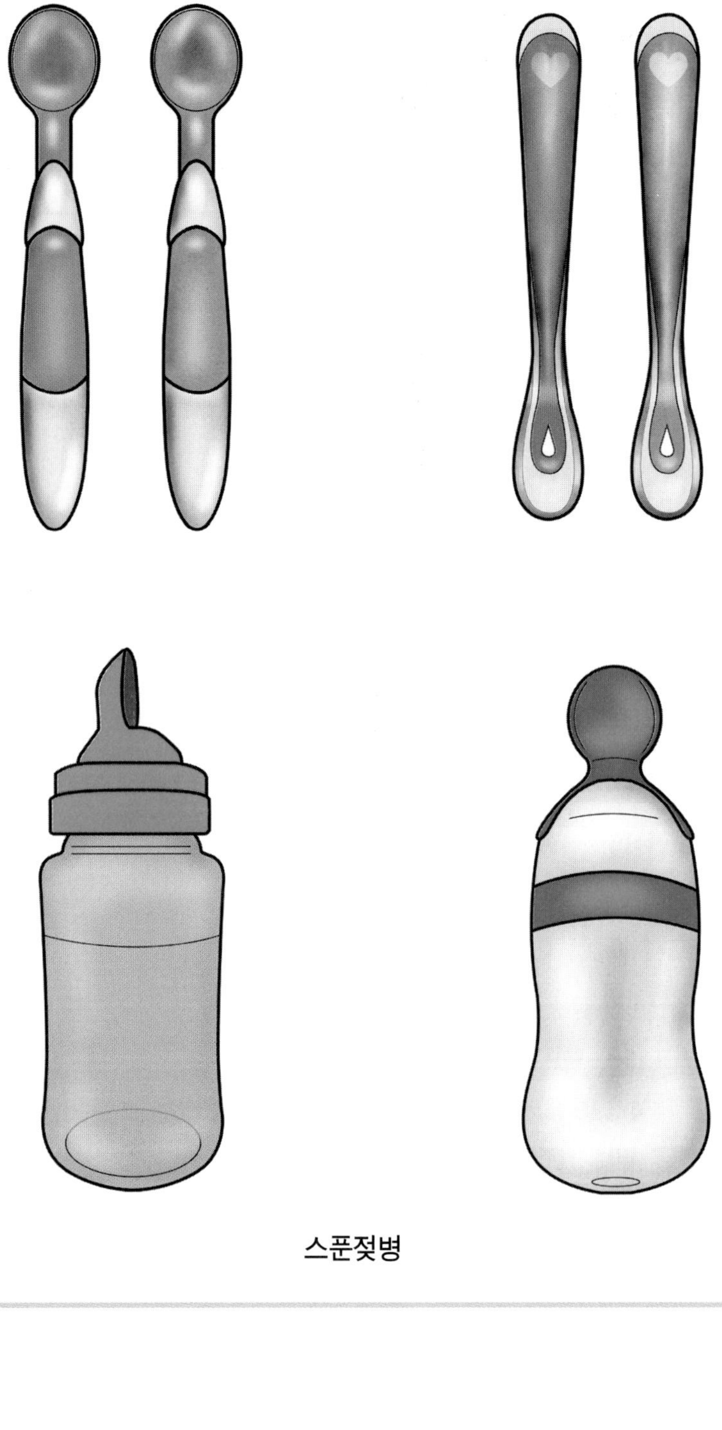

스푼젖병

8 도움 받아 숟가락에 놓인 유동식 먹기

0~1세

목표 | 도움 받아 숟가락에 놓인 유동식을 먹을 수 있다.

자료 | 영아가 좋아하는 유동식, 이유식 스푼이나 영아용 숟가락, 꿀, 강화제

방법 ❶

- 교사가 영아에게 좋아하는 유동식을 보여 준 후 이유식 스푼에 놓인 유동식을 먹는 시범을 보인다.
- 교사가 팔로 영아를 비스듬히 안은 후 이유식 스푼으로 유동식을 영아의 입에 대준다.
- 영아에게 이유식 스푼에 놓인 유동식을 먹게 한 후 삼킬 동안 기다려 준다.
- 수행되면 영아의 특성에 맞는 적절한 강화제를 제공한다.

방법 ❷

- 교사가 영아에게 좋아하는 유동식을 보여 준 후 이유식 스푼에 놓인 유동식을 먹는 시범을 보인다.
- 교사가 팔로 영아를 비스듬히 안은 후 얼러 주면서 유동식을 영아의 입에 대 준다.
- 영아가 입을 벌리지 않으면 교사가 손으로 영아의 입을 벌려 이유식 스푼에 놓인 유동식을 입에 넣어 준 후 삼킬 동안 기다려 준다.
- 먹지 못하면 영아의 입안으로 유동식을 넣고 교사가 손으로 영아의 입술을 오므린 후 숟가락을 빼내어 유동식을 먹을 수 있도록 도와준다.
- 교사가 영아의 입에 유동식을 대 준 후 손으로 영아의 윗입술이 유동식에 닿을 수 있도록 부드럽게 눌러 준다.
- 먹지 못하면 교사가 영아의 입술에 꿀을 발라 준 후 빨아 먹을 수 있도록 도와준다.
- 수행되면 이유식 스푼에 꿀을 발라 영아의 입에 넣어 준 후 빨아 먹을 수 있도록

도와준다.

• 교사가 다시 이유식 스푼에 올린 유동식을 영아의 입에 대 준 후 먹을 수 있도록 도와준다.

• 교사가 이유식 스푼으로 유동식을 영아의 입에 대 준 후 유동식을 먹을 동안 기다려 준다.

• 삼킬 동안 기다려 준 후 이와 같은 과정을 여러 번 반복한다.

• 도움을 점차 줄여 간다.

• 수행되면 교사가 이유식 스푼으로 영아 입에 유동식을 대 준 후 스스로 먹게 한다.

• 수행되면 영아의 특성에 맞는 적절한 강화제를 제공한다.

☞ 시판되고 있는 제품 중에는 다음 그림처럼 젖꼭지 부분이 스푼으로 되어 있어 젖꼭지를 빨아 우유를 먹는 것이 아니라 스푼으로 받아먹을 수 있게 되어 있는 스푼젖병이 판매되고 있다. 그리고 홈 크기가 구분되어 있어 모유나 분유, 액상을 먹일 수 있는 홈 크기와 죽, 이유식, 미음을 먹을 수 있는 홈 크기가 구분되어 있으므로 용도에 맞게 사용할 수 있다. 그러므로 이를 활용하면 모유 수유뿐만 아니라 유동식(이유식) 지도도 쉽게 도와줄 수 있으므로 효과적이다.

☞ 스푼젖병은 영아의 약을 먹이는 데에도 효율적으로 사용할 수 있어 아주 편리하다. 약과 물을 젖병에 넣고 잘 섞어 준 후 흔들어서 스푼에 담아 먹이면 된다.

☞ 스푼젖병은 유두 혼동을 방지할 수 있을 뿐 아니라 영아가 성장하면서 스푼을 사용하기 전 자연스럽게 스푼 연습을 시킬 수 있다.

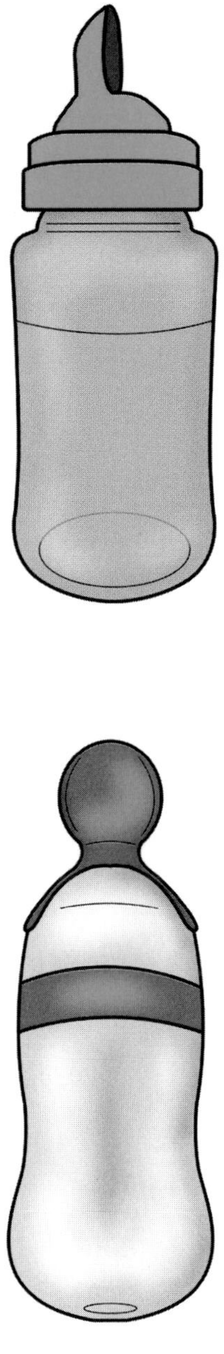

스푼젖병

9 손을 사용하여 과자 집어 먹기

0~1세

목표 | 손을 사용하여 과자를 집어 먹을 수 있다.

자료 | 영아가 좋아하는 과자류, 접시, 강화제

방법 ❶

- 교사가 영아에게 좋아하는 과자를 보여 준 후 손으로 과자를 집어 먹는 시범을 보인다.
- 영아에게 교사를 모방하여 과자를 집어 먹게 한다.
- 수행되면 영아 스스로 과자를 집어 먹게 한다.
- 수행되면 영아의 특성에 맞는 적절한 강화제를 제공한다.

방법 ❷

- 교사가 영아에게 좋아하는 과자를 보여 준 후 손으로 과자를 집어 먹는 시범을 보인다.
- 영아에게 교사를 모방하여 과자를 집어 먹게 한다.
- 집어 먹지 못하면 교사가 영아의 손을 잡고 과자를 집어 먹게 도와준다.
- 교사가 과자를 가리키며 손으로 집어 먹게 한다.
- 도움을 점차 줄여 간다.
- 수행되면 영아 스스로 과자를 집어 먹게 한다.
- 수행되면 영아의 특성에 맞는 적절한 강화제를 제공한다.

☞ 좋아하는 과자가 강화제가 될 수 있으므로 강화제를 준비하지 않아도 무방하다.

☞ 손으로 영아가 좋아하는 과자를 집어 먹게 지도하는 것은 일반적으로 쉽게 수행이 가능하다.

과자 대신 영아가 좋아하는 장난감 등을 이용하여 손으로 집을 수 있도록 지도해도 무방하다.

10 양쪽에 손잡이가 달린 컵 쥐기

0~1세

목표 | 양쪽에 손잡이가 달린 컵을 쥘 수 있다.

자료 | 양쪽에 손잡이가 달린 컵, 강화제

방법 ❶

- 교사가 두 손으로 양쪽에 손잡이가 달린 컵을 쥐는 시범을 보인다.
- 영아에게 교사를 모방하여 두 손으로 양쪽에 손잡이가 달린 컵을 쥐게 한다.
- 수행되면 영아 스스로 양쪽에 손잡이가 달린 컵을 두 손으로 쥐게 한다.
- 수행되면 영아의 특성에 맞는 적절한 강화제를 제공한다.

방법 ❷

- 교사가 두 손으로 양쪽에 손잡이가 달린 컵을 쥐는 시범을 보인다.
- 영아에게 교사를 모방하여 두 손으로 양쪽에 손잡이가 달린 컵을 쥐게 한다.
- 쥐지 못하면 영아가 두 손으로 컵을 쥘 수 있도록 교사가 양쪽의 손잡이에 영아의 손을 넣어 두 손으로 손잡이를 쥐게 한 후 컵을 쥐어 준다.
- 영아가 두 손으로 컵을 쥘 수 있도록 교사가 양쪽의 손잡이에 영아의 손을 넣어 준 후 쥐게 한다.
- 수행되면 교사가 한쪽 손잡이에 영아의 손을 넣어 준 후 쥐게 하고 한쪽 손잡이는 영아 스스로 쥐게 한다.
- 수행되면 교사가 양쪽에 손잡이가 달린 컵을 두 손으로 잡는 몸짓을 보여 주며 영아에게 양쪽에 손잡이가 달린 컵을 쥐게 한다.
- 도움을 점차 줄여 간다.

• 수행되면 영아 스스로 양쪽에 손잡이가 달린 컵을 두 손으로 쥐게 한다.

• 수행되면 영아의 특성에 맞는 적절한 강화제를 제공한다.

☞ 다음 그림처럼 양쪽에 손잡이가 달린 컵은 뚜껑을 통해 음료수를 마실 수 있는 것과 일반적인 컵으로 사용 가능한 종류가 시판되고 있으므로 필요에 따라 구입하면 다양한 용도로 활용할 수 있고 컵 쥐기 및 음료수 마시기 지도에 도움이 될 수 있다.

☞ 영아의 안전과 위생을 고려하여 자연 상태에서 생분해되는 옥수수 전분을 가공하여 만든 재질의 무독성 컵이나, 환경호르몬이 검출되지 않는 폴리에테르설폰(PES), 폴리페닐설폰(PPSU), 실리콘 재질의 컵을 사용하도록 한다.

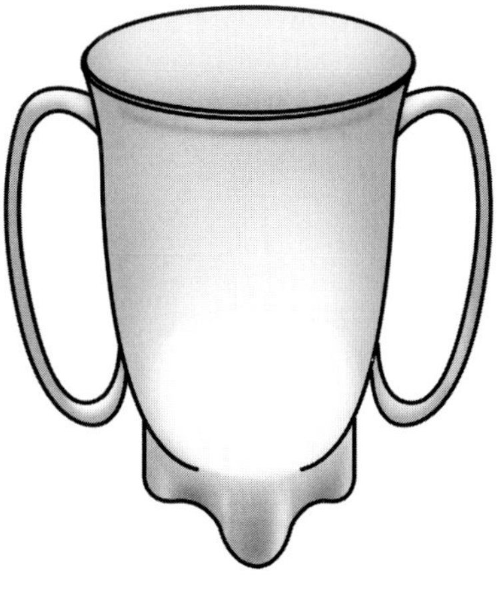

11 모자 벗기

0~1세

목표 | 모자를 벗을 수 있다.

자료 | 교사 및 영아 모자, 강화제

방법 ❶

- 교사가 모자를 쓴 후 모자를 벗는 시범을 보인다.
- 영아에게 모자를 씌워 준 후 교사를 모방하여 모자를 벗어 보라고 한다.
- 수행되면 교사가 영아에게 모자를 씌워 준 후 영아 스스로 모자를 벗어 보라고 한다.
- 수행되면 영아의 특성에 맞는 적절한 강화제를 제공한다.

방법 ❷

- 교사가 모자를 쓴 후 모자를 벗는 시범을 보인다.
- 영아에게 모자를 씌워 준 후 교사를 모방하여 모자를 벗어 보라고 한다.
- 벗지 못하면 교사가 영아의 손을 잡고 모자를 벗겨 준다.
- 교사가 영아의 손을 모자에 갖다 대 준 후 벗어 보라고 한다.
- 교사가 모자를 벗는 몸짓을 보여 주며 영아에게 모자를 벗어 보라고 한다.
- 도움을 점차 줄여 간다.
- 수행되면 영아 스스로 모자를 벗어 보라고 한다.
- 수행되면 영아의 특성에 맞는 적절한 강화제를 제공한다.

☞ 교사가 인형에게 모자를 씌워 준 후 영아와 함께 인형의 모자를 벗기는 동작을 반복하는 놀이를 한 다음 영아에게 모자를 벗는 동작을 지도하면 좀 더 쉽게 수행이 가능하다.

☞ 영아에 따라 거울 앞에 앉아서 모자 벗기를 지도해도 영아가 흥미로워할 수 있으므로 영아의 특성에 따라 활용하도록 한다.

12 한쪽 손잡이가 달린 컵 쥐기 1~2세

목표 | 한쪽 손잡이가 달린 컵을 쥘 수 있다.

자료 | 한쪽에 손잡이가 달린 컵, 강화제

방법 ❶

- 교사가 한 손으로 한쪽에 손잡이가 달린 컵을 쥐는 시범을 보인다.
- 영아에게 교사를 모방하여 한 손으로 한쪽에 손잡이가 달린 컵을 쥐어 보라고 한다.
- 수행되면 영아 스스로 한쪽에 손잡이가 달린 컵을 한 손으로 쥐어 보라고 한다.
- 수행되면 영아의 특성에 맞는 적절한 강화제를 제공한다.

방법 ❷

- 교사가 한 손으로 한쪽에 손잡이가 달린 컵을 쥐는 시범을 보인다.
- 영아에게 교사를 모방하여 한 손으로 한쪽에 손잡이가 달린 컵을 쥐어 보라고 한다.
- 쥐지 못하면 교사가 한쪽의 손잡이에 영아의 손을 넣어 주어 손잡이를 쥐게 한 후 교사가 같이 컵을 쥐어 준다.
- 교사가 한쪽의 손잡이에 영아의 손을 넣어 준 후 영아 스스로 컵을 쥐어 보라고 한다.
- 교사가 한쪽에 손잡이가 달린 컵을 한 손으로 잡는 몸짓을 보여 주며 영아에게 컵

을 쥐어 보라고 한다.

- 도움을 점차 줄여 간다.
- 수행되면 영아 스스로 한쪽에 손잡이가 달린 컵을 쥐어 보라고 한다.
- 수행되면 영아의 특성에 맞는 적절한 강화제를 제공한다.

☞ 시판되고 있는 제품 중에는 자연 상태에서 생분해되는 옥수수 전분을 가공하여 만든 재질의 무독성 컵이나, 환경호르몬이 검출되지 않는 폴리에테르설폰(PES), 폴리페닐설폰(PPSU), 실리콘 재질의 컵 등이 시판되고 있으므로 영아의 안전과 위생을 고려하여 가능하면 이런 제품을 사용하도록 한다.

실리콘 재질 컵

옥수수 전분 재질 컵

PES(폴리에테르설폰) 및 PPSU(폴리페닐설폰) 재질 컵

13 두 손으로 컵 잡기

1~2세

목표 | 두 손으로 컵을 잡을 수 있다.

자료 | 영아용 컵, 강화제

방법 ❶

- 교사가 두 손으로 컵을 잡는 시범을 보인다.
- 영아에게 교사를 모방하여 두 손으로 컵을 잡아 보라고 한다.
- 수행되면 영아 스스로 두 손으로 컵을 잡아 보라고 한다.
- 수행되면 영아의 특성에 맞는 적절한 강화제를 제공한다.

방법 ❷

- 교사가 두 손으로 컵을 잡는 시범을 보인다.
- 영아에게 교사를 모방하여 두 손으로 컵을 잡아 보라고 한다.
- 쥐지 못하면 교사가 영아의 두 손을 잡고 컵을 잡아 준다.
- 영아가 컵을 쥘 수 있도록 교사가 영아의 두 손을 컵에 대 준 후 잡아 보라고 한다.
- 수행되면 교사가 영아의 한 손을 컵에 대 준 후 영아에게 두 손으로 컵을 잡아 보라고 한다.
- 수행되면 교사가 두 손으로 컵을 잡는 몸짓을 보여 주며 영아에게 두 손으로 컵을 잡아 보라고 한다.
- 도움을 점차 줄여 간다.
- 수행되면 영아 스스로 두 손으로 컵을 잡아 보라고 한다.
- 수행되면 영아의 특성에 맞는 적절한 강화제를 제공한다.

14 두 손으로 컵 잡고 물 마시기

1~2세

목표 | 두 손으로 컵을 잡고 물을 마실 수 있다.

자료 | 물, 영아용 컵, 강화제

방법 ❶

- 교사가 두 손으로 컵을 잡고 물을 마시는 시범을 보인다.
- 영아에게 교사를 모방하여 두 손으로 컵을 잡고 물을 마셔 보라고 한다.
- 수행되면 영아 스스로 두 손으로 컵을 잡고 물을 마셔 보라고 한다.
- 수행되면 영아의 특성에 맞는 적절한 강화제를 제공한다.

방법 ❷

- 교사가 두 손으로 컵을 잡고 물을 마시는 시범을 보인다.
- 영아에게 교사를 모방하여 두 손으로 컵을 잡고 물을 마셔 보라고 한다.
- 모방하지 못하면 교사가 영아의 두 손을 잡고 컵을 잡아 준 후 물을 마셔 보라고 한다.
- 교사가 영아의 두 손을 컵에 대 준 후 컵을 잡고 물을 마셔 보라고 한다.
- 수행되면 교사가 영아의 한 손을 컵에 대 준 후 두 손으로 컵을 잡고 물을 마셔 보라고 한다.
- 교사가 두 손으로 컵을 쥐고 물을 마시는 몸짓을 보여 주며 영아에게 두 손으로 컵을 잡고 물을 마셔 보라고 한다.
- 도움을 점차 줄여 간다.
- 수행되면 영아 스스로 두 손으로 컵을 잡고 물을 마셔 보라고 한다.
- 수행되면 영아의 특성에 맞는 적절한 강화제를 제공한다.

☞ 영아에게 컵에 있는 다양한 음료수를 마시게 할 경우에도 위와 같은 방법으로 지도하면 된다.

15 지퍼를 내려 주면 바지 내리기

1~2세

목표 | 지퍼를 내려 주면 바지를 내릴 수 있다.

자료 | 영아 바지, 강화제

방법 ❶

- 교사가 영아의 바지 지퍼를 내려 준 후 바지를 내리는 시범을 보인다.
- 교사가 영아의 바지 지퍼를 내려 준 후 영아에게 교사를 모방하여 바지를 내려 보라고 한다.
- 수행되면 교사가 영아의 바지 지퍼를 내려 준 후 영아 스스로 바지를 내려 보라고 한다.
- 수행되면 영아의 특성에 맞는 적절한 강화제를 제공한다.

방법 ❷

- 교사가 영아의 바지 지퍼를 내려 준 후 바지를 내리는 시범을 보인다.
- 교사가 영아의 바지 지퍼를 내려 준 후 영아에게 교사를 모방하여 바지를 내려 보라고 한다.
- 내리지 못하면 교사가 바지 윗부분 양쪽 안에 영아의 양쪽 엄지손가락을 넣어 주고 나머지 손가락으로 바지 윗부분의 바깥쪽을 잡게 한 후 영아의 손을 잡고 바지를 같이 내려 준다.
- 교사가 바지 윗부분 양쪽 안에 영아의 양쪽 엄지손가락을 넣어 주고 나머지 손가락으로 바지 윗부분의 바깥쪽을 잡게 한 후 영아에게 바지를 내려 보라고 한다.
- 교사가 바지 윗부분 양쪽 안에 영아의 양쪽 엄지손가락을 넣어 준 후 영아 스스로 나머지 손가락으로 바지 윗부분의 바깥쪽을 잡게 한 후 바지를 내려 보라고 한다.
- 수행되면 교사가 바지 윗부분 한쪽 안에 영아의 한쪽 엄지손가락을 넣어 준 후 영

아 스스로 한쪽에 엄지손가락을 넣고 나머지 손가락으로 바지 윗부분의 바깥쪽을 잡아 바지를 내려 보라고 한다.

- 도움을 점차 줄여 간다.
- 수행되면 교사가 영아의 바지 지퍼를 내려 준 후 영아 스스로 바지를 내리게 한다.
- 수행되면 영아의 특성에 맞는 적절한 강화제를 제공한다.

16 성인을 모방하여 수건으로 손 닦기

1~2세

목표 | 성인을 모방하여 수건으로 손을 닦을 수 있다.

자료 | 물, 물을 담을 수 있는 통, 수건, 강화제

방법 ❶

- 교사가 영아와 마주 앉아 교사가 손에 물을 묻힌 후 수건으로 두 손을 닦는 시범을 보인다.
- 영아에게 교사를 모방하여 두 손을 닦아 보라고 한다.
- 수행되면 영아 스스로 두 손을 닦아 보라고 한다.
- 수행되면 영아의 특성에 맞는 적절한 강화제를 제공한다.

방법 ❷

- 교사가 영아와 마주 앉아 교사가 손에 물을 묻힌 후 수건으로 두 손을 닦는 시범을 보인다.
- 영아에게 교사를 모방하여 두 손을 닦아 보라고 한다.
- 모방하지 못하면 교사가 영아의 손을 잡고 수건으로 영아의 두 손을 같이 닦아 준다.
- 교사가 왼손(영아가 볼 때 오른손)으로 수건을 잡고 오른손(영아가 볼 때 왼손)을 닦는 시범을 보인다.

- 영아에게 교사를 모방하여 오른손으로 수건을 잡고 왼손을 닦아 보라고 한다.
- 모방하지 못하면 교사가 영아의 오른손에 수건을 쥐어 준 후 왼손을 같이 닦아 준다.
- 교사가 오른손(영아가 볼 때 왼손)에 수건을 쥐고 왼손을 닦는 몸짓을 보여 주며 영아에게 교사를 모방하여 왼손을 닦아 보라고 한다.
- 도움을 점차 줄여 간다.
- 수행되면 영아 스스로 왼손을 닦아 보라고 한다.
- 수행되면 교사가 오른손(영아가 볼 때 왼손)으로 수건을 잡고 왼손(영아가 볼 때 오른손)을 닦는 시범을 보인다.
- 영아에게 교사를 모방하여 왼손으로 수건을 잡고 오른손을 닦아 보라고 한다.
- 모방하지 못하면 교사가 영아의 왼손에 수건을 쥐어 준 후 오른손을 같이 닦아 준다.
- 교사가 왼손에 수건을 쥐고 오른손을 닦는 몸짓을 보여 주며 영아에게 교사를 모방하여 오른손을 닦아 보라고 한다.
- 수행되면 영아 스스로 오른손을 닦아 보라고 한다.
- 도움을 점차 줄여 간다.
- 수행되면 영아 스스로 두 손을 닦아 보라고 한다.
- 수행되면 영아의 특성에 맞는 적절한 강화제를 제공한다.

17 찍찍이를 떼어 주면 신발 벗기 1~2세

목표 | 찍찍이(벨크로)를 떼어 주면 신발을 벗을 수 있다.

자료 | 교사 및 영아용 찍찍이 신발, 강화제

방법 ❶

- 교사가 양쪽 신발의 찍찍이를 떼어 낸 후 신발을 벗는 시범을 보인다.
- 교사가 영아가 신고 있는 양쪽 신발의 찍찍이를 떼어 준 후 영아에게 교사를 모방

하여 신발을 벗어 보라고 한다.

- 수행되면 교사가 영아가 신고 있는 양쪽 신발의 찍찍이를 떼어 준 후 영아 스스로 신발을 벗어 보라고 한다.
- 수행되면 영아의 특성에 맞는 적절한 강화제를 제공한다.

방법 ❷

- 교사가 양쪽 신발의 찍찍이를 떼어 낸 후 신발을 벗는 시범을 보인다.
- 교사가 영아가 신고 있는 신발의 찍찍이를 떼어 준 후 영아에게 교사를 모방하여 신발을 벗어 보라고 한다.
- 벗지 못하면 교사가 영아가 신고 있는 신발의 찍찍이를 떼어 준 후 영아의 발을 잡고 신발을 벗겨 준다.
- 교사가 왼쪽(영아가 볼 때 오른쪽) 신발의 찍찍이를 떼어 낸 후 신발을 벗는 시범을 보인다.
- 교사가 영아가 신고 있는 오른쪽 신발의 찍찍이를 떼어 준 후 영아에게 교사를 모방하여 오른쪽 신발을 벗어 보라고 한다.
- 벗지 못하면 교사가 영아가 신고 있는 오른쪽 신발의 찍찍이를 떼어 준 후 오른쪽 발을 잡고 신발을 벗겨 준다.
- 교사가 영아가 신고 있는 오른쪽 신발의 찍찍이를 떼어 준 후 영아의 발을 2/3 정도 벗겨 주고 영아에게 신발을 벗어 보라고 한다.
- 수행되면 교사가 영아의 발을 1/2 정도 벗겨 준 후 영아 스스로 신발을 벗어 보라고 한다.
- 수행되면 교사가 영아의 발을 1/3 정도 벗겨 준 후 영아 스스로 신발을 벗어 보라고 한다.
- 교사가 오른쪽 신발을 벗는 몸짓을 보여 주며 영아에게 교사를 모방하여 오른쪽 신발을 벗어 보라고 한다.
- 도움을 점차 줄여 간다.

- 수행되면 교사가 영아의 오른쪽 신발 찍찍이를 떼어 준 후 영아 스스로 오른쪽 신발을 벗어 보라고 한다.
- 수행되면 교사가 오른쪽(영아가 볼 때 왼쪽) 신발의 찍찍이를 떼어 낸 후 신발을 벗는 시범을 보인다.
- 교사가 영아가 신고 있는 왼쪽 신발의 찍찍이를 떼어 준 후 영아에게 교사를 모방하여 왼쪽 신발을 벗어 보라고 한다.
- 벗지 못하면 오른쪽 신발을 벗는 것과 같은 방법으로 지도한다.
- 수행되면 교사가 영아의 왼쪽 신발 찍찍이를 떼어 준 후 영아 스스로 왼쪽 신발을 벗어 보라고 한다.
- 도움을 점차 줄여 간다.
- 수행되면 교사가 영아가 신고 있는 양쪽 신발의 찍찍이를 떼어 준 후 영아 스스로 양쪽 신발을 벗어 보라고 한다.
- 수행되면 영아의 특성에 맞는 적절한 강화제를 제공한다.

☞ 찍찍이가 달린 신발 벗기를 어려워하면 영아의 발보다 약간 큰 신발을 가지고 벗는 방법을 지도한 후 영아의 신발로 벗기를 지도하면 보다 쉽게 수행할 수 있다.

18 벙어리장갑 벗기

1~2세

목표 | 벙어리장갑을 벗을 수 있다.

자료 | 교사 및 영아용 벙어리장갑, 강화제

방법 ❶

- 교사가 양쪽 손에 벙어리장갑을 낀 후 벙어리장갑을 벗는 시범을 보인다.
- 교사가 영아의 양쪽 손에 벙어리장갑을 끼워 준 후 영아에게 교사를 모방하여 벙

어리장갑을 벗어 보라고 한다.

- 수행되면 교사가 영아의 양쪽 손에 벙어리장갑을 끼워 준 후 영아 스스로 벗어 보라고 한다.
- 수행되면 영아의 특성에 맞는 적절한 강화제를 제공한다.

방법 ❷

- 교사가 오른손(영아가 볼 때 왼손)에 끼고 있는 벙어리장갑의 끝을 왼손(영아가 볼 때 오른손)으로 잡아당겨 벗는 시범을 보인다.
- 교사가 영아의 왼손에 벙어리장갑을 끼워 준 후 교사를 모방하여 왼손에 끼고 있는 벙어리장갑의 끝을 오른손으로 잡아당겨 벗어 보라고 한다.
- 벗지 못하면 교사가 영아의 오른손을 잡고 벙어리장갑의 끝을 잡아당겨 벗겨 준다.
- 도움을 점차 줄여 간다.
- 수행되면 영아 스스로 왼손에 끼고 있는 벙어리장갑의 끝을 오른손으로 잡아당겨 벗어 보라고 한다.
- 수행되면 교사가 왼손(영아가 볼 때 오른손)에 끼고 있는 벙어리장갑의 끝을 오른손(영아가 볼 때 왼손)으로 잡아당겨 벗는 시범을 보인다.
- 영아에게 교사를 모방하여 오른손에 끼고 있는 벙어리장갑의 끝을 왼손으로 잡아당겨 벗어 보라고 한다.
- 벗지 못하면 교사가 영아의 왼손을 잡고 벙어리장갑의 끝을 잡아당겨 벗겨 준다.
- 수행되면 영아 스스로 오른손에 끼고 있는 벙어리장갑의 끝을 왼손으로 잡아당겨 벗어 보라고 한다.
- 도움을 점차 줄여 간다.
- 수행되면 교사가 영아의 양쪽 손에 벙어리장갑을 끼워 준 후 영아 스스로 벗어 보라고 한다.
- 수행되면 영아의 특성에 맞는 적절한 강화제를 제공한다.

방법 ❸

- 교사가 오른손(영아가 볼 때 왼손)에 끼고 있는 벙어리장갑의 끝을 왼손(영아가 볼 때 오른손)으로 잡아당겨 벗는 시범을 보인다.
- 교사가 영아의 왼손에 벙어리장갑을 끼워 준 후 교사를 모방하여 오른손으로 왼손에 낀 벙어리장갑의 끝을 잡아당겨 벗어 보라고 한다.
- 벗지 못하면 교사가 영아의 왼손에 낀 벙어리장갑을 손가락 정도만 덮이게 남겨 놓은 후 영아에게 벙어리장갑의 끝을 잡아당겨 벗어 보라고 한다.
- 수행되면 교사가 왼손에 낀 벙어리장갑을 영아의 손 1/2 정도만 덮이게 남겨 놓은 후 영아에게 벙어리장갑의 끝을 잡아당겨 벗어 보라고 한다.
- 수행되면 교사가 왼손에 낀 벙어리장갑의 끝 부분에 영아의 오른손을 대 준 후 끝을 잡아당겨 벗어 보라고 한다.
- 도움을 점차 줄여 간다.
- 수행되면 교사가 영아의 왼손에 벙어리장갑을 끼워 준 후 영아 스스로 오른손으로 왼손 벙어리장갑의 끝을 잡아당겨 벗어 보라고 한다.
- 수행되면 교사가 왼손(영아가 볼 때 오른손)에 끼고 있는 벙어리장갑의 끝을 오른손(영아가 볼 때 왼손)으로 잡아당겨 벗는 시범을 보인다.
- 교사가 영아의 오른손에 벙어리장갑을 끼워 준 후 영아에게 교사를 모방하여 왼손으로 오른손에 끼고 있는 벙어리장갑의 끝을 잡아당겨 벗어 보라고 한다.
- 벗지 못하면 영아가 오른손으로 왼손에 낀 벙어리장갑의 끝을 잡아당겨 벗는 것과 같은 방법으로 지도한다.
- 수행되면 교사가 영아의 양쪽 손에 벙어리장갑을 끼워 준 후 영아 스스로 벗어 보라고 한다.
- 수행되면 영아의 특성에 맞는 적절한 강화제를 제공한다.

방법 ❹

- 교사가 오른손(영아가 볼 때 왼손)에 끼고 있는 벙어리장갑의 윗부분을 왼손(영아가 볼 때

오른손)으로 벗기는 시범을 보인다.

- 교사가 영아의 왼손에 벙어리장갑을 끼워 준 후 영아에게 교사를 모방하여 오른손으로 왼손에 낀 벙어리장갑의 윗부분을 잡아 벗어 보라고 한다.
- 벗지 못하면 교사가 왼손(영아가 볼 때 오른손)으로 오른손(영아가 볼 때 왼손) 벙어리장갑의 윗부분을 잡아 1/3 정도 벗기는 시범을 보인다.
- 영아에게 교사를 모방하여 오른손으로 왼손 벙어리장갑의 윗부분을 잡아 1/3 정도 벗겨 보라고 한다.
- 벗기지 못하면 교사가 영아의 오른손을 잡고 왼손 벙어리장갑의 윗부분을 잡아 1/3 정도 벗겨 준다.
- 교사가 영아의 오른손을 왼손 벙어리장갑 윗부분에 대 준 후 영아에게 벙어리장갑의 윗부분을 잡아 1/3 정도 벗겨 보라고 한다.
- 도움을 점차 줄여 간다.
- 수행되면 영아 스스로 오른손으로 왼손 벙어리장갑의 윗부분을 잡아 1/3 정도 벗겨 보라고 한다.
- 수행되면 교사가 왼손(영아가 볼 때 오른손)으로 오른손(영아가 볼 때 왼손) 벙어리장갑의 윗부분을 잡아 2/3 정도 벗기는 시범을 보인다.
- 영아에게 교사를 모방하여 오른손으로 왼손 벙어리장갑의 윗부분을 잡아 2/3 정도 벗겨 보라고 한다.
- 벗기지 못하면 교사가 영아의 오른손을 잡고 왼손 벙어리장갑의 윗부분을 잡아 2/3 정도 벗겨 준다.
- 교사가 영아의 오른손을 왼손 벙어리장갑 윗부분에 대 준 후 영아에게 벙어리장갑의 윗부분을 잡아 2/3 정도 벗겨 보라고 한다.
- 도움을 점차 줄여 간다.
- 수행되면 영아 스스로 오른손으로 왼손 벙어리장갑의 윗부분을 잡아 2/3 정도 벗겨 보라고 한다.
- 수행되면 교사가 왼손(영아가 볼 때 오른손)으로 오른손(영아가 볼 때 왼손) 벙어리장갑의 윗

부분을 잡아 벗기는 시범을 보인다.

- 영아에게 교사를 모방하여 오른손으로 왼손 벙어리장갑의 윗부분을 잡아 벗겨 보라고 한다.
- 벗기지 못하면 교사가 영아의 오른손을 잡고 왼손 벙어리장갑의 윗부분을 잡아 벗겨 준다.
- 교사가 영아의 오른손을 왼손 벙어리장갑 윗부분에 대 준 후 영아에게 벙어리장갑의 위 부분을 잡아 벗겨 보라고 한다.
- 수행되면 영아 스스로 오른손으로 왼손 벙어리장갑의 윗부분을 잡아 벗겨 보라고 한다.
- 수행되면 교사가 오른손(영아가 볼 때 왼손)으로 왼손(영아가 볼 때 오른손) 벙어리장갑의 윗부분을 잡아 벗기는 시범을 보인다.
- 영아에게 교사를 모방하여 왼손으로 오른손 벙어리장갑의 윗부분을 잡아 벗겨 보라고 한다.
- 벗기지 못하면 영아가 오른손으로 왼손 벙어리장갑을 벗은 것과 같은 방법으로 지도한다.
- 수행되면 영아에게 왼손으로 오른손 벙어리장갑의 윗부분을 잡아 벗겨 보라고 한다.
- 도움을 점차 줄여 간다.
- 수행되면 교사가 영아의 양쪽 손에 벙어리장갑을 끼워 준 후 영아에게 벙어리장갑의 윗부분을 잡아 스스로 벗어 보라고 한다.
- 수행되면 영아의 특성에 맞는 적절한 강화제를 제공한다.

☞ 벙어리장갑 벗기를 지도하기 전 영아의 손에 약간 큰 벙어리장갑을 끼워 벗는 방법을 지도하거나 인형의 손에 벙어리장갑을 끼워 벗기는 놀이를 한 후 지도하면 효과적이다.

☞ 벙어리장갑 벗기를 지도하기 전 미리 영아의 손에 영아가 좋아하는 스티커나 예쁜 스티커를 붙여 놓은 후 지도하면 장갑을 벗은 후 좋아하는 스티커나 예쁜 스티커를 볼 수 있어 이것 자체가

강화제가 되기도 하며, 일반적으로 영아가 무척 흥미로워한다. 그리고 영아의 특성에 따라서 손에 뭔가 붙어 있으면 이것을 떼기 위해 스스로 벙어리장갑을 벗는 경우도 있으므로 스티커를 적절하게 활용하도록 한다.

☞ 영아와 마주 보고 지도할 때는 교사와 영아가 반대 방향(예: 교사가 오른쪽 손을 사용할 경우 영아가 볼 때는 왼손이 됨)이 되므로 방향에 대한 부분을 반드시 유념하도록 한다. 특히 교사가 본인도 인식하지 못하고 습관적으로 손이나 발을 사용하게 되는 경우가 많으므로 방향성이 요구되는 항목은 가능하면 영아 옆에 앉아서 지도하도록 한다.

19 양말 벗기

1~2세

목표 | 양말을 벗을 수 있다.

자료 | 교사 및 영아 양말, 강화제

방법 ❶

- 교사가 양쪽 발에 신고 있는 양말을 벗는 시범을 보인다.
- 교사가 영아의 양쪽 발에 양말을 신겨 준 후 교사를 모방하여 양말을 벗어 보라고 한다.
- 수행되면 교사가 영아의 양쪽 발에 양말을 신겨 준 후 영아 스스로 벗어 보라고 한다.
- 수행되면 영아의 특성에 맞는 적절한 강화제를 제공한다.

방법 ❷

- 교사가 오른발(영아가 볼 때 왼발)에 신고 있는 양말을 왼손(영아가 볼 때 오른손)으로 양말의 끝을 잡아당겨 벗는 시범을 보인다.
- 교사가 영아의 왼발에 양말을 신겨 준 후 교사를 모방하여 왼발에 신고 있는 양말의 끝을오른손으로 잡아당겨 벗어 보라고 한다.

- 모방하지 못하면 교사가 영아의 오른손을 왼발 양말 끝에 대 준 후 양말을 잡아당겨 벗어 보라고 한다.
- 도움을 점차 줄여 간다.
- 수행되면 영아 스스로 왼발에 신고 있는 양말의 끝을 오른손으로 잡아당겨 벗어 보라고 한다.
- 수행되면 교사가 왼발(영아가 볼 때 오른발)에 신고 있는 양말을 오른손(영아가 볼 때 왼손)으로 양말의 끝을 잡아당겨 벗는 시범을 보인다.
- 영아에게 교사를 모방하여 오른발에 신고 있는 양말의 끝을 왼손으로 잡아당겨 벗어 보라고 한다.
- 모방하지 못하면 교사가 영아의 왼손을 오른발 양말 끝에 대 준 후 양말을 잡아당겨 벗어 보라고 한다.
- 도움을 점차 줄여 간다.
- 수행되면 영아 스스로 오른발에 신고 있는 양말의 끝을 왼손으로 잡아당겨 벗어 보라고 한다.
- 수행되면 교사가 영아의 양쪽 발에 양말을 신겨 준 후 영아 스스로 벗어 보라고 한다.
- 수행되면 영아의 특성에 맞는 적절한 강화제를 제공한다.

방법 ❸

- 교사가 왼발(영아가 볼 때 오른발)에 신고 있는 양말의 목을 두 손으로 잡은 후 발 형태를 따라 벗는 시범을 보인다.
- 교사가 영아의 오른발에 양말을 신겨 준 후 교사를 모방하여 양말의 목을 두 손으로 잡은 후 발 형태를 따라 벗어 보라고 한다.
- 벗지 못하면 교사가 왼발(영아가 볼 때 오른발)에 신고 있는 양말의 목을 두 손으로 잡은 후 1/3 정도 벗기는 시범을 보인다.
- 영아에게 교사를 모방하여 오른발에 신고 있는 양말의 목을 두 손으로 잡아 1/3 정도 벗겨 보라고 한다.

- 벗기지 못하면 교사가 영아의 두 손을 잡고 오른발에 신고 있는 양말의 목을 잡아 1/3 정도 벗겨 준다.
- 교사가 영아의 두 손을 양말의 목에 대 준 후 1/3 정도 벗겨 보라고 한다.
- 도움을 점차 줄여 간다.
- 수행되면 영아 스스로 오른발에 신고 있는 양말의 목을 두 손으로 잡아 1/3 정도 벗겨 보라고 한다.
- 수행되면 교사가 왼발(영아가 볼 때 오른발)에 신고 있는 양말의 목을 두 손으로 잡은 후 2/3 정도 벗기는 시범을 보인다.
- 영아에게 교사를 모방하여 오른발에 신고 있는 양말의 목을 두 손으로 잡아 2/3 정도 벗겨 보라고 한다.
- 벗기지 못하면 교사가 영아의 두 손을 잡고 오른발에 신고 있는 양말의 목을 잡아 2/3 정도 벗겨 준다.
- 교사가 영아의 두 손을 양말의 목에 대 준 후 2/3 정도 벗겨 보라고 한다.
- 도움을 점차 줄여 간다.
- 수행되면 영아 스스로 오른발에 신고 있는 양말의 목을 두 손으로 잡아 2/3 정도 벗겨 보라고 한다.
- 수행되면 교사가 왼발(영아가 볼 때 오른발)에 신고 있는 양말의 목을 두 손으로 잡아 벗는 시범을 보인다.
- 영아에게 교사를 모방하여 오른발에 신고 있는 양말의 목을 두 손으로 잡아 벗어 보라고 한다.
- 벗지 못하면 교사가 영아의 두 손을 잡고 오른발에 신고 있는 양말을 벗겨 준다.
- 교사가 영아의 두 손을 오른쪽 양말목에 대 준 후 영아에게 양말을 벗어 보라고 한다.
- 수행되면 영아 스스로 오른쪽 양말을 벗어 보라고 한다.
- 교사가 오른발(영아가 볼 때 왼발)에 신고 있는 양말의 목을 두 손으로 잡은 후 발 형태를 따라 벗는 시범을 보인다.
- 교사가 영아의 왼발에 양말을 신겨 준 후 교사를 모방하여 양말의 목을 두 손으로

1~2 세

잡은 후 발 형태를 따라 벗어 보라고 한다.

- 벗지 못하면 영아가 오른발의 양말을 벗은 것과 같은 방법으로 지도한다.
- 수행되면 영아 스스로 왼발의 양말을 벗어 보라고 한다.
- 도움을 점차 줄여 간다.
- 수행되면 교사가 영아의 양쪽 발에 양말을 신겨 준 후 영아 스스로 벗어 보라고 한다.
- 수행되면 영아의 특성에 맞는 적절한 강화제를 제공한다.

방법 ❹

- 교사가 왼발(영아가 볼 때 오른발)에 신고 있는 양말의 목을 두 손으로 잡은 후 발 형태를 따라 벗는 시범을 보인다.
- 교사가 영아의 오른발에 양말을 신겨 준 후 교사를 모방하여 양말의 목을 두 손으로 잡은 후 발 형태를 따라 벗어 보라고 한다.
- 벗지 못하면 교사가 영아의 오른발에 신고 있는 양말을 2/3 정도 벗겨 준 후 영아에게 남아 있는 부분을 벗어 보라고 한다.
- 수행되면 교사가 영아의 오른발에 신고 있는 양말을 1/2 정도 벗겨 준 후 영아에게 남아 있는 부분을 벗어 보라고 한다.
- 수행되면 교사가 영아의 오른발에 신고 있는 양말을 1/3 정도 벗겨 준 후 영아에게 남아 있는 부분을 벗어 보라고 한다.
- 수행되면 교사가 영아의 오른발에 신겨 있는 양말목에 영아의 두 손을 대 준 후 발 형태를 따라 벗어 보라고 한다.
- 도움을 점차 줄여 간다.
- 수행되면 교사가 영아의 오른발에 양말을 신겨 준 후 영아 스스로 양말을 벗어 보라고 한다.
- 수행되면 교사가 오른발(영아가 볼 때 왼발)에 신고 있는 양말의 목을 두 손으로 잡은 후 발 형태를 따라 벗는 시범을 보인다.
- 교사가 영아의 왼발에 양말을 신겨 준 후 교사를 모방하여 양말의 목을 두 손으로

잡은 후 발 형태를 따라 벗어 보라고 한다.

- 벗지 못하면 영아가 오른발의 양말을 벗은 것과 같은 방법으로 지도한다.
- 수행되면 교사가 영아의 왼발에 양말을 신겨 준 후 영아 스스로 양말을 벗어 보라고 한다.
- 도움을 점차 줄여 간다.
- 수행되면 교사가 영아의 양쪽 발에 양말을 신겨 준 후 영아 스스로 벗어 보라고 한다.
- 수행되면 영아의 특성에 맞는 적절한 강화제를 제공한다.

☞ 방법 ❹는 후진법(뒤에서부터 수행해 나감)으로 방법 ❸의 점진법(앞에서부터 순서대로 수행해 나감)보다 영아가 성취감을 쉽게 느낄 수 있어 일반적으로 발달지체 및 장애영유아에게는 후진법을 많이 적용한다. 그러나 영유아의 특성을 고려하여 적용하는 것이 바람직하므로 참고하기 바란다.

☞ 양말 벗기를 지도하기 전 영아의 발에 약간 큰 양말을 신겨 쉽게 벗겨지도록 벗는 방법을 지도한 후 영아용 양말로 벗기를 지도해도 효과적이다.

☞ 양말 벗기를 지도하기 전 미리 영아의 발에 영아가 좋아하는 스티커나 예쁜 스티커를 붙여 놓은 후 지도하면 효과적이다. 영아가 양말을 벗은 후 좋아하는 스티커나 예쁜 스티커를 볼 수 있어 이것 자체가 강화제가 되기도 하며, 일반적으로 영아가 무척 흥미로워한다. 영아의 특성에 따라서 발에 뭔가 붙어 있으면 이것을 떼기 위해 스스로 양말을 벗는 경우도 있으므로 스티커를 적절하게 활용하도록 한다.

☞ 영아와 마주 보고 지도할 때는 교사와 영아가 반대 방향(예: 교사가 오른손을 사용할 경우 영아가 볼 때는 왼손이 됨)이 되므로 방향에 대한 부분을 반드시 유념하도록 한다. 특히 교사가 본인도 인식하지 못하고 습관적으로 손이나 발을 사용하게 되는 경우가 많으므로 방향성이 요구되는 항목은 가능하면 영아 옆에 앉거나 서서 지도하도록 한다.

20 겉옷을 입혀 줄 때 팔 벌리기

1~2세

목표 | 겉옷을 입혀 줄 때 팔을 벌릴 수 있다.

자료 | 영아의 겉옷, 강화제

방법 ❶

- 교사가 겉옷을 입혀 줄 때 팔을 어떻게 벌려야 하는지 시범을 보인다.
- 영아에게 교사를 모방하여 겉옷을 입혀 줄 때 팔을 벌려 보라고 한다.
- 수행되면 겉옷을 입혀 줄 때 영아 스스로 팔을 벌려 보라고 한다.
- 수행되면 영아의 특성에 맞는 적절한 강화제를 제공한다.

방법 ❷

- 교사가 겉옷을 입혀 줄 때 팔을 어떻게 벌려야 하는지 시범을 보인다.
- 영아에게 교사를 모방하여 겉옷을 입혀 줄 때 팔을 벌려 보라고 한다.
- 벌리지 못하면 교사가 왼쪽(영아가 볼 때 오른쪽) 팔을 벌리는 시범을 보인다.
- 영아에게 교사를 모방하여 오른쪽 팔을 벌려 보라고 한다.
- 벌리지 못하면 교사가 영아의 오른쪽 팔을 잡고 벌려 준다.
- 교사가 오른쪽 팔을 벌리는 몸짓을 보여 주며 영아에게 교사를 모방하여 오른쪽 팔을 벌려 보라고 한다.
- 도움을 점차 줄여 간다.
- 수행되면 교사가 겉옷을 입혀 줄 때 영아 스스로 오른쪽 팔을 벌려 보라고 한다.
- 수행되면 교사가 오른쪽(영아가 볼 때 왼쪽) 팔을 벌리는 시범을 보인다.
- 영아에게 교사를 모방하여 왼쪽 팔을 벌려 보라고 한다.
- 모방하지 못하면 영아가 오른쪽 팔을 벌린 것과 같은 방법으로 지도한다.
- 수행되면 교사가 겉옷을 입혀 줄 때 영아 스스로 왼쪽 팔을 벌려 보라고 한다.

- 도움을 점차 줄여 나간다.
- 수행되면 교사가 겉옷을 입혀 줄 때 영아 스스로 양쪽 팔을 벌려 보라고 한다.
- 수행되면 영아의 특성에 맞는 적절한 강화제를 제공한다.

☞ 영아와 마주 보고 지도할 때는 교사가 왼쪽 팔을 벌려야 영아 방향에서 보면 오른쪽이 되므로 반드시 유념하도록 한다.

21 모자 쓰고 벗기

1~2세

목표 | 모자를 쓰고 벗을 수 있다.

자료 | 교사 및 영아용 모자, 강화제

방법 ❶

- 모자 벗기는 앞 단계에서 수행하였으므로 확인한 후 시행한다.
- 교사가 모자를 쓰고 벗는 시범을 보인다.
- 영아에게 교사를 모방하여 모자를 쓰고 벗어 보라고 한다.
- 수행되면 영아 스스로 모자를 쓰고 벗어 보라고 한다.
- 수행되면 영아의 특성에 맞는 적절한 강화제를 제공한다.

방법 ❷

- 모자 벗기는 앞 단계에서 수행하였으므로 확인한 후 시행한다.
- 교사가 모자를 쓰는 시범을 보인다.
- 영아에게 교사를 모방하여 모자를 써 보라고 한다.
- 쓰지 못하면 교사가 영아의 손을 잡고 모자를 씌워 준다.
- 교사가 영아 머리 위에 모자를 올려 준 후 모자를 써 보라고 한다.

• 수행되면 교사가 영아의 손을 모자에 갖다 대 준 후 모자를 써 보라고 한다.
• 수행되면 교사가 모자를 쓰는 몸짓을 보여 주며 영아에게 모자를 써 보라고 한다.
• 수행되면 교사가 모자를 가리키며 영아에게 모자를 써 보라고 한다.
• 도움을 점차 줄여 간다.
• 수행되면 영아 스스로 모자를 써 보라고 한다.
• 수행되면 교사가 모자를 쓰고 벗는 시범을 보인다.
• 영아에게 교사를 모방하여 모자를 쓰고 벗어 보라고 한다.
• 수행되면 영아 스스로 모자를 쓰고 벗어 보라고 한다.
• 수행되면 영아의 특성에 맞는 적절한 강화제를 제공한다.

☞ 모자 쓰는 것을 어려워할 경우 영아 머리보다 좀 더 큰 모자로 지도한 후 영아에게 맞는 모자로 지도하면 효과적이다.

☞ 교사와 영아가 인형놀이를 하면서 인형에게 모자를 씌우고 벗기는 방법을 보여 준 후 영아에게 인형의 모자를 씌우고 벗기는 동작을 반복 연습하게 하고 지도해도 효과적이다.

☞ 영아의 특성에 따라 거울 앞에 앉아서 모자를 쓰고 벗는 모습을 보여 주며 지도해도 영아가 흥미로워할 수 있으므로 영아의 특성에 따라 활용하도록 한다.

22 도움 받아 손 씻기

2～3세

목표 | 물을 틀어 준 후 비누를 묻혀 주면 손을 씻을 수 있다.

자료 | 영아용 세면대, 비누, 강화제

방법 ❶

- 교사가 영아용 세면대 앞에 서서 물을 틀고 비누를 손에 묻혀 거품을 낸 후 "뽀드～득 뽀드～득 ♬ 깨～끗하게 ♬ 뽀드～득 뽀드～득 ♬ 손～을 씻자～♬"라고 노래를 부르며 손을 씻는 시범을 보인다.
- 교사가 물을 틀어 영아의 손에 비누를 묻혀 준 후 교사를 모방하여 거품을 내어 손을 씻어 보라고 한다.
- 수행되면 교사가 물을 틀어 영아의 손에 비누를 묻혀 준 후 영아 스스로 거품을 내어 손을 씻어 보라고 한다.
- 수행되면 영아의 특성에 맞는 적절한 강화제를 제공한다.

방법 ❷

- 교사가 영아용 세면대 앞에 서서 물을 틀고 비누를 손에 묻혀 거품을 낸 후 "뽀드～득 뽀드～득 ♬ 깨～끗하게 ♬ 뽀드～득 뽀드～득 ♬ 손～을 씻자～♬"라고 노래를 부르며 손을 씻는 시범을 보인다.

- 교사가 물을 틀어 영아의 손에 비누를 묻혀 준 후 교사를 모방하여 거품을 내어 손을 씻어 보라고 한다.
- 씻지 못하면 교사가 비누를 손에 묻혀 거품을 내는 시범을 보인다.
- 교사가 영아의 손에 비누를 묻혀 준 후 영아에게 교사를 모방하여 거품을 내어 보라고 한다.
- 모방하지 못하면 교사가 영아의 손에 비누를 묻혀 준 후 영아의 손을 잡고 손바닥을 마주 비벼 거품을 내어 준다.
- 교사가 영아의 손에 비누를 묻혀 준 후 영아에게 손바닥을 마주 비벼 거품을 내어 보라고 한다.
- 교사가 손바닥을 비비는 동작을 보여 주며 영아에게 손바닥을 마주 비벼 거품을 내어 보라고 한다.
- 도움을 점차 줄여 간다.
- 수행되면 영아 스스로 손바닥을 마주 비벼 거품을 내어 보라고 한다.
- 수행되면 교사가 물에 손을 닿게 하여 손을 씻는 시범을 보인다.
- 영아에게 교사를 모방하여 물에 손을 닿게 하여 씻어 보라고 한다.
- 수행되면 영아 스스로 물에 손을 닿게 하여 씻어 보라고 한다.
- 도움을 점차 줄여 간다.
- 수행되면 교사가 물을 틀어 영아에게 비누를 묻혀 준 후 영아 스스로 손을 비벼 거품을 내어 손을 씻어 보라고 한다.
- 수행되면 영아의 특성에 맞는 적절한 강화제를 제공한다.

23 동화책을 책장에 꽂기 2~3세

목표 | 동화책을 책장에 꽂을 수 있다.

자료 | 동화책, 책장, 강화제

방법 ❶

- 영아가 동화책을 보고 난 후 교사가 "모~두 제~자리 ♬ 모~두 제~자리 ♬ 모두 모두 제~자리~에♬"라고 노래를 부르며 동화책을 책장에 꽂는 시범을 보인다.
- 영아에게 동화책을 보고 난 후 교사를 모방하여 책장에 꽂아 보라고 한다.
- 수행되면 동화책을 보고 난 후 영아 스스로 책장에 꽂아 보라고 한다.
- 수행되면 영아의 특성에 맞는 적절한 강화제를 제공한다.

방법 ❷

- 영아가 동화책을 보고 난 후 교사가 "모~두 제~자리 ♬ 모~두 제~자리 ♬ 모두 모두 제~자리~에♬"라고 노래를 부르며 동화책을 책장에 꽂는 시범을 보인다.
- 영아에게 동화책을 보고 난 후 교사를 모방하여 책장에 꽂아 보라고 한다.
- 꽂지 못하면 교사가 동화책을 손으로 쥐는 시범을 보인다.
- 영아에게 교사를 모방하여 동화책을 손으로 쥐어 보라고 한다.
- 모방하지 못하면 교사가 영아의 손을 잡고 동화책을 쥐어 준다.
- 교사가 영아의 손을 동화책에 대 준 후 동화책을 쥐어 보라고 한다.
- 수행되면 교사가 동화책을 가리키며 영아에게 동화책을 쥐어 보라고 한다.
- 도움을 점차 줄여 간다.
- 수행되면 영아 스스로 동화책을 쥐어 보라고 한다.
- 수행되면 교사가 동화책을 쥐고 책장에 꽂는 시범을 보인다.
- 영아에게 교사를 모방하여 동화책을 쥔 후 책장에 꽂아 보라고 한다.
- 모방하지 못하면 교사가 영아의 손을 잡고 동화책을 책장에 꽂아 준다.
- 영아 스스로 동화책을 쥐게 한 후 교사가 영아의 손을 책장에 대 주며 동화책을 꽂아 보라고 한다.
- 수행되면 영아 스스로 동화책을 쥐게 한 후 교사가 영아의 손을 책장 가까이 대 주고 동화책을 꽂아 보라고 한다.
- 도움을 점차 줄여 간다.

- 수행되면 동화책을 보고 난 후 영아 스스로 책장에 꽂아 보라고 한다.
- 수행되면 영아의 특성에 맞는 적절한 강화제를 제공한다.

24 빨대를 사용하여 음료수 마시기 2~3세

목표 | 빨대를 사용하여 음료수를 마실 수 있다.

자료 | 큰 빨대 및 작은 빨대, 컵, 영아가 좋아하는 음료수, 강화제

방법 ❶

- 빨대 컵으로 음료수 마시기는 앞 단계에서 수행하였으므로 확인한 후 시행한다.
- 컵 안에 영아가 좋아하는 음료수가 들어 있는 것을 보여 준 후 교사가 빨대로 음료수를 마시는 시범을 보인다.
- 영아에게 교사를 모방하여 빨대로 음료수를 마셔 보라고 한다.
- 수행되면 영아 스스로 빨대로 음료수를 마셔 보라고 한다.
- 수행되면 영아의 특성에 맞는 적절한 강화제를 제공한다.

방법 ❷

- 빨대 컵으로 음료수 마시기는 앞 단계에서 수행하였으므로 확인한 후 시행한다.
- 컵 안에 영아가 좋아하는 음료수가 들어 있는 것을 보여 준 후 교사가 빨대로 음료수를 마시는 시범을 보인다.
- 영아에게 교사를 모방하여 빨대로 음료수를 마셔 보라고 한다.
- 마시지 못하면 교사가 컵을 잡고 빨대를 중간중간 눌러 주어 압력으로 음료수가 영아의 입에 들어가게 한 후 음료수를 마셔 보라고 한다.
- 수행되면 교사가 컵을 잡고 빨대를 영아의 입에 닿게 한 후 마셔 보라고 한다.
- 수행되면 영아에게 컵을 잡게 하고 교사가 빨대를 영아의 입에 닿게 한 후 마셔 보

라고 한다.

- 도움을 점차 줄여 간다.
- 수행되면 영아 스스로 컵을 잡고 빨대로 음료수를 마셔 보라고 한다.
- 수행되면 영아의 특성에 맞는 적절한 강화제를 제공한다.

☞ 교사가 빨대를 눌러 주어 압력으로 음료수가 영아의 입에 들어가도록 하기 위해서는 큰 빨대를 사용하는 것이 효과적이며, 큰 빨대를 사용하다가 작은 빨대로 교환해 주도록 한다.

☞ 영아가 빨대로 음료수를 마실 때 교사가 빨대를 중간중간 눌러 주어 압력으로 음료수가 영아의 입에 들어갔다 안 들어갔다 하도록 놀이식으로 지도하면 영아가 무척 흥미로워하고 재미있게 수행 가능하므로 참고하도록 한다.

25 숟가락을 사용하여 흘리면서 음식 먹기 2~3세

목표 | 숟가락을 사용하여 흘리면서 음식을 먹을 수 있다.

자료 | 영아용 숟가락, 영아용 식판 혹은 공기, 영아가 좋아하는 음식, 강화제

방법 ❶

- 식판 혹은 공기 안에 영아가 좋아하는 음식이 들어 있는 것을 보여 준 후 교사가 숟가락으로 음식을 먹는 시범을 보인다.
- 영아에게 교사를 모방하여 음식을 흘리더라도 숟가락으로 먹어 보라고 한다.
- 수행되면 영아 스스로 음식을 흘리더라도 숟가락으로 먹어 보라고 한다.
- 수행되면 영아의 특성에 맞는 적절한 강화제를 제공한다.

방법 ❷

- 식판 혹은 공기 안에 영아가 좋아하는 음식이 들어 있는 것을 보여 준 후 교사가

손으로 숟가락을 쥐는 시범을 보인다.

- 영아에게 교사를 모방하여 숟가락을 쥐어 보라고 한다.
- 모방하지 못하면 교사가 영아의 손을 잡고 숟가락을 쥐어 준다.
- 교사가 영아의 손을 숟가락에 대 준 후 숟가락을 쥐어 보라고 한다.
- 수행되면 영아 스스로 숟가락을 쥐어 보라고 한다.
- 수행되면 교사가 숟가락으로 음식을 뜨는 시범을 보인다.
- 영아에게 교사를 모방하여 숟가락으로 음식을 떠 보라고 한다.
- 모방하지 못하면 교사가 영아의 손을 잡고 숟가락을 쥐어 음식을 떠 준다.
- 교사가 영아에게 숟가락을 쥐게 한 후 음식을 떠 보라고 한다.
- 도움을 점차 줄여 간다.
- 수행되면 영아 스스로 숟가락을 쥐고 음식을 떠 보라고 한다.
- 수행되면 교사가 숟가락으로 음식을 떠서 먹는 시범을 보인다.
- 영아에게 교사를 모방하여 음식을 흘리더라도 숟가락으로 먹어 보라고 한다.
- 모방하지 못하면 교사가 영아의 손을 잡고 숟가락을 쥐어 입안으로 넣어 준 후 먹어 보라고 한다.
- 영아 스스로 숟가락을 잡고 음식을 뜨게 한 후 교사가 영아의 손을 잡고 음식을 입 가까이 대 준 뒤 흘리더라도 먹어 보라고 한다.
- 수행되면 교사가 음식을 가리키며 영아에게 숟가락을 사용하여 음식을 흘리더라도 먹어 보라고 한다.
- 도움을 점차 줄여 간다.
- 수행되면 영아 스스로 숟가락을 사용하여 음식을 흘리더라도 먹어 보라고 한다.
- 수행되면 영아의 특성에 맞는 적절한 강화제를 제공한다.

☞ 교사가 숟가락을 사용하는 시범을 보일 경우 영아와 마주 보고 지도한다면 영아가 보는 방향(예: 교사가 왼쪽 손을 사용하면 영아가 보는 방향에서는 오른손)을 고려하여야 한다.

☞ 다음 그림처럼 시중에서 영아의 흥미를 끌 수 있는 다양한 소재(예: 옥수수 전분)의 영아용 숟가락 및 식판, 손잡이 공기 등이 시판되고 있으므로 이를 활용해도 효과적이다.

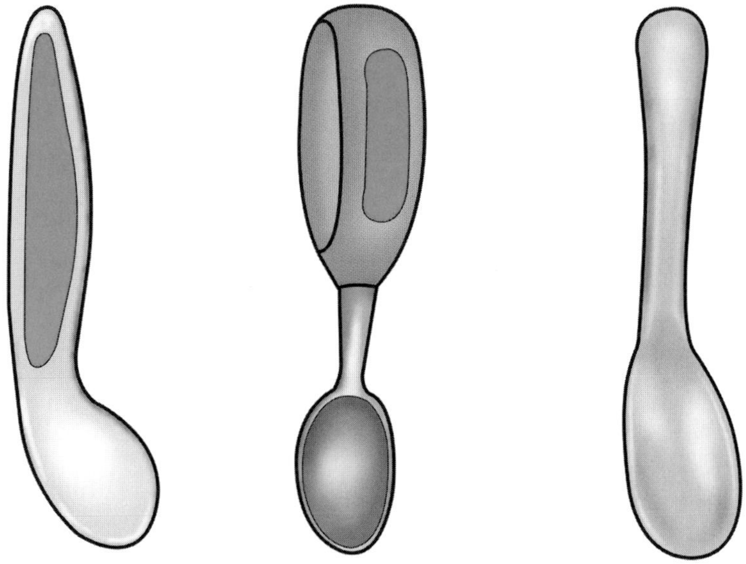

다양한 소재의 숟가락

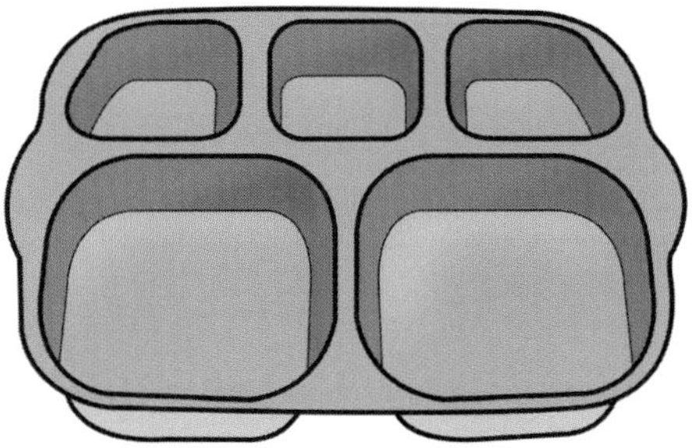

식판

손잡이 공기

26 컵을 제자리에 갖다 놓기

2~3세

목표 | 컵을 제자리에 갖다 놓을 수 있다.

자료 | 컵, 강화제

방법 ❶

- 교사가, 예를 들어 식탁에서 컵을 가져온 후 "컵~은 제~자리 ♬ 컵~은 제~자리 ♬ 모두 모두 제~자리~에♬"라고 노래를 부르며 다시 식탁에 컵을 갖다 놓는 시범을 보인다.
- 영아에게 교사를 모방하여 식탁에서 컵을 가져온 후 다시 식탁에 컵을 갖다 놓아 보라고 한다.
- 수행되면 영아 스스로 식탁에서 컵을 가져온 후 다시 식탁에 컵을 갖다 놓아 보라고 한다.
- 수행되면 영아의 특성에 맞는 적절한 강화제를 제공한다.

방법 ❷

- 교사가 "컵~은 제~자리 ♬ 컵~은 제~자리 ♬ 모두 모두 제~자리~에♬"라고 노래를 부르며 식탁에서 컵을 가져오는 시범을 보인다.
- 영아에게 교사를 모방하여 식탁에서 컵을 가져오라고 한다.
- 모방하지 못하면 교사가 영아의 손을 잡고 식탁에서 컵을 가져온다.
- 교사가 영아와 식탁에 가서 영아의 손을 컵에 대 준 후 가져오라고 한다.
- 수행되면 영아를 식탁에 데려다 준 후 영아에게 컵을 가져오라고 한다.
- 수행되면 교사가 식탁의 컵을 가리키며 영아에게 가져오라고 한다.
- 도움을 점차 줄여 간다.
- 수행되면 영아 스스로 식탁에서 컵을 가져오라고 한다.

- 수행되면 교사가 식탁에서 컵을 가져온 후 다시 식탁에 갖다 놓는 시범을 보인다.
- 영아에게 교사를 모방하여 식탁에서 컵을 가져온 후 다시 식탁에 갖다 놓아 보라고 한다.
- 모방하지 못하면 영아 스스로 식탁에서 컵을 가져오게 한 후 교사가 영아의 손을 잡고 다시 식탁에 갖다 놓아 준다.
- 영아 스스로 식탁에서 컵을 가져오게 한 후 교사가 식탁의 컵을 가리키며 영아에게 다시 식탁에 갖다 놓아 보라고 한다.
- 도움을 점차 줄여 간다.
- 수행되면 영아 스스로 식탁에서 컵을 가져온 후 다시 식탁에 컵을 갖다 놓아 보라고 한다.
- 수행되면 영아의 특성에 맞는 적절한 강화제를 제공한다.

27 영아용 변기에 앉기 2~3세

목표 | 영아용 변기에 앉을 수 있다.

자료 | 영아용 변기, 강화제

방법 ❶

- 교사가 영아용 변기에 앉는 시범을 보인다.
- 영아에게 교사를 모방하여 영아용 변기에 앉아 보라고 한다.
- 수행되면 영아 스스로 영아용 변기에 앉아 보라고 한다.
- 수행되면 영아의 특성에 맞는 적절한 강화제를 제공한다.

방법 ❷

- 교사가 영아용 변기에 앉는 시범을 보인다.

- 영아에게 교사를 모방하여 영아용 변기에 앉아 보라고 한다.
- 앉지 못하면 교사가 영아의 허리를 잡고 영아용 변기에 앉혀 준다.
- 교사가 영아의 두 손을 잡아 주며 영아용 변기에 앉아 보라고 한다.
- 수행되면 교사가 영아의 한 손을 잡아 준 후 영아용 변기에 앉아 보라고 한다.
- 수행되면 교사가 영아용 변기를 가리키며 영아에게 앉아 보라고 한다.
- 도움을 점차 줄여 간다.
- 수행되면 영아 스스로 영아용 변기에 앉아 보라고 한다.
- 수행되면 영아의 특성에 맞는 적절한 강화제를 제공한다.

28 바지를 잡아 주면 바지에 다리 넣기 2~3세

목표 | 바지를 잡아 주면 바지에 다리를 넣을 수 있다.

자료 | 교사 및 영아 바지, 강화제

방법 ❶

- 교사가 바지를 잡은 후 바지에 다리를 넣는 시범을 보인다.
- 교사가 영아의 바지를 잡아 준 후 영아에게 교사를 모방하여 바지에 다리를 넣어 보라고 한다.
- 수행되면 교사가 영아의 바지를 잡아 준 후 영아 스스로 바지에 다리를 넣어 보라고 한다.
- 수행되면 영아의 특성에 맞는 적절한 강화제를 제공한다.

방법 ❷

- 교사가 바지를 잡은 후 바지에 다리를 넣는 시범을 보인다.
- 교사가 영아의 바지를 잡아 준 후 영아에게 교사를 모방하여 바지에 다리를 넣어

보라고 한다.

- 모방하지 못하면 교사가 바지를 잡고 왼쪽(영아가 볼 때 오른쪽) 바지에 다리를 넣는 시범을 보인다.
- 교사가 영아의 바지를 잡아 준 후 영아에게 교사를 모방하여 오른쪽 바지에 다리를 넣어 보라고 한다.
- 모방하지 못하면 교사가 영아의 손을 교사 어깨에 올려 주어 어깨를 잡게 한 후 영아의 발목을 잡아 오른쪽 바지 속으로 다리를 넣어 준다.
- 교사가 오른쪽 바지에 영아의 발을 대 준 후 바지 속으로 다리를 넣어 보라고 한다.
- 도움을 점차 줄여 간다.
- 수행되면 교사가 바지를 잡아 줄 때 영아 스스로 오른쪽 바지 속으로 다리를 넣어 보라고 한다.
- 수행되면 교사가 바지를 잡고 오른쪽(영아가 볼 때 왼쪽) 바지에 다리를 넣는 시범을 보인다.
- 교사가 영아의 바지를 잡아 준 후 영아에게 교사를 모방하여 왼쪽 바지에 다리를 넣어 보라고 한다.
- 모방하지 못하면 오른쪽 다리를 바지 속으로 넣는 것과 같은 방법으로 지도한다.
- 수행되면 교사가 영아의 바지를 잡아 줄 때 영아 스스로 왼쪽 다리를 바지 속으로 넣어 보라고 한다.
- 도움을 점차 줄여 간다.
- 수행되면 교사가 바지를 잡아 줄 때 영아 스스로 바지에 다리를 넣어 보라고 한다.
- 수행되면 영아의 특성에 맞는 적절한 강화제를 제공한다.

방법 ❸

- 교사가 바지의 왼쪽(영아가 볼 때 오른쪽)을 입고 있는 상태에서 오른쪽(영아가 볼 때 왼쪽) 바지에 다리를 넣는 시범을 보인다.
- 교사가 영아의 오른쪽 바지를 입혀 준 후 바지를 잡아 주고 영아에게 교사를 모방

하여 왼쪽 바지에 다리를 넣어 보라고 한다.

- 모방하지 못하면 교사가 영아의 손을 교사 어깨에 올려 주어 어깨를 잡게 한 후 영아의 발목을 잡아 왼쪽 바지 속으로 다리를 넣어 준다.
- 교사가 왼쪽 바지에 영아의 발을 대 준 후 바지 속으로 다리를 넣어 보라고 한다.
- 도움을 점차 줄여 간다.
- 수행되면 교사가 바지를 잡아 줄 때 영아 스스로 왼쪽 바지 속으로 다리를 넣어 보라고 한다.
- 수행되면 교사가 바지를 잡고 왼쪽(영아가 볼 때 오른쪽) 바지에 다리를 넣는 시범을 보인다.
- 교사가 영아의 바지를 잡아 준 후 영아에게 교사를 모방하여 오른쪽 바지에 다리를 넣어 보라고 한다.
- 모방하지 못하면 왼쪽 다리를 바지 속으로 넣는 것과 같은 방법으로 지도한다.
- 수행되면 교사가 영아의 바지를 잡아 줄 때 영아 스스로 오른쪽 다리를 바지 속으로 넣어 보라고 한다.
- 도움을 점차 줄여 간다.
- 수행되면 교사가 바지를 잡아 줄 때 영아 스스로 바지에 다리를 넣어 보라고 한다.
- 수행되면 영아의 특성에 맞는 적절한 강화제를 제공한다.

☞ 영아와 마주 보고 지도할 때는 교사와 영아가 반대 방향(예: 교사가 오른쪽 발을 사용할 경우 영아가 볼 때는 왼쪽 발이 됨)이 되므로 방향에 대한 부분을 반드시 유념하도록 한다. 특히 교사가 본인도 인식하지 못하고 습관적으로 손이나 발을 사용하게 되는 경우가 많으므로 방향성이 요구되는 항목은 가능하면 영아 옆에 앉거나 서서 지도하도록 한다.

☞ 방법 ❸은 후진법(뒤에서부터 수행해 나감)으로 방법 ❷의 점진법(앞에서부터 순서대로 수행해 나감)보다 영아가 성취감을 쉽게 느낄 수 있어 일반적으로 발달지체 및 장애 영유아에게는 후진법을 많이 적용한다. 그러나 영유아의 특성을 고려하여 적용하는 것이 바람직하므로 참고하기 바란다.

29 찍찍이를 떼고 신발 벗기

2~3세

목표 | 찍찍이(벨크로)를 떼고 신발을 벗을 수 있다.

자료 | 교사 및 영아용 찍찍이 신발, 강화제

방법 ❶

- 찍찍이를 떼어 주면 신발 벗기는 앞 단계에서 수행하였으므로 확인한 후 시행한다.
- 교사가 양쪽 신발의 찍찍이를 떼어 낸 후 신발을 벗는 시범을 보인다.
- 영아에게 교사를 모방하여 양쪽 신발의 찍찍이를 떼어 낸 후 신발을 벗어 보라고 한다.
- 수행되면 영아 스스로 양쪽 신발의 찍찍이를 떼어 낸 후 신발을 벗어 보라고 한다.
- 수행되면 영아의 특성에 맞는 적절한 강화제를 제공한다.

방법 ❷

- 찍찍이를 떼어 주면 신발 벗기는 앞 단계에서 수행하였으므로 확인한 후 시행한다.
- 교사가 양쪽 신발의 찍찍이를 떼어 낸 후 신발을 벗는 시범을 보인다.
- 영아에게 교사를 모방하여 양쪽 신발의 찍찍이를 떼어 낸 후 신발을 벗어 보라고 한다.
- 모방하지 못하면 교사가 왼쪽(영아가 볼 때 오른쪽) 신발의 찍찍이를 떼어 낸 후 신발을 벗는 시범을 보인다.
- 영아에게 교사를 모방하여 오른쪽 신발의 찍찍이를 떼어 낸 후 신발을 벗어 보라고 한다.
- 모방하지 못하면 교사가 영아의 손을 잡고 오른쪽 신발의 찍찍이를 떼어 준 후 신발을 벗어 보라고 한다.
- 교사가 영아의 오른쪽 신발의 찍찍이를 2/3 정도 떼어 준 후 영아에게 나머지 찍찍이를 떼어 내고 신발을 벗어 보라고 한다.

- 수행되면 교사가 영아의 오른쪽 신발의 찍찍이를 1/2 정도 떼어 준 후 영아에게 나머지 찍찍이를 떼어 내고 신발을 벗어 보라고 한다.
- 수행되면 교사가 영아의 오른쪽 신발의 찍찍이를 1/3 정도 떼어 준 후 영아에게 나머지 찍찍이를 떼어 내고 신발을 벗어 보라고 한다.
- 도움을 점차 줄여 간다.
- 수행되면 영아 스스로 오른쪽 신발의 찍찍이를 떼어 낸 후 벗어 보라고 한다.
- 수행되면 교사가 오른쪽(영아가 볼 때 왼쪽) 신발의 찍찍이를 떼어 낸 후 신발을 벗는 시범을 보인다.
- 영아에게 교사를 모방하여 왼쪽 신발의 찍찍이를 떼어 낸 후 신발을 벗어 보라고 한다.
- 모방하지 못하면 오른쪽 신발의 찍찍이를 떼어 낸 후 신발을 벗는 것과 같은 방법으로 지도한다.
- 수행되면 영아 스스로 왼쪽 신발의 찍찍이를 떼어 낸 후 벗어 보라고 한다.
- 도움을 점차 줄여 간다.
- 수행되면 영아 스스로 양쪽 신발의 찍찍이를 떼어 낸 후 신발을 벗어 보라고 한다.
- 수행되면 영아의 특성에 맞는 적절한 강화제를 제공한다.

☞ 찍찍이가 달린 신발 벗기를 어려워하면 영아의 발보다 약간 큰 신발을 가지고 벗는 방법을 지도한 후 영아의 신발로 벗기를 지도하면 보다 쉽게 수행할 수 있다.

☞ 영아와 마주 보고 지도할 때는 교사와 영아가 반대 방향(예: 교사가 오른쪽 발을 사용할 경우 영아가 볼 때는 왼쪽 발이 됨)이 되므로 방향에 대한 부분을 반드시 유념하도록 한다. 특히 교사가 본인도 인식하지 못하고 습관적으로 손이나 발을 사용하게 되는 경우가 많으므로 방향성이 요구되는 항목은 가능하면 영아 옆에 앉거나 서서 지도하도록 한다.

☞ 찍찍이 떼기를 어려워하면 하드보드지와 까슬이, 보슬이를 준비하여 하드보드지에 신발 모형을 그려 신발 그림에 까슬이를 붙인 후 보슬이를 까슬이보다 약간 길게 붙인다. 이렇게 제작하

여 사용하면 영아에게 쉽게 신발의 찍찍이 떼기를 지도할 수 있다. 그리고 보슬이와 까슬이는 시중에서 쉽게 구입이 가능하다.

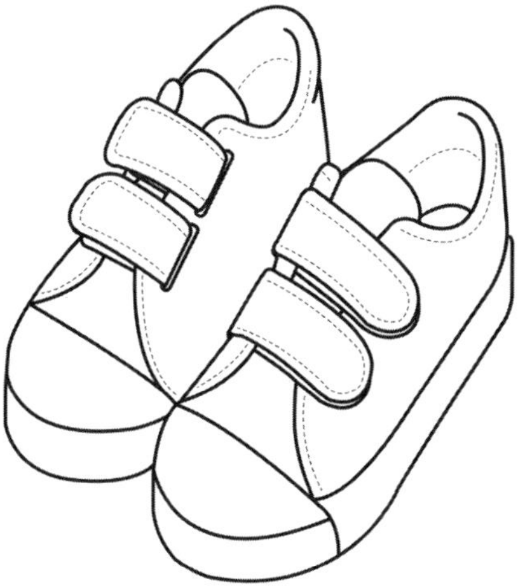

1. 하드보드지에 신발 모형 그리기

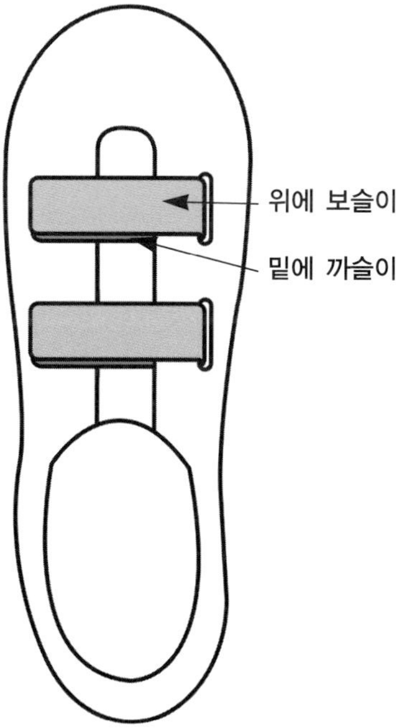

2. 그려진 신발 모형에 까슬이를 밑에 붙이고 까슬이 위에 보슬이를 약간 길게 붙이기

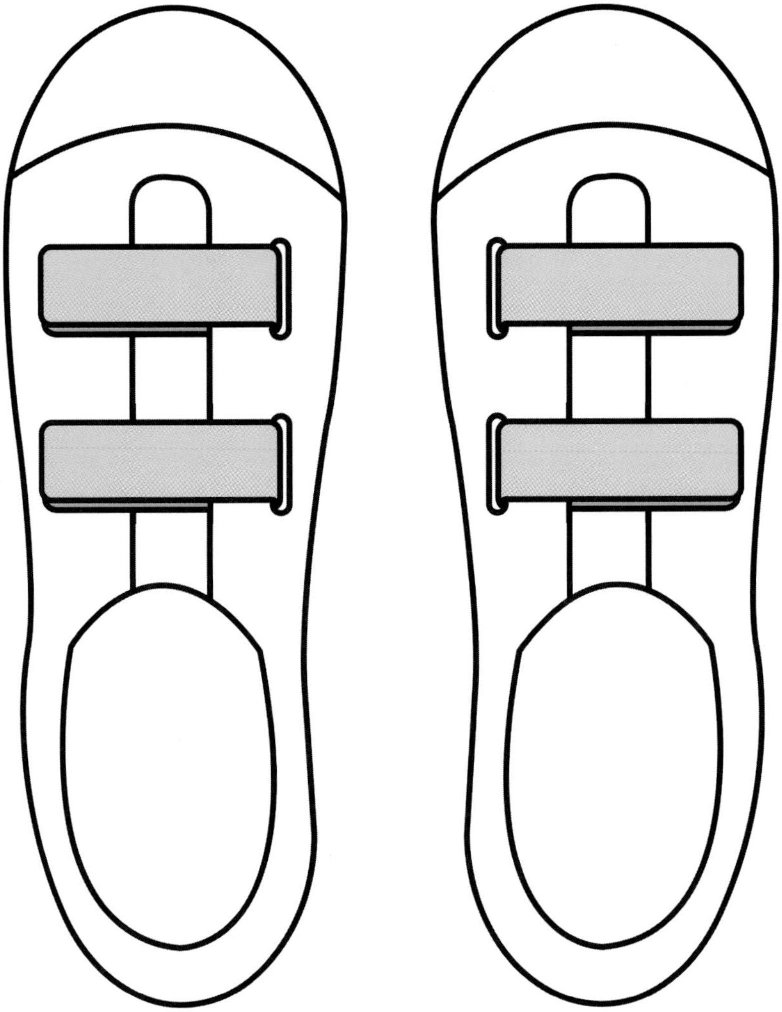

3. 완성된 모습

30 똑딱단추 열기

2~3세

목표 | 똑딱단추를 열수 있다.

자료 | 똑딱단추가 달린 교사 및 영아의 옷, 강화제

방법 ❶

- 교사가 똑딱단추가 달린 옷을 입고 "똑딱 단~추 나~간다 ♬ 빰빠 빰~바♬ 똑딱 단~추 열~어라 ♬ 빰빠 빰~바 ♬"라고 노래를 부르며 똑딱단추를 여는 시범을 보인다.
- 영아에게 똑딱단추가 달린 옷을 입힌 후 교사를 모방하여 똑딱단추를 열어 보라고 한다.
- 수행되면 영아 스스로 똑딱단추를 모두 열어 보라고 한다.
- 수행되면 영아의 특성에 맞는 적절한 강화제를 제공한다.

방법 ❷

- 교사가 똑딱단추가 달린 옷을 입고 "똑딱 단~추 나~간다 ♬ 빰빠 빰~바♬ 똑딱 단~추 열~어라 ♬ 빰빠 빰~바 ♬"라고 노래를 부르며 똑딱단추를 한 개 여는 시범을 보인다.
- 영아에게 똑딱단추가 달린 옷을 입힌 후 교사를 모방하여 똑딱단추를 한 개 열어 보라고 한다.
- 모방하지 못하면 교사가 영아의 손을 잡고 똑딱단추를 한 개 열어 준다.
- 교사가 똑딱단추의 아래쪽 옷 부분을 잡아 주고 위쪽 옷 부분에 영아의 손을 갖다 대 준 후 영아에게 똑딱단추의 위쪽 옷 부분을 당겨 똑딱단추를 한 개 열어 보라고 한다.
- 수행되면 교사가 똑딱단추의 아래쪽 옷 부분을 잡아 준 후 영아에게 똑딱단추의

위쪽 옷 부분을 당겨 똑딱단추를 한 개 열어 보라고 한다.

- 수행되면 교사가 영아의 손을 똑딱단추의 아래쪽 옷 부분과 위쪽 옷 부분에 대 준 후 똑딱단추를 한 개 열어 보라고 한다.
- 도움을 점차 줄여 간다.
- 수행되면 영아 스스로 똑딱단추를 한 개 열어 보라고 한다.
- 수행되면 교사가 똑딱단추를 두 개 여는 방법을 시범 보인다.
- 영아에게 교사를 모방하여 똑딱단추를 두 개 열어 보라고 한다.
- 모방하지 못하면 똑딱단추를 한 개 여는 것과 같은 방법으로 지도한다.
- 도움을 점차 줄여 간다.
- 수행되면 나머지 똑딱단추를 여는 것도 같은 방법으로 지도한다.
- 수행되면 영아 스스로 똑딱단추를 모두 열어 보라고 한다.
- 수행되면 영아의 특성에 맞는 적절한 강화제를 제공한다.

방법 ❸

- 교사가 똑딱단추가 달린 옷을 입고 "똑딱 단~추 나~간다 ♬ 빰빠 빰~바♬ 똑딱 단~추 열~어라 ♬ 빰빠 빰~바 ♬"라고 노래를 부르며 똑딱단추를 여는 시범을 보인다.
- 영아에게 똑딱단추가 달린 옷을 입힌 후 교사를 모방하여 똑딱단추를 한 개 열어 보라고 한다.
- 모방하지 못하면 교사가 영아의 손을 잡고 똑딱단추를 한 개 열어 준다.
- 교사가 똑딱단추의 아래쪽 옷 부분을 잡아 주고 위쪽 옷 부분에 영아의 손을 갖다 대 준 후 영아에게 똑딱단추의 위쪽 옷 부분을 당겨 똑딱단추를 한 개 열어 보라고 한다.
- 수행되면 교사가 똑딱단추의 아래쪽 옷 부분을 잡아 준 후 영아에게 똑딱단추의 위쪽 옷부분을 당겨 똑딱단추를 한 개 열어 보라고 한다.
- 수행되면 교사가 영아의 손을 똑딱단추의 아래쪽 옷 부분과 위쪽 옷 부분에 대 준

후 똑딱단추를 한 개 열어 보라고 한다.

- 도움을 점차 줄여 간다.
- 수행되면 영아 스스로 똑딱단추를 한 개 열어 보라고 한다.
- 수행되면, 예를 들어 똑딱단추가 5개 달린 옷의 경우 교사가 세 개를 열어 준 후 두 개는 영아에게 열어 보라고 한다.
- 수행되면 교사가 똑딱단추를 두 개 열어 준 후 세 개는 영아에게 열어 보라고 한다.
- 수행되면 교사가 똑딱단추를 한 개 열어 준 후 네 개는 영아에게 열어 보라고 한다.
- 수행되면 영아 스스로 똑딱단추를 모두 열어 보라고 한다.
- 수행되면 영아의 특성에 맞는 적절한 강화제를 제공한다.

☞ 방법 ❸은 후진법(뒤에서부터 수행해 나감)으로 방법 ❷의 점진법(앞에서부터 순서대로 수행해 나감)보다 영아가 성취감을 쉽게 느낄 수 있어 일반적으로 발달지체 및 장애 영유아에게는 후진법을 많이 적용한다. 그러나 영유아의 특성을 고려하여 적용하는 것이 바람직하므로 참고하기 바란다.

☞ 똑딱단추가 달린 옷 교구판이 있을 경우 교사가 영아와 같은 위치에 앉아 똑딱단추를 여는 방법을 지도한 후 실제 영아가 입고 있는 옷으로 지도해도 효과적이다.

☞ 헌 옷에 있는 똑딱단추를 천과 함께 오려 하드보드지에 붙인 후 똑딱단추 열기를 지도해도 된다.

31 지퍼를 내려 주면 바지 내리기

2~3세

목표 | 지퍼를 내려 주면 바지를 내릴 수 있다.

자료 | 영아 바지, 강화제

방법 ❶

- 교사가 영아의 바지 지퍼를 내려 준 후 바지를 내리는 시범을 보인다.
- 교사가 영아의 바지 지퍼를 내려 준 후 영아에게 교사를 모방하여 바지를 내려 보라고 한다.
- 수행되면 교사가 영아의 바지 지퍼를 내려 준 후 영아 스스로 바지를 내려 보라고 한다.
- 수행되면 영아의 특성에 맞는 적절한 강화제를 제공한다.

방법 ❷

- 교사가 영아의 바지 지퍼를 내려 준 후 바지를 내리는 시범을 보인다.
- 교사가 영아의 바지 지퍼를 내려 준 후 영아에게 교사를 모방하여 바지를 내려 보라고 한다.
- 내리지 못하면 교사가 바지 윗부분 양쪽 안에 영아의 양쪽 엄지손가락을 넣어 주고 나머지 손가락으로 바지 윗부분의 바깥쪽을 잡게 한 후 영아의 손을 잡고 바지를 같이 내려 준다.
- 교사가 바지 윗부분 양쪽 안에 영아의 양쪽 엄지손가락을 넣어 주고 나머지 손가락으로 바지 윗부분의 바깥쪽을 잡게 한 후 영아에게 바지를 내려 보라고 한다.
- 수행되면 교사가 바지 윗부분 양쪽 안에 영아의 양쪽 엄지손가락을 넣어 준 후 영아 스스로 나머지 손가락으로 바지 윗부분의 바깥쪽을 잡게 한 후 바지를 내려 보라고 한다.

• 수행되면 교사가 바지 윗부분 한쪽 안에 영아의 한쪽 엄지손가락을 넣어 준 후 영아 스스로 한쪽에 엄지손가락을 넣고 나머지 손가락으로 바지 윗부분의 바깥쪽을 잡아 바지를 내려 보라고 한다.
• 도움을 점차 줄여 간다.
• 수행되면 교사가 영아의 바지 지퍼를 내려 준 후 영아 스스로 바지를 내려 보라고 한다.
• 수행되면 영아의 특성에 맞는 적절한 강화제를 제공한다.

☞ 집에서 지도할 때는 부모가 입고 있는 바지 지퍼를 내린 후 바지를 내리는 시범을 보이는 것이 바람직하다. 교사가 지도할 때도 가능하면 입고 있는 바지의 지퍼를 내린 후 바지를 내리는 시범을 보이도록 한다.

32 한 손으로 컵 잡고 물 마시기 2~3세

목표 | 한 손으로 컵을 잡고 물을 마실 수 있다.
자료 | 물, 영아용 컵, 강화제

방법 ❶

• 교사가 한 손으로 컵을 잡고 물을 마시는 시범을 보인다.
• 영아에게 교사를 모방하여 한 손으로 컵을 잡고 물을 마셔 보라고 한다.
• 수행되면 영아 스스로 한 손으로 컵을 잡고 물을 마셔 보라고 한다.
• 수행되면 영아의 특성에 맞는 적절한 강화제를 제공한다.

방법 ❷

• 교사가 한 손으로 컵을 잡고 물을 마시는 시범을 보인다.

- 영아에게 교사를 모방하여 한 손으로 컵을 잡고 물을 마셔 보라고 한다.
- 모방하지 못하면 교사가 영아의 한 손을 잡고 컵을 잡아 준 후 물을 마셔 보라고 한다.
- 수행되면 교사가 영아의 한 손을 컵에 대 준 후 영아 스스로 한 손으로 컵을 잡고 물을 마셔 보라고 한다.
- 수행되면 교사가 한 손으로 컵을 잡고 물을 마시는 몸짓을 보여 주며 영아에게 한 손으로 컵을 잡고 물을 마셔 보라고 한다.
- 수행되면 교사가 컵을 가리키며 영아에게 한 손으로 컵을 잡고 물을 마셔 보라고 한다.
- 도움을 점차 줄여 간다.
- 수행되면 영아 스스로 한 손으로 컵을 잡고 물을 마셔 보라고 한다.
- 수행되면 영아의 특성에 맞는 적절한 강화제를 제공한다.

☞ 영아가 한 손으로 컵을 잡는 것을 어려워하면 컵을 잡을 위치에 까슬이나 보슬이를 붙여 주어 쉽게 잡을 수 있도록 한 후 수행되면 까슬이나 보슬이를 제거하고 확인하도록 한다.

☞ 영아에게 한 손으로 컵을 잡고 음료수를 마시게 할 경우에도 위와 같은 방법으로 지도하면 된다.

33 큰 지퍼 내리기 2~3세

목표 | 큰 지퍼를 내릴 수 있다.

자료 | 큰 지퍼가 달린 겉옷, 영아가 좋아하는 스트랩(예: 휴대폰 고리나 열쇠고리), 강화제

방법 ❶

- 교사가 큰 지퍼가 달린 겉옷의 지퍼를 내리는 시범을 보인다.

- 영아에게 교사를 모방하여 큰 지퍼가 달린 겉옷의 지퍼를 내려 보라고 한다.
- 수행되면 영아 스스로 큰 지퍼가 달린 겉옷의 지퍼를 내려 보라고 한다.
- 수행되면 영아의 특성에 맞는 적절한 강화제를 제공한다.

방법 ❷

- 교사가 큰 지퍼 고리에 영아가 좋아하는 스트랩을 달아 준 후 스트랩을 잡아 지퍼를 내리는 시범을 보인다.
- 영아에게 교사를 모방하여 스트랩을 잡아 큰 지퍼를 내려 보라고 한다.
- 모방하지 못하면 교사가 영아의 손을 잡고 스트랩을 잡아 큰 지퍼를 내려 준다.
- 교사가 영아의 손을 스트랩에 올려 준 후 영아에게 스트랩을 잡아 큰 지퍼를 내려 보라고 한다.
- 수행되면 영아 스스로 스트랩을 잡아 큰 지퍼를 내려 보라고 한다.
- 수행되면 교사가 스트랩을 떼고 큰 지퍼의 1/3을 내리는 시범을 보인다.
- 영아에게 교사를 모방하여 큰 지퍼의 1/3을 내려 보라고 한다.
- 모방하지 못하면 교사가 영아의 손을 잡고 큰 지퍼의 1/3을 내려 준다.
- 교사가 큰 지퍼 고리에 영아의 손을 대 준 후 큰 지퍼의 1/3을 내려 보라고 한다.
- 도움을 점차 줄여 간다.
- 수행되면 영아 스스로 큰 지퍼의 1/3을 내려 보라고 한다.
- 수행되면 교사가 큰 지퍼의 1/2을 내리는 시범을 보인다.
- 영아에게 교사를 모방하여 큰 지퍼의 1/2을 내려 보라고 한다.
- 모방하지 못하면 큰 지퍼의 1/3을 내린 것과 같은 방법으로 지도한다.
- 수행되면 교사가 큰 지퍼의 2/3를 내리는 시범을 보인다.
- 영아에게 교사를 모방하여 큰 지퍼의 2/3를 내려 보라고 한다.
- 모방하지 못하면 큰 지퍼의 1/2을 내린 것과 같은 방법으로 지도한다.
- 도움을 점차 줄여 간다.
- 수행되면 영아 스스로 큰 지퍼 고리를 당겨 지퍼를 내려 보라고 한다.

• 수행되면 영아의 특성에 맞는 적절한 강화제를 제공한다.

방법 ❸

• 교사가 큰 지퍼가 달린 겉옷의 지퍼를 내리는 시범을 보인다.
• 영아에게 교사를 모방하여 큰 지퍼가 달린 겉옷의 지퍼를 내려 보라고 한다.
• 모방하지 못하면 교사가 영아의 손을 잡고 큰 지퍼 고리를 당겨 지퍼를 내려 준다.
• 교사가 큰 지퍼 고리에 영아가 좋아하는 스트랩을 달아 준 후 스트랩을 잡아 지퍼를 내리는 시범을 보인다.
• 영아에게 교사를 모방하여 스트랩을 잡아 큰 지퍼를 내려 보라고 한다.
• 모방하지 못하면 교사가 영아의 손을 잡고 스트랩을 잡아 큰 지퍼를 내려 준다.
• 교사가 영아의 손을 스트랩에 올려 준 후 영아에게 스트랩을 잡아 큰 지퍼를 내려 보라고 한다.
• 도움을 점차 줄여 간다.
• 수행되면 영아 스스로 스트랩을 잡아 큰 지퍼를 내려 보라고 한다.
• 수행되면 교사가 스트랩을 떼고 지퍼의 2/3를 내려 준 후 영아에게 큰 지퍼 고리를 당겨 나머지를 내려 보라고 한다.
• 수행되면 교사가 지퍼의 1/2을 내려 준 후 영아에게 큰 지퍼 고리를 당겨 나머지를 내려 보라고 한다.
• 수행되면 교사가 지퍼의 1/3을 내려 준 후 영아에게 큰 지퍼 고리를 당겨 나머지를 내려 보라고 한다.
• 도움을 점차 줄여 간다.
• 수행되면 영아 스스로 큰 지퍼 고리를 당겨 지퍼를 내려 보라고 한다.
• 수행되면 영아의 특성에 맞는 적절한 강화제를 제공한다.

☞ 방법 ❸은 후진법(뒤에서부터 수행해 나감)으로 방법 ❷의 점진법(앞에서부터 순서대로 수행해 나감)보다 영아가 성취감을 쉽게 느낄 수 있어 일반적으로 발달지체 및 장애 영유아에게는 후진법

을 많이 적용한다. 그러나 영유아의 특성을 고려하여 적용하는 것이 바람직하므로 참고하기 바란다.

☞ 지퍼 안쪽, 즉 겉옷 안쪽에 강화제를 숨겨 놓은 후 지퍼를 내려 영아가 강화제를 먹을 수 있도록 지도하면 영아가 무척 흥미로워하고 쉽게 수행이 가능하다.

☞ 우리가 일반적으로 열쇠고리 및 휴대폰 고리로 사용하고 있는 스트랩은 다음 그림처럼 가죽 · 천 등으로 된 끈으로 영아들이 좋아하는 캐릭터 및 다양한 모양들이 시중에 많이 판매되고 있어 쉽게 구입이 가능하다. 그러므로 이를 활용하면 효율적으로 지퍼 내리기 및 올리기를 지도할 수 있다.

34 냅킨을 사용하여 입 닦기

2~3세

목표 | 냅킨을 사용하여 입을 닦을 수 있다.

자료 | 영아가 좋아하는 소량의 음식, 냅킨(손수건), 강화제

방법 ❶

- 교사가 소량의 음식을 먹은 후 "음식을 먹고 ♬ 난~후~엔 ♬ 입~을 닦~아요 ♬ 입~을 닦~아요 ♬"라고 노래를 부르며 냅킨으로 입을 닦는 시범을 보인다.
- 영아에게 좋아하는 소량의 음식을 먹인 후 교사를 모방하여 냅킨으로 입을 닦아 보라고 한다.
- 수행되면 영아에게 좋아하는 소량의 음식을 먹인 후 영아 스스로 냅킨으로 입을 닦아 보라고 한다.
- 수행되면 영아의 특성에 맞는 적절한 강화제를 제공한다.

방법 ❷

- 교사가 손으로 냅킨을 쥐는 시범을 보인다.
- 영아에게 교사를 모방하여 손으로 냅킨을 쥐어 보라고 한다.
- 모방하지 못하면 교사가 영아의 손에 냅킨을 놓아 준 후 쥐어 보라고 한다.
- 수행되면 교사가 영아의 손을 냅킨에 대 준 후 영아에게 냅킨을 쥐어 보라고 한다.
- 수행되면 교사가 냅킨을 가리키며 영아에게 냅킨을 쥐어 보라고 한다.
- 도움을 점차 줄여 간다.
- 수행되면 영아 스스로 냅킨을 쥐어 보라고 한다.
- 수행되면 교사가 소량의 음식을 먹은 후 "음식을 먹고 ♬ 난~후~엔 ♬ 입~을 닦~아요 ♬ 입~을 닦~아요 ♬"라고 노래를 부르며 냅킨으로 입을 닦는 시범을 보인다.

- 영아에게 좋아하는 소량의 음식을 먹인 후 교사를 모방하여 냅킨으로 입을 닦아 보라고 한다.
- 모방하지 못하면 교사가 영아의 손을 잡고 냅킨으로 입을 닦아 준다.
- 영아 스스로 냅킨을 쥐게 한 후 교사가 영아의 손을 입에 대 주고 입을 닦아 보라고 한다.
- 수행되면 영아 스스로 냅킨을 쥐게 한 후 교사가 영아의 손을 입 가까이 대 주고 입을 닦아 보라고 한다.
- 수행되면 교사가 냅킨으로 입을 닦는 몸짓을 보여 주며 영아에게 냅킨으로 입을 닦아 보라고 한다.
- 도움을 점차 줄여 간다.
- 수행되면 영아 스스로 냅킨으로 입을 닦아 보라고 한다.
- 수행되면 영아의 특성에 맞는 적절한 강화제를 제공한다.

35 영아용 변기에 대소변 보기 2~3세

목표 | 영아용 변기에 앉아 대소변을 볼 수 있다.

자료 | 음악 소리가 나는 영아용 변기, 강화제

방법 ❶

- 영아용 변기에 앉기는 앞 단계에서 수행하였으므로 확인한 후 시행한다.
- 교사가 영아용 변기에 앉아, 예를 들어 대변보는 흉내를 낸다.
- 영아가 대변을 마려워하거나 대변볼 시간이 되면 교사가 영아에게 변기에 앉아 대변을 보라고 한다.
- 영아가 대변을 보는 동안 교사가 "○○도 뽕 ♬ ○○도 뽕 ♬ 다 같이 뽕 뽕 뽕 ♬ 배 속~에서 전~화 와요 ♬ ○○이는 응가 대장 ♬ 혼~자서도 응~가 ♬"라고 노

래를 부르며 반복해서 들려준다.

- 수행되면 교사가 화장지로 뒷마무리를 해 준다.
- 수행되면 영아의 특성에 맞는 적절한 강화제를 제공한다.

방법 ❷

- 영아용 변기에 앉기는 앞 단계에서 수행하였으므로 확인한 후 시행한다.
- 교사가 영아용 변기에 앉아, 예를 들어 대변을 보는 흉내를 낸다.
- 영아가 대변을 마려워하거나 대변볼 시간이 되면 교사가 영아에게 변기에 앉아 대변을 보라고 한다.
- 영아가 대변을 보는 동안 교사가 ○○도 뿡 ♬ ○○도 뿡 ♬ 다 같이 뿡 뿡 뿡 ♬ 배 속~에서 전~화 와요 ♬ ○○이는 응가 대장 ♬ 혼~자서도 응~가 ♬"라고 노래를 부르며 반복해서 들려준다.
- 교사가 영아의 손을 잡고 힘을 주는 흉내를 내며 영아에게 "응가." 소리를 반복해서 들려 준다.
- 도움을 점차 줄여 간다.
- 영아 스스로 대변을 보라고 한다.
- 수행되면 교사가 화장지로 뒷마무리를 해 준다.
- 수행되면 영아의 특성에 맞는 적절한 강화제를 제공한다.

☞ 대소변 보기는 인위적으로 연습하기보다는 실제 상황(소변이나 대변이 마려울 때)에서 지도하도록 한다.

☞ 시판되고 있는 영아용 변기는 소변이나 대변을 보면 음악 소리가 나오고 물을 내리면 불이 들어오는 등 영아의 흥미를 끌 수 있는 다양한 제품들이 많으므로 이러한 제품들을 활용하면 영아에게 대소변에 대한 거부감을 주지 않고 쉽게 지도할 수 있다.

36 신발장에 신발 넣기

2~3세

목표 | 신발장에 신발을 넣을 수 있다.

자료 | 교사 및 영아 신발, 신발장, 강화제

방법 ❶

- 교사가 "모~두 제~자리 ♬ 모~두 제~자리 ♬ 모두 모두 제~자리~에 ♬"라고 노래를 부르며 신발을 신발장에 넣는 시범을 보인다.
- 영아에게 교사를 모방하여 신발을 신발장에 넣어 보라고 한다.
- 수행되면 영아 스스로 신발을 신발장에 넣어 보라고 한다.
- 수행되면 영아의 특성에 맞는 적절한 강화제를 제공한다.

방법 ❷

- 교사가 "모~두 제~자리 ♬ 모~두 제~자리 ♬ 모두 모두 제~자리~에 ♬"라고 노래를 부르며 신발을 신발장에 넣는 시범을 보인다.
- 영아에게 교사를 모방하여 신발을 신발장에 넣어 보라고 한다.
- 모방하지 못하면 교사가 손으로 신발을 쥐는 시범을 보인다.
- 영아에게 교사를 모방하여 손으로 신발을 쥐어 보라고 한다.
- 모방하지 못하면 교사가 영아의 손을 잡고 신발을 쥐어 준다.
- 교사가 영아의 손을 신발에 대 준 후 영아에게 신발을 쥐어 보라고 한다.
- 교사가 신발을 가리키며 영아에게 신발을 쥐어 보라고 한다.
- 도움을 점차 줄여 간다.
- 수행되면 영아 스스로 신발을 쥐어 보라고 한다.
- 수행되면 교사가 신발을 쥐고 신발장에 넣는 시범을 보인다.
- 영아에게 교사를 모방하여 신발을 쥐고 신발장에 넣어 보라고 한다.

- 모방하지 못하면 교사가 영아의 손을 잡고 신발을 신발장에 넣어 준다.
- 영아 스스로 신발을 쥐게 한 후 교사가 영아의 손을 신발장에 대 주고 신발을 넣어 보라고 한다.
- 수행되면 영아 스스로 신발을 쥐게 한 후 교사가 영아의 손을 신발장 가까이 대 주고 신발을 넣어 보라고 한다.
- 수행되면 교사가 신발장을 가리키며 영아에게 신발을 넣어 보라고 한다.
- 도움을 점차 줄여 간다.
- 수행되면 영아 스스로 신발을 신발장에 넣어 보라고 한다.
- 수행되면 영아의 특성에 맞는 적절한 강화제를 제공한다.

37 고무줄 바지 벗기

3~4세

목표 | 고무줄 바지를 벗을 수 있다.

자료 | 고무줄 바지, 강화제

방법 ❶

- 교사가 바지 위 고무줄 부분을 잡고 바지를 벗는 시범을 보인다.
- 유아에게 교사를 모방하여 바지 위 고무줄 부분을 잡고 바지를 벗어 보라고 한다.
- 수행되면 유아 스스로 바지 위 고무줄 부분을 잡고 바지를 벗어 보라고 한다.
- 수행되면 유아의 특성에 맞는 적절한 강화제를 제공한다.

방법 ❷

- 교사가 바지 위 고무줄 부분을 잡고 바지를 벗는 시범을 보인다.
- 유아에게 교사를 모방하여 바지 위 고무줄 부분을 잡고 바지를 벗어 보라고 한다.
- 모방하지 못하면 교사가 바지 위 고무줄 부분을 잡는 시범을 보인다.
- 유아에게 교사를 모방하여 바지 위 고무줄 부분을 잡아 보라고 한다.
- 모방하지 못하면 교사가 유아의 손을 잡고 바지 위 고무줄 부분을 잡아 준다.
- 교사가 바지 위 고무줄 부분을 가리키며 유아에게 고무줄 부분을 잡아 보라고 한다.
- 수행되면 유아 스스로 바지 위 고무줄 부분을 잡아 보라고 한다.

- 수행되면 교사가 바지 위 고무줄 부분을 잡고 발목까지 바지를 내리는 시범을 보인다.
- 유아에게 교사를 모방하여 바지 위 고무줄 부분을 잡고 발목까지 바지를 내려 보라고 한다.
- 모방하지 못하면 유아 스스로 바지 위 고무줄 부분을 잡게 한 후 교사가 유아의 손을 잡고 발목까지 바지를 내려 준다.
- 도움을 점차 줄여 간다.
- 수행되면 유아 스스로 바지 위 고무줄 부분을 잡아 발목까지 바지를 내려 보라고 한다.
- 수행되면 교사가 왼쪽(유아가 볼 때 오른쪽) 바지 끝단을 잡고 다리를 빼는 시범을 보인다.
- 유아에게 교사를 모방하여 오른쪽 바지 끝단을 잡고 다리를 빼 보라고 한다.
- 모방하지 못하면 교사가 유아의 손을 잡아 오른쪽 바지 끝단을 잡고 유아의 다리를 빼 준다.
- 교사가 유아의 손을 바지 끝단에 대 준 후 유아에게 오른쪽 다리를 바지에서 빼 보라고 한다.
- 수행되면 유아 스스로 오른쪽 다리의 바지를 빼 보라고 한다.
- 수행되면 교사가 오른쪽(유아가 볼 때 왼쪽) 바지 끝단을 잡고 다리를 빼는 시범을 보인다.
- 유아에게 교사를 모방하여 왼쪽 바지 끝단을 잡고 다리를 빼 보라고 한다.
- 모방하지 못하면 오른쪽 다리를 바지에서 뺀 것과 같은 방법으로 지도한다.
- 수행되면 유아 스스로 왼쪽 다리를 바지에서 빼 보라고 한다.
- 도움을 점차 줄여 간다.
- 수행되면 유아 스스로 바지 위 고무줄 부분을 잡아 바지를 벗어 보라고 한다.
- 수행되면 유아의 특성에 맞는 적절한 강화제를 제공한다.

☞ 유아와 마주 보고 지도할 때는 교사와 유아가 반대 방향(예: 교사가 오른쪽 발을 사용할 경우 영아가 볼 때는 왼쪽 발이 됨)이 되므로 방향에 대한 부분을 반드시 유념하도록 한다. 특히 교사가 본인도 인식하지 못하고 습관적으로 손이나 발을 사용하게 되는 경우가 많으므로 방향성이 요구되는

항목은 가능하면 유아 옆에 앉거나 서서 지도하도록 한다.

☞ 처음 지도 시 유아에게 조금 큰 고무줄 바지를 입혀 벗는 연습을 반복한 후 실제 유아 바지로 지도해도 효과적이다.

☞ 교사가 유아와 함께 인형 놀이를 하면서 인형에게 고무줄 바지를 입혀 내리는 놀이를 반복한 후 실제 유아 바지로 지도해도 효과적이다.

38 포크로 음식 찍어 먹기 3~4세

목표 | 포크로 음식을 찍어 먹을 수 있다.

자료 | 유아가 좋아하는 음식, 포크, 접시, 강화제

방법 ❶

- 교사가 포크로 음식을 찍어 먹는 시범을 보인다.
- 유아에게 교사를 모방하여 포크로 음식을 찍어 먹어 보라고 한다.
- 수행되면 유아 스스로 포크로 음식을 찍어 먹어 보라고 한다.
- 수행되면 유아의 특성에 맞는 적절한 강화제를 제공한다.

방법 ❷

- 교사가 포크를 쥐는 시범을 보인다.
- 유아에게 교사를 모방하여 포크를 쥐어 보라고 한다.
- 모방하지 못하면 교사가 유아의 손을 잡고 포크를 쥐어 준다.
- 교사가 유아의 손을 포크에 대 준 후 포크를 쥐어 보라고 한다.
- 수행되면 교사가 포크를 가리키며 유아에게 포크를 쥐어 보라고 한다.

• 도움을 점차 줄여 간다.
• 수행되면 유아 스스로 포크를 쥐어 보라고 한다.
• 수행되면 교사가 포크로 음식을 찍어 먹는 시범을 보인다.
• 유아 스스로 포크를 쥐게 한 후 유아에게 교사를 모방하여 포크로 음식을 찍어 먹어 보라고 한다.
• 모방하지 못하면 유아 스스로 포크를 쥐게 한 후 교사가 유아의 손을 잡고 포크로 음식을 찍어 준 뒤 먹어 보라고 한다.
• 수행되면 유아 스스로 포크를 쥐게 한 후 교사가 포크를 음식에 닿게 해 준 다음 찍어 먹어 보라고 한다.
• 수행되면 교사가 포크를 가리키며 유아에게 포크로 음식을 찍어 먹어 보라고 한다.
• 도움을 점차 줄여 간다.
• 수행되면 유아 스스로 포크로 음식을 찍어 먹어 보라고 한다.
• 수행되면 유아의 특성에 맞는 적절한 강화제를 제공한다.

☞ 현장에서 보면 경우에 따라서(예: 자폐 성향을 가지고 있는 유아) 교사의 손을 포크를 쥐고 있는 유아의 손에 살짝 갖다 대 주기만 해도 포크로 음식을 찍어 먹는 경우가 흔히 있다.

☞ 포크를 처음 사용할 시는 가능하면 다음 그림처럼 유아들이 좋아하는 캐릭터가 그려진 안전하고 쥐기 좋은 포크를 선택하는 것이 바람직하다.

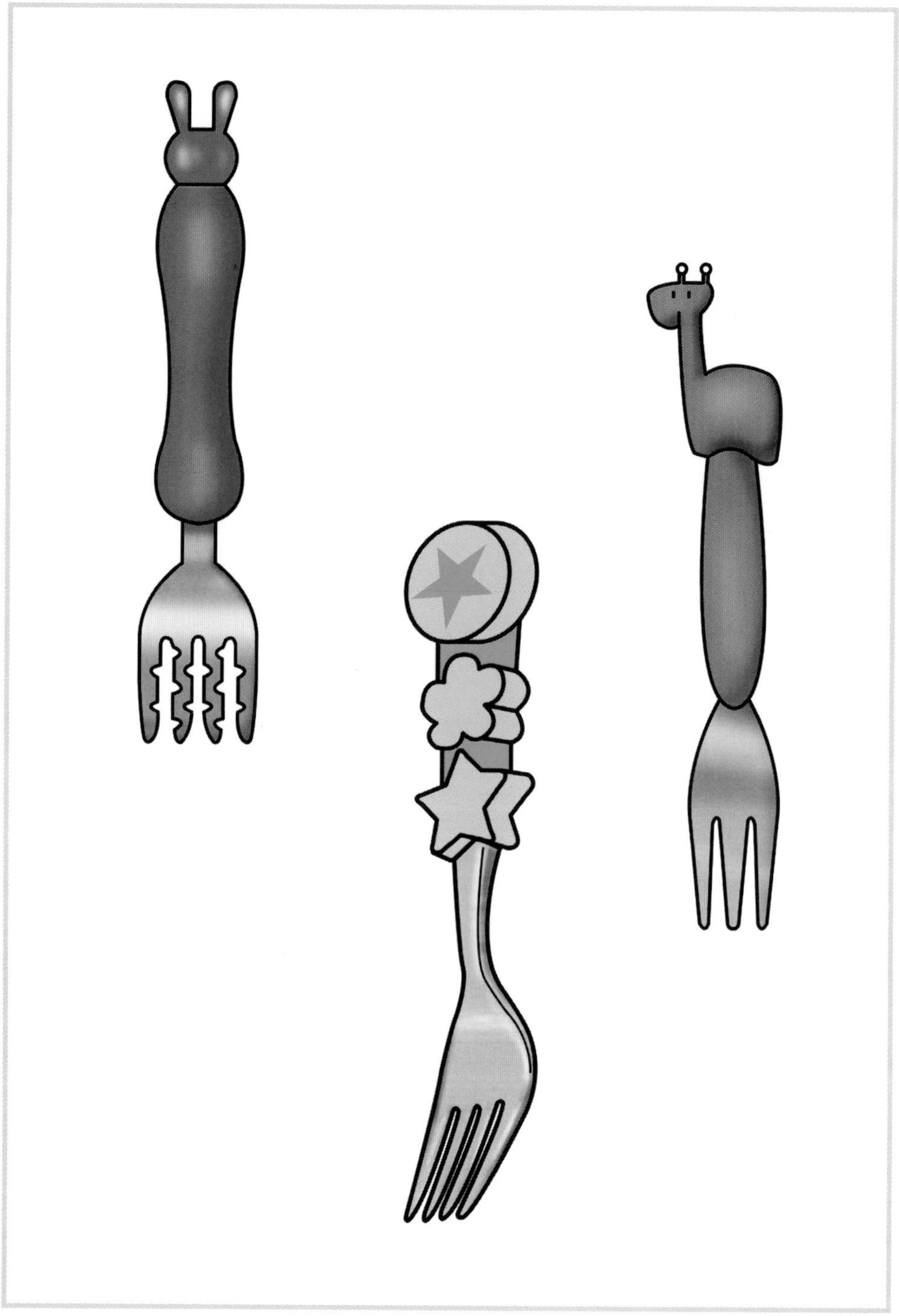

39 단추나 지퍼를 열어 주면 외투 벗기

3~4세

목표 | 단추나 지퍼를 열어 주면 외투를 벗을 수 있다.

자료 | 단추나 지퍼가 달린 외투, 강화제

방법 ❶

- 교사가, 예를 들어 단추가 달린 외투를 입고 있는 상태에서 단추를 뺀 후 외투를 벗는 시범을 보인다.
- 교사가 유아의 외투 단추를 빼 준 후 유아에게 교사를 모방하여 외투를 벗어 보라고 한다.
- 수행되면 교사가 유아의 외투 단추를 빼 준 후 유아 스스로 외투를 벗어 보라고 한다.
- 수행되면 유아의 특성에 맞는 적절한 강화제를 제공한다.

방법 ❷

- 교사가, 예를 들어 단추가 달린 외투를 입고 있는 상태에서 단추를 뺀 후 양손으로 외투의 앞 중앙 부분을 쥐고 외투의 윗부분을 어깨 뒤로 넘기는 시범을 보인다.
- 유아에게 교사를 모방하여 양손으로 외투의 앞 중앙 부분을 쥐고 외투의 윗부분을 어깨 뒤로 넘겨 보라고 한다.
- 모방하지 못하면 교사가 유아의 양손을 잡은 후 외투의 앞 중앙 부분을 쥐고 외투의 윗부분을 어깨 뒤로 넘겨 준다.
- 교사가 유아의 양손을 외투의 앞 중앙 부분에 대 준 후 유아에게 외투의 앞 중앙 부분을 쥐고 외투의 윗부분을 어깨 뒤로 넘겨 보라고 한다.
- 수행되면 유아 스스로 양손으로 외투의 앞 중앙 부분을 쥐고 외투의 윗부분을 어깨 뒤로 넘겨 보라고 한다.
- 수행되면 교사가 왼손(유아가 볼 때 오른손)을 뒤로 돌린 후 오른손(유아가 볼 때 왼손) 소매

끝을 잡아당겨 팔을 벗는 시범을 보인다.

• 유아에게 교사를 모방하여 오른손을 뒤로 돌린 후 외투의 왼손 소매 끝을 잡아당겨 왼쪽 팔을 벗어 보라고 한다.
• 벗지 못하면 교사가 유아의 손을 잡고 오른손을 뒤로 돌린 후 외투의 왼손 소매 끝을 잡아당겨 왼쪽 팔을 벗겨 준다.
• 교사가 유아의 오른손을 뒤로 돌려 외투의 왼손 소매 끝에 대 준 후 유아에게 왼손 소매 끝을 잡아당겨 왼쪽 팔을 벗어 보라고 한다.
• 도움을 점차 줄여 간다.
• 수행되면 유아 스스로 오른손을 뒤로 돌려 외투의 왼손 소매 끝을 잡아당긴 후 왼쪽 팔을 벗어 보라고 한다.
• 수행되면 교사가 오른손(유아가 볼 때 왼손)을 뒤로 돌린 후 왼손(유아가 볼 때 오른손) 소매 끝을 잡아당겨 팔을 벗는 시범을 보인다.
• 유아에게 교사를 모방하여 왼손을 뒤로 돌린 후 외투의 오른손 소매 끝을 잡아당겨 오른쪽 팔을 벗어 보라고 한다.
• 벗지 못하면 외투의 왼쪽 소매를 벗는 것과 같은 방법으로 지도한다.
• 수행되면 유아 스스로 왼손을 뒤로 돌려 외투의 오른손 소매 끝을 잡아당긴 후 오른쪽 팔을 벗어 보라고 한다.
• 도움을 점차 줄여 간다.
• 수행되면 교사가 유아의 외투 단추를 빼 준 후 유아 스스로 외투를 벗어 보라고 한다.
• 수행되면 유아의 특성에 맞는 적절한 강화제를 제공한다.

☞ 유아와 마주 보고 지도할 때는 유아가 보는 방향이 반대(예: 교사가 오른손을 사용하면 유아가 볼 때 왼손)가 되므로 반드시 방향에 대하여 유념하도록 한다. 그리고 이 시기에는 손에 대한 선호도가 나타나므로 유아의 선호도(오른손잡이, 왼손잡이)를 유념하여 유아가 보는 방향을 맞추어야 한다.

40 화장실 노크하기

3~4세

목표 | 화장실에 들어가기 전 노크를 할 수 있다.

자료 | 강화제

방법 ❶

- 교사가 화장실에 들어가기 전 "똑~똑 ♬ 누~구십니까? ♬ ○○입니다. ♬ 들~어오세요♬"라고 노래를 부르며 '똑똑' 노크를 하는 시범을 보인다.
- 유아에게 교사를 모방하여 화장실에 들어가기 전 '똑똑' 노크를 해 보라고 한다.
- 수행되면 유아 스스로 화장실에 들어가기 전 '똑똑' 노크를 해 보라고 한다.
- 수행되면 유아의 특성에 맞는 적절한 강화제를 제공한다.

방법 ❷

- 교사가 화장실에 들어가기 전 "똑~똑 ♬ 누~구십니까? ♬ ○○입니다. ♬ 들~어오세요♬"라고 노래를 부르며 '똑똑' 노크를 하는 시범을 보인다.
- 유아에게 교사를 모방하여 화장실에 들어가기 전 '똑똑' 노크를 해 보라고 한다.
- 모방하지 못하면 교사가 유아의 손을 잡고 화장실에 들어가기 전 '똑똑' 노크를 해 준다.
- 교사가 유아의 손을 화장실 문에 대 준 후 '똑똑' 노크를 해 보라고 한다.
- 수행되면 교사가 화장실 문을 가리키며 유아에게 '똑똑' 노크를 해 보라고 한다.
- 수행되면 교사가 '똑똑' 노크를 하는 몸짓을 보여 주며 유아에게 '똑똑' 노크를 해 보라고 한다.
- 도움을 점차 줄여 간다.
- 수행되면 유아 스스로 화장실에 들어가기 전 '똑똑' 노크를 해 보라고 한다.
- 수행되면 유아의 특성에 맞는 적절한 강화제를 제공한다.

41 변기의 물 내리기

3~4세

목표 | 변기의 물을 내릴 수 있다.

자료 | 변기, 강화제

방법 ❶

- 교사가 화장실에 들어가서 변기의 손잡이를 밑으로 눌러 물을 내리는 시범을 보인다.
- 유아에게 교사를 모방하여 화장실에 들어가서 변기의 손잡이를 밑으로 눌러 물을 내려 보라고 한다.
- 수행되면 유아 스스로 화장실에 들어가서 변기의 손잡이를 밑으로 눌러 물을 내려 보라고 한다.
- 수행되면 유아의 특성에 맞는 적절한 강화제를 제공한다.

방법 ❷

- 교사가 변기의 손잡이를 잡는 시범을 보인다.
- 유아에게 교사를 모방하여 변기의 손잡이를 잡아 보라고 한다.
- 잡지 못하면 교사가 유아의 손을 잡고 변기의 손잡이를 잡아 준다.
- 교사가 유아의 손을 변기 손잡이에 대 준 후 손잡이를 잡아 보라고 한다.
- 수행되면 교사가 변기 손잡이를 가리키며 유아에게 손잡이를 잡아 보라고 한다.
- 수행되면 유아 스스로 변기의 손잡이를 잡아 보라고 한다.
- 수행되면 교사가 변기의 손잡이를 밑으로 눌러 물을 내리는 시범을 보인다.
- 유아에게 스스로 변기의 손잡이를 잡게 한 후 교사를 모방하여 손잡이를 밑으로 눌러 물을 내려 보라고 한다.
- 모방하지 못하면 교사가 유아의 손을 잡고 변기의 손잡이를 밑으로 눌러 물을 내

려 준다.

• 교사가 변기의 손잡이를 밑으로 누르는 몸짓을 보여 주며 유아에게 변기의 손잡이를 밑으로 눌러 물을 내려 보라고 한다.
• 수행되면 유아 스스로 변기의 손잡이를 밑으로 눌러 물을 내려 보라고 한다.
• 도움을 점차 줄여 간다.
• 수행되면 유아 스스로 화장실에 들어가서 변기의 손잡이를 밑으로 눌러 물을 내려 보라고 한다.
• 수행되면 유아의 특성에 맞는 적절한 강화제를 제공한다.

☞ 버튼을 눌러 물을 내리게 되어 있는 변기의 경우도 같은 방법으로 지도하면 된다.

42 도움 받아 이 닦기

3~4세

목표 | 도움 받아 이를 닦을 수 있다.

자료 | 유아용 칫솔, 유아용 치약, 강화제

방법 ❶

• 교사가 칫솔을 쥐는 시범을 보인다.
• 유아에게 교사를 모방하여 칫솔을 쥐어 보라고 한다.
• 수행되면 교사가 칫솔에 치약을 묻혀 윗니와 아랫니를 다문 후 칫솔로 둥글게 이를 닦는 시범을 보인다.
• 교사가 칫솔에 치약을 묻혀 유아의 손에 쥐어 주고 유아에게 윗니와 아랫니를 다물게 한 후 유아의 손을 잡고 "치카~푸카 ♬ 치카~푸카 ♬ 이~를 닦아요 ♬ 싹~싹 닦아라 ♬ 윗니 아랫니 ♬"라고 노래를 부르며 둥글게 이를 닦아 준다.
• 교사가 칫솔에 치약을 묻혀 유아의 손에 쥐어 준 후 윗니와 아랫니를 다물고 둥글

게 이를 닦아 보라고 한다.

- 수행되면 교사가 컵에 물을 담아 입을 헹구는 시범을 보여 준다.
- 교사가 컵에 물을 담아 유아에게 준 후 교사를 모방하여 입을 헹구어 보라고 한다.
- 수행되면 교사가 다시 유아의 이를 닦아 준 후 입을 헹구어 보라고 한다.
- 수행되면 유아의 특성에 맞는 적절한 강화제를 제공한다.

방법 ❷

- 교사가 칫솔을 쥐는 시범을 보인다.
- 유아에게 교사를 모방하여 칫솔을 쥐어 보라고 한다.
- 모방하지 못하면 교사가 유아의 손을 잡고 칫솔을 쥐어 준다.
- 교사가 칫솔을 쥐는 동작을 보여 주며 유아에게 칫솔을 쥐어 보라고 한다.
- 수행되면 유아 스스로 칫솔을 쥐어 보라고 한다.
- 수행되면 교사가 칫솔에 치약을 묻혀 윗니와 아랫니를 다문 후 칫솔로 둥글게 이를 닦는 시범을 보인다.
- 교사가 칫솔에 치약을 묻혀 유아의 손에 쥐어 주고 유아에게 윗니와 아랫니를 다물게 한 후 유아의 손을 잡고 "치카~푸카 ♬ 치카~푸카 ♬ 이~를 닦아요 ♬ 싹~싹 닦아라 ♬ 윗니 아랫니 ♬"라고 노래를 부르며 둥글게 이를 닦아 준다.
- 교사가 칫솔에 치약을 묻혀 유아의 손에 쥐어 준 후 윗니와 아랫니를 다물고 둥글게 이를 닦아 보라고 한다.
- 닦지 못하면 교사가 유아와 마주 보고 윗니와 아랫니를 다물고 둥글게 이를 닦는 시범을 보여 주면서 유아에게 교사를 모방하여 이를 닦아 보라고 한다.
- 수행되면 교사가 컵에 물을 담아 입을 헹구는 시범을 보여 준다.
- 교사가 컵에 물을 담아 유아에게 준 후 교사를 모방하여 입을 헹구어 보라고 한다.
- 입을 헹구지 못하면 교사가 물을 한 모금 입에 머금고 가글링 한 후 입안의 물을 세면대에 뱉는 방법을 보여 준다.
- 교사가 컵에 물을 담아 유아에게 준 후 유아에게 물을 한 모금 마셔 입에 물을 머

금고 가글링 한 후 입안의 물을 세면대에 뱉어 보라고 한다.

- 수행되면 교사가 다시 유아의 이를 닦아 준 후 입을 헹구어 보라고 한다.
- 수행되면 유아의 특성에 맞는 적절한 강화제를 제공한다.

☞ 이 닦기를 처음 시도할 때는 윗니, 아랫니를 닦게 지도하는 것보다 윗니와 아랫니를 다물게 한 후 칫솔로 둥글게, 둥글게 이를 닦게 하는 것이 이 닦기에 대해 거부감 없이 접근하게 할 수 있는 방법 중 하나이다.

☞ 치약을 삼키는 것이 우려된다면 치약 대신 칫솔에 꿀을 묻혀 위와 같은 방법으로 지도한 후 치약을 사용하여 지도하면 된다.

☞ 시판되고 있는 유아용 치약 중에는 바나나, 딸기 등 과일 맛이 있으므로 유아가 이 닦기를 즐겁게 하는데 도움이 되고 있다. 그러므로 이를 활용하여 지도해도 효과적이다.

☞ 시판되고 있는 유아용 칫솔 중에는 다음 그림처럼 손잡이를 쉽게 잡을 수 있도록 손잡이 일부분이 고무로 만들어져 미끄러지지 않도록 되어 있거나 엄지손가락을 놓는 위치를 표시해 놓은 것, 어느 각도에서 사용해도 방향 제한이 없는 전 방향으로 되어 있는 것도 있다. 그리고 유아의 흥미를 끌 수 있는 캐릭터를 사용하여 연령별로 나뉘어 있으므로 이를 적절하게 활용하면 효과적이다.

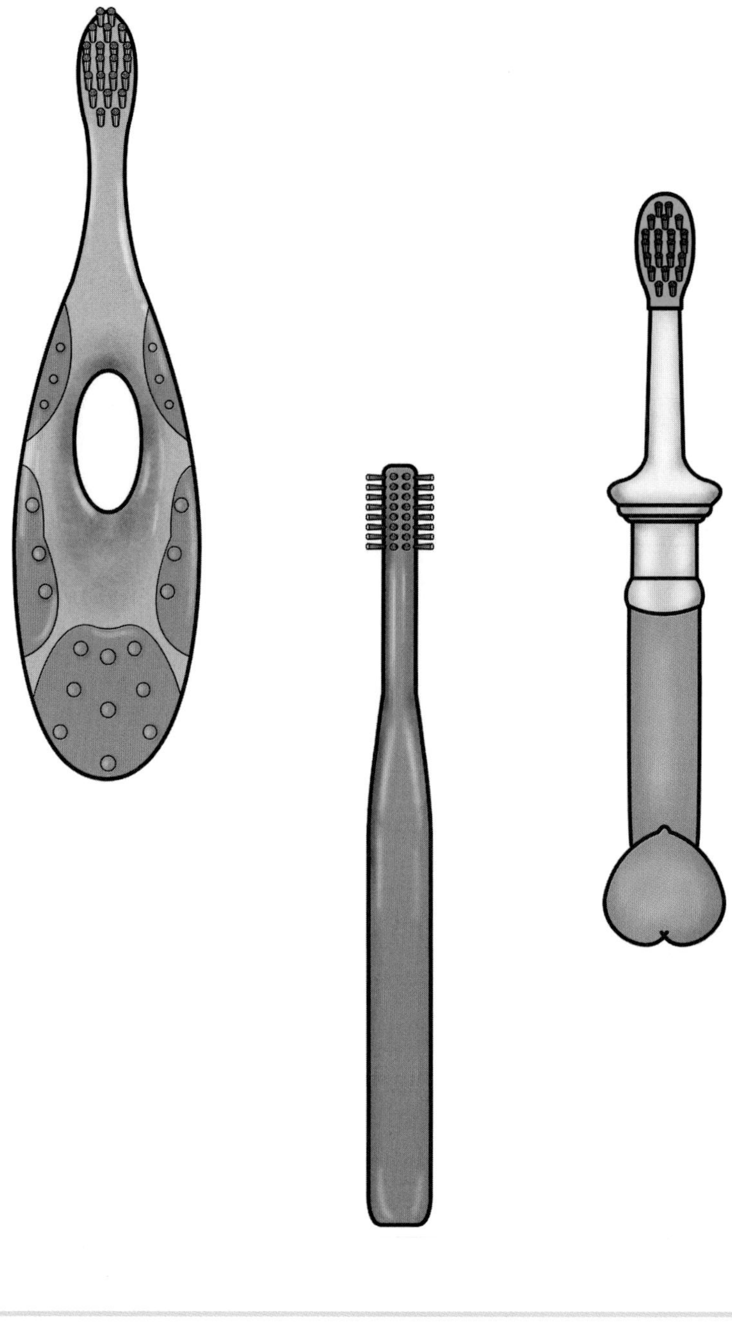

43 수건으로 스스로 손 닦기

3~4세

목표 | 수건으로 스스로 손을 닦을 수 있다.

자료 | 물, 물을 담을 수 있는 통, 수건, 강화제

방법 ❶

- 교사가 유아와 마주 앉아 교사 손에 물을 묻힌 후 수건으로 두 손을 닦는 시범을 보인다.
- 유아에게 교사를 모방하여 두 손을 닦아 보라고 한다.
- 수행되면 유아 스스로 두 손을 닦아 보라고 한다.
- 수행되면 유아의 특성에 맞는 적절한 강화제를 제공한다.

방법 ❷

- 교사가 유아와 마주 앉아 교사 손에 물을 묻힌 후 수건으로 두 손을 닦는 시범을 보인다.
- 유아에게 교사를 모방하여 두 손을 닦아 보라고 한다.
- 모방하지 못하면 교사가 유아의 손을 잡고 수건으로 유아의 두 손을 닦아 준 후 두 손을 닦아 보라고 한다.
- 모방하지 못하면 교사가 수건을 왼손(유아가 볼 때 오른손)에 쥐고 오른손(유아가 볼 때 왼손)을 닦는 시범을 보인다.
- 유아에게 교사를 모방하여 수건을 오른손에 쥐고 왼손을 닦아 보라고 한다.
- 모방하지 못하면 교사가 유아의 오른손에 수건을 쥐어 준 후 왼손을 같이 닦아 준다.
- 교사가 오른손에 수건을 쥐고 왼손을 닦는 몸짓을 보여 주며 유아에게 교사를 모방하여 왼손을 닦아 보라고 한다.

- 도움을 점차 줄여 간다.
- 수행되면 유아 스스로 수건을 오른손에 쥐고 왼손을 닦아 보라고 한다.
- 수행되면 교사가 수건을 오른손(유아가 볼 때 왼손)에 쥐고 왼손(유아가 볼 때 오른손)을 닦는 시범을 보인다.
- 유아에게 교사를 모방하여 수건을 왼손에 쥐고 오른손을 닦아 보라고 한다.
- 모방하지 못하면 교사가 유아의 왼손에 수건을 쥐어 준 후 오른손을 같이 닦아 준다.
- 교사가 왼손에 수건을 쥐고 오른손을 닦는 몸짓을 보여 주며 유아에게 교사를 모방하여 오른손을 닦아 보라고 한다.
- 수행되면 유아 스스로 오른손을 닦아 보라고 한다.
- 도움을 점차 줄여 간다.
- 수행되면 유아 스스로 두 손을 닦아 보라고 한다.
- 수행되면 유아의 특성에 맞는 적절한 강화제를 제공한다.

☞ 유아와 마주 보고 지도할 경우 유아가 보는 방향(예: 교사가 왼손 사용 시 유아가 보는 방향에서는 오른손이 됨)을 고려하여야 한다. 그리고 이 시기에는 손에 대한 선호도가 나타나므로 유아의 선호도(오른손잡이, 왼손잡이)를 유념하여 유아가 보는 방향을 맞추어야 한다.

44 수건으로 얼굴 닦기

3~4세

목표 | 수건으로 얼굴을 닦을 수 있다.

자료 | 수건, 스프레이, 물, 강화제

방법 ❶

- 교사가 유아와 마주 앉아 교사의 얼굴에 스프레이로 물을 뿌린 후 수건으로 얼굴

을 닦는 시범을 보인다.

- 교사가 유아의 얼굴에 스프레이로 물을 뿌려 준 후 교사를 모방하여 수건으로 얼굴을 닦아 보라고 한다.
- 수행되면 교사가 유아의 얼굴에 스프레이로 물을 뿌려 준 후 유아 스스로 수건으로 얼굴을 닦아 보라고 한다.
- 수행되면 유아의 특성에 맞는 적절한 강화제를 제공한다.

방법 ❷

- 교사가 유아와 마주 앉아 교사의 얼굴에 스프레이로 물을 뿌린 후 수건으로 얼굴을 닦는 시범을 보인다.
- 교사가 유아의 얼굴에 스프레이로 물을 뿌려 준 후 교사를 모방하여 수건으로 얼굴을 닦아 보라고 한다.
- 모방하지 못하면 교사가 유아의 손에 수건을 쥐어 준 후 유아의 손을 잡고 얼굴을 닦아 준다.
- 수행되면 유아 스스로 수건을 쥐게 한 후 교사가 유아의 손을 잡고 얼굴을 닦아 준다.
- 도움을 점차 줄여 간다.
- 수행되면 교사가 유아의 얼굴에 스프레이로 물을 뿌려 준 후 유아 스스로 수건으로 얼굴을 닦아 보라고 한다.
- 수행되면 유아의 특성에 맞는 적절한 강화제를 제공한다.

☞ 교사가 인형의 얼굴에 스프레이로 물을 뿌려 유아와 수건으로 인형의 얼굴을 닦는 놀이를 한 후 지도하면 효과적이다.

☞ 의도적으로 지도하기보다는 일상생활 속에서 세수 후에 수건으로 얼굴을 닦는 것을 꾸준히 지도하여 수행시키도록 하는 것이 바람직하다.

45 스탠드 옷걸이에 겉옷 걸기

3~4세

목표 | 스탠드 옷걸이에 겉옷을 걸 수 있다.

자료 | 스탠드 옷걸이, 겉옷, 강화제

방법 ❶

- 교사가 세워져 있는(스탠드) 옷걸이 봉에 겉옷을 거는 시범을 보인다.
- 유아에게 교사를 모방하여 세워져 있는 옷걸이 봉에 겉옷을 걸어 보라고 한다.
- 수행되면 유아 스스로 세워져 있는 옷걸이 봉에 겉옷을 걸어 보라고 한다.
- 수행되면 유아의 특성에 맞는 적절한 강화제를 제공한다.

방법 ❷

- 교사가 겉옷의 윗부분(목 부분)을 잡는 시범을 보인다.
- 유아에게 교사를 모방하여 겉옷의 윗부분을 잡아 보라고 한다.
- 잡지 못하면 교사가 유아의 손을 잡고 겉옷의 윗부분을 잡아 준다.
- 교사가 겉옷의 윗부분에 유아의 손을 대 준 후 겉옷의 윗부분을 잡아 보라고 한다.
- 수행되면 교사가 겉옷의 윗부분을 가리키며 유아에게 겉옷의 윗부분을 잡아 보라고 한다.
- 수행되면 유아 스스로 겉옷의 윗부분을 잡아 보라고 한다.
- 수행되면 교사가 세워져 있는(스탠드) 옷걸이 봉에 겉옷을 거는 시범을 보인다.
- 유아에게 교사를 모방하여 세워져 있는 옷걸이 봉에 겉옷을 걸어 보라고 한다.
- 모방하지 못하면 유아 스스로 겉옷의 윗부분을 잡게 한 후 교사가 유아의 손을 잡고 옷걸이 봉에 겉옷을 걸어 준다.
- 교사가 옷걸이 봉에 유아의 손을 대 준 후 겉옷을 걸어 보라고 한다.
- 수행되면 교사가 옷걸이 봉을 가리키며 유아에게 겉옷을 걸어 보라고 한다.

- 도움을 점차 줄여 간다.
- 수행되면 유아 스스로 세워져 있는 옷걸이 봉에 겉옷을 걸어 보라고 한다.
- 수행되면 유아의 특성에 맞는 적절한 강화제를 제공한다.

46 숟가락을 사용하여 음식 먹기 3~4세

목표 | 숟가락을 사용하여 음식을 먹을 수 있다.

자료 | 유아용 숟가락, 유아용 식판 혹은 공기, 유아가 좋아하는 음식, 강화제

방법 ❶

- 숟가락을 사용하여 흘리면서 음식 먹기는 앞 단계에서 수행하였으므로 확인한 후 시행한다.
- 식판 혹은 공기 안에 유아가 좋아하는 음식이 들어 있는 것을 보여 준 후 교사가 숟가락으로 음식을 먹는 시범을 보인다.
- 유아에게 교사를 모방하여 숟가락으로 음식을 먹어 보라고 한다.
- 수행되면 유아 스스로 숟가락으로 음식을 먹어 보라고 한다.
- 수행되면 유아의 특성에 맞는 적절한 강화제를 제공한다.

방법 ❷

- 숟가락을 사용하여 흘리면서 음식 먹기는 앞 단계에서 수행하였으므로 확인한 후 시행한다.
- 식판 혹은 공기 안에 유아가 좋아하는 음식이 들어 있는 것을 보여 준 후 교사가 숟가락으로 음식을 먹는 시범을 보인다.
- 유아에게 교사를 모방하여 숟가락으로 음식을 먹어 보라고 한다.
- 모방하지 못하면 유아 스스로 숟가락을 잡고 음식을 뜨게 한 후 교사가 유아의 손

을 잡고 음식을 입 가까이 대 준 뒤 먹어 보라고 한다.

• 수행되면 교사가 음식을 가리키며 유아에게 숟가락을 사용하여 음식을 먹어 보라고 한다.
• 도움을 점차 줄여 간다.
• 수행되면 유아 스스로 숟가락을 사용하여 음식을 먹어 보라고 한다.
• 수행되면 유아의 특성에 맞는 적절한 강화제를 제공한다.

☞ 교사가 숟가락을 사용하는 시범을 보일 경우 유아와 마주 보고 지도한다면 유아가 보는 방향(예: 교사가 왼쪽 손을 사용해야 유아가 보는 방향에서는 오른손이 됨)을 고려하여야 한다. 그리고 이 시기에는 손에 대한 선호도가 나타나므로 유아의 선호도(오른손잡이, 왼손잡이)를 유념하여 유아가 보는 방향을 맞추어야 한다.

☞ 다음 그림처럼 시중에서 유아의 흥미를 끌 수 있는 다양한 유아용 숟가락 및 식판, 손잡이 공기 등이 시판되고 있으므로 이를 활용해도 효과적이다.

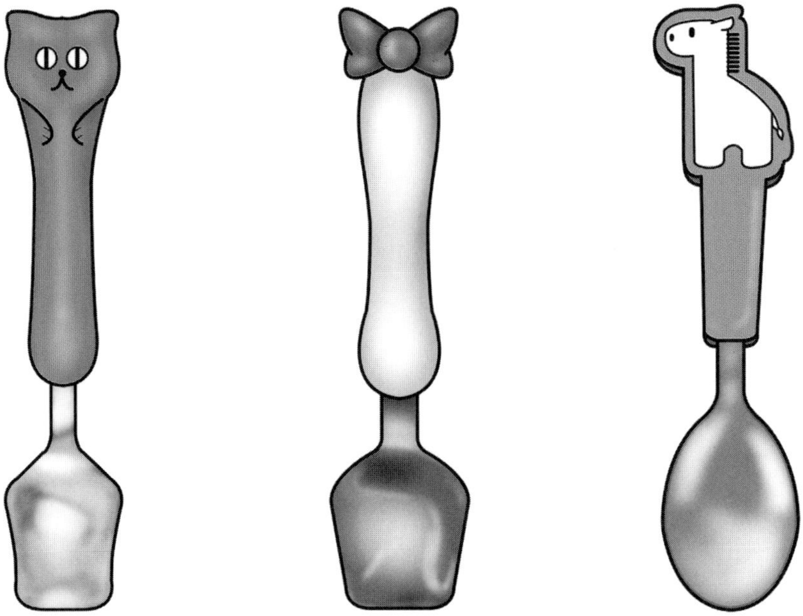

다양한 숟가락

식판

손잡이 공기

47 머리 빗기

3~4세

목표 | 빗으로 머리를 빗을 수 있다.

자료 | 손잡이 빗, 강화제

방법 ❶

- 교사가 손잡이가 있는 빗으로 머리를 빗는 시범을 보인다.
- 유아에게 교사를 모방하여 손잡이가 있는 빗으로 머리를 빗어 보라고 한다.
- 수행되면 유아 스스로 손잡이가 있는 빗으로 머리를 빗어 보라고 한다.
- 수행되면 유아의 특성에 맞는 적절한 강화제를 제공한다.

방법 ❷

- 교사가 손잡이가 있는 빗을 잡는 시범을 보인다.
- 유아에게 교사를 모방하여 손잡이가 있는 빗을 잡아 보라고 한다.
- 잡지 못하면 교사가 유아의 손을 잡고 손잡이가 있는 빗을 잡아 준다.
- 교사가 손잡이가 있는 빗을 잡는 동작을 보여 주며 유아에게 손잡이가 있는 빗을 잡아 보라고 한다.
- 도움을 점차 줄여 간다.
- 수행되면 유아 스스로 손잡이가 있는 빗을 잡아 보라고 한다.
- 수행되면 교사가 손잡이가 있는 빗으로 머리를 빗는 시범을 보인다.
- 유아에게 교사를 모방하여 손잡이가 있는 빗으로 머리를 빗어 보라고 한다.
- 모방하지 못하면 교사가 유아의 손을 잡고 머리를 빗어 준다.
- 유아에게 스스로 손잡이가 있는 빗을 잡게 한 후 교사가 유아의 손을 머리에 대 주며 머리를 빗어 보라고 한다.
- 도움을 점차 줄여 간다.

• 수행되면 유아 스스로 손잡이가 있는 빗으로 머리를 빗어 보라고 한다.
• 수행되면 유아의 특성에 맞는 적절한 강화제를 제공한다.

☞ 교사가 손잡이가 있는 빗을 잡을 경우 유아와 마주 보고 지도한다면 유아가 보는 방향(예: 교사가 왼손 사용 시 유아가 보는 방향에서는 오른손이 됨)을 고려하여야 한다. 그리고 이 시기에는 손에 대한 선호도가 나타나므로 유아의 선호도(오른손잡이, 왼손잡이)를 유념하여 유아가 보는 방향을 맞추어야 한다.

☞ 유아와 함께 인형의 머리를 빗으로 빗어 주는 놀이를 한 후 지도하면 쉽게 수행이 가능하다.

☞ 수행되면 교사나 또래의 머리도 빗어 보라고 하여 일반화(배운 것을 다른 곳에도 적용할 수 있음)시켜 주도록 한다.

48 교사를 모방하여 손 씻기

3~4세

목표 | 교사를 모방하여 손을 씻을 수 있다.

자료 | 비누, 강화제

방법 ❶

• 교사가, 예를 들어 간식을 먹기 전에 "간~식 먹기 전에 ♬ 손을 씻어요. 싹~싹 ♬ 싹싹싹 ♬" 이라고 노래를 부르며 손을 씻는 시범을 보인다.
• 교사가 수도꼭지를 틀어 준 후 유아에게 교사를 모방하여 손을 씻어 보라고 한다.
• 수행되면 유아의 특성에 맞는 적절한 강화제를 제공한다.

방법 ❷

- 교사가, 예를 들어 간식을 먹기 전에 “간~식 먹기 전에 ♬ 손을 씻어요. 싹~싹 ♬ 싹싹싹 ♬” 이라고 노래를 부르며 손을 씻는 시범을 보인다.
- 교사가 수도꼭지를 틀어 준 후 유아에게 교사를 모방하여 손을 씻어 보라고 한다.
- 모방하지 못하면 교사가 손을 물에 적신 후 비누를 손에 묻히는 시범을 보인다.
- 교사가 유아의 손을 잡고 유아의 손에 물을 적신 후 비누를 묻혀 준다.
- 유아에게 교사를 모방하여 손을 물에 적신 후 비누를 손에 묻혀 보라고 한다.
- 수행되면 교사가 손을 물에 적신 후 비누를 손에 묻혀 손바닥을 마주 대고 비벼 거품을 내는 시범을 보인다.
- 교사가 유아의 손에 물을 적신 후 비누를 손에 묻혀 손바닥을 마주 대고 비벼 거품을 내어 준다.
- 유아에게 교사를 모방하여 물에 손을 적신 후 비누를 손에 묻혀 손바닥을 마주 대고 비벼 거품을 내어 보라고 한다.
- 수행되면 교사가 오른손(유아가 볼 때 왼손) 등에 왼손(유아가 볼 때 오른손)을 올려 문질러 주는 시범을 보인다.
- 유아에게 교사를 모방하여 왼손등에 오른손을 올려 문질러 보라고 한다.
- 모방하지 못하면 교사가 유아의 손을 잡고 왼손등에 오른손을 올려 문질러 준 후 교사를 모방하여 문질러 보라고 한다.
- 수행되면 교사가 두 손의 손바닥을 마주 댄 후 깍지를 끼고 문질러 주는 시범을 보인다.
- 유아에게 교사를 모방하여 두 손의 손바닥을 마주 댄 후 손 깍지를 끼고 문질러 보라고 한다.
- 모방하지 못하면 교사가 유아의 손을 잡고 두 손의 손바닥을 마주 댄 후 깍지를 끼고 문질러 준 후 교사를 모방하여 문질러 보라고 한다.
- 수행되면 교사가 두 손의 손가락을 마주 잡고 비비는 시범을 보인다.
- 유아에게 교사를 모방하여 두 손의 손가락을 마주 잡고 비벼 보라고 한다.

- 모방하지 못하면 교사가 유아의 손을 잡고 두 손의 손가락을 마주 잡고 비벼 준 후 교사를 모방하여 비벼 보라고 한다.
- 수행되면 교사가 오른손으로 왼손의 엄지손가락을 잡아 문질러 주는 시범을 보인다.
- 유아에게 교사를 모방하여 오른손으로 왼손의 엄지손가락을 잡아 문질러 보라고 한다.
- 모방하지 못하면 교사가 유아의 손을 잡고 오른손으로 왼손의 엄지손가락을 잡아 문질러 준 후 교사를 모방하여 문질러 보라고 한다.
- 도움을 점차 줄여 간다.
- 간식을 먹기 전에 교사가 수도꼭지를 틀어 준 후 유아에게 교사를 모방하여 손을 씻어 보라고 한다.
- 수행되면 유아의 특성에 맞는 적절한 강화제를 제공한다.

☞ 손씻기송은 예를 들어 "쓱싹쓱싹 ♬ 씻었나요. 뽀드득 ♬ 뽀드득 씻었나요 ♬" 및 "밥먹기 전에 ♬ 손 씻어요. 싹 싹 싹싹싹 ♬" 등 손 씻기와 관련된 노래들이 다양하다. 그러므로 이를 적절하게 활용하여 유아가 손을 씻을 때 같이 부르거나 교사가 불러 주면서 손 씻기를 지도하면 효과적이다.

☞ 시중에는 다음 그림처럼 유아의 손 씻기를 도와 줄 수 있는 다양한 캐릭터의 유아용 수도꼭지가 시판되고 있다. 유아의 손 가까이 물이 닿을 수 있도록 되어 있으며 간단하게 부착할 수 있어 이를 활용하면 유아가 흥미를 가지고 재미있게 손 씻기를 습득하는 데 도움이 될 수 있다.

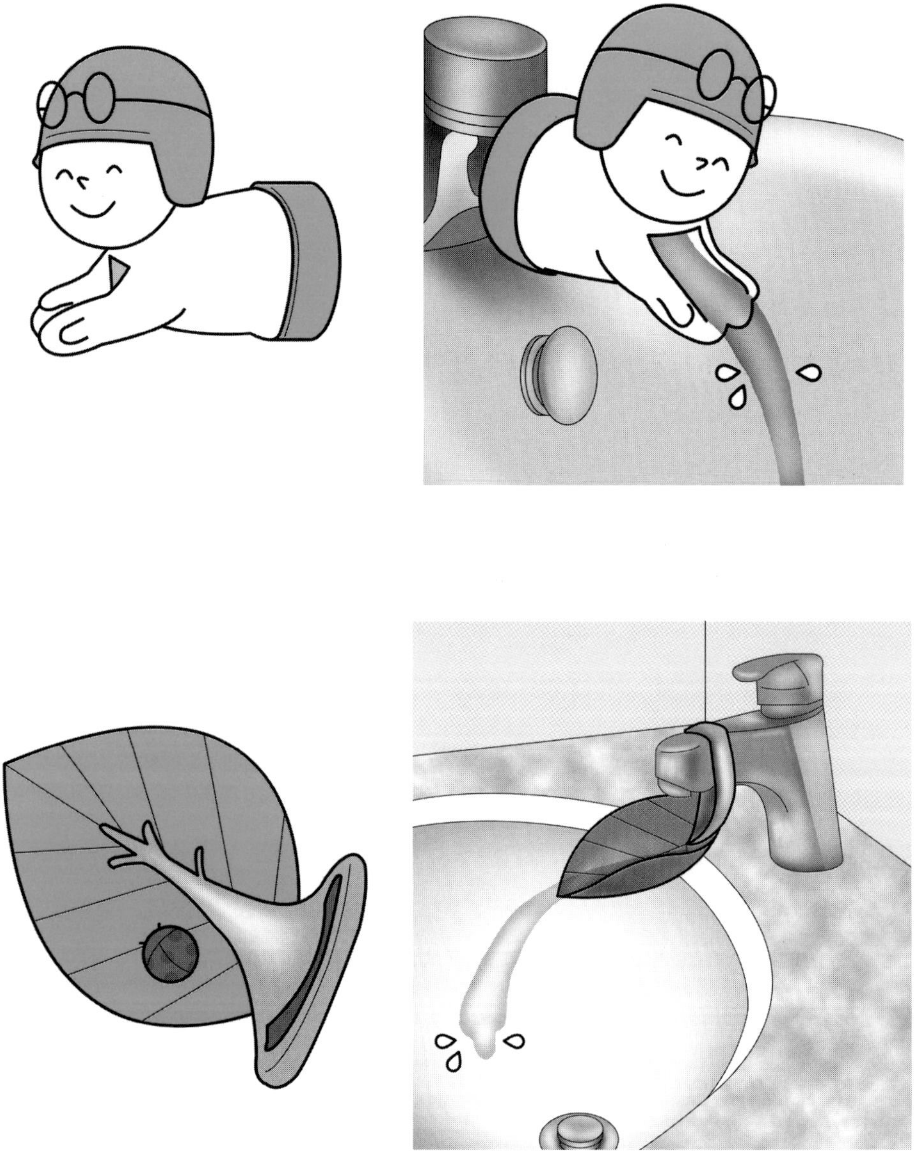

유아용 수도꼭지

49 찍찍이를 떼어 주면 신발 신기

3~4세

목표 | 찍찍이(벨크로)를 떼어 주면 신발을 신을 수 있다.

자료 | 교사 및 유아용 찍찍이 신발, 강화제

방법 ❶

- 교사가 양쪽 신발의 찍찍이를 떼어 낸 후 신발을 신는 시범을 보인다.
- 교사가 유아의 신발에 있는 양쪽 찍찍이를 떼어 준 후 유아에게 교사를 모방하여 신발을 신어 보라고 한다.
- 수행되면 교사가 유아의 신발에 있는 양쪽 찍찍이를 떼어 준 후 유아 스스로 신발을 신어 보라고 한다.
- 수행되면 유아의 특성에 맞는 적절한 강화제를 제공한다.

방법 ❷

- 교사가 양쪽 신발의 찍찍이를 떼어 낸 후 신발을 신는 시범을 보인다.
- 교사가 유아의 신발에 있는 양쪽 찍찍이를 떼어 준 후 유아에게 교사를 모방하여 신발을 신어 보라고 한다.
- 신지 못하면 교사가 왼쪽(유아가 볼 때 오른쪽) 신발의 찍찍이를 떼어 낸 후 신발을 신는 시범을 보인다.
- 교사가 유아의 오른쪽 신발 찍찍이를 떼어 준 후 교사를 모방하여 오른쪽 신발을 신어 보라고 한다.
- 모방하지 못하면 교사가 유아의 오른쪽 신발 찍찍이를 떼어 준 후 오른쪽 신발을 신겨 준다.
- 교사가 유아의 발을 2/3 정도 신발에 들어가게 신겨 준 후 유아 스스로 신어 보라고 한다.

- 수행되면 교사가 유아의 발을 1/2 정도 신발에 들어가게 신겨 준 후 유아 스스로 신어 보라고 한다.
- 수행되면 교사가 유아의 발을 1/3 정도 신발에 들어가게 신겨 준 후 유아 스스로 신어 보라고 한다.
- 교사가 왼쪽(유아가 볼 때 오른쪽) 신발을 신는 몸짓을 보여 주며 유아에게 교사를 모방하여 오른쪽 신발을 신어 보라고 한다.
- 도움을 점차 줄여 간다.
- 수행되면 교사가 유아의 오른쪽 신발 찍찍이를 떼어 준 후 유아 스스로 신발을 신어 보라고 한다.
- 수행되면 교사가 오른쪽(유아가 볼 때 왼쪽) 신발의 찍찍이를 떼어 낸 후 신발을 신는 시범을 보인다.
- 교사가 유아의 왼쪽 신발 찍찍이를 떼어 준 후 교사를 모방하여 신발을 신어 보라고 한다.
- 모방하지 못하면 오른쪽 신발을 신는 것과 같은 방법으로 지도한다.
- 도움을 점차 줄여 간다.
- 수행되면 교사가 유아의 왼쪽 신발 찍찍이를 떼어 준 후 유아 스스로 신발을 신어 보라고 한다.
- 수행되면 교사가 유아의 양쪽 신발 찍찍이를 떼어 준 후 유아 스스로 양쪽 신발을 신어 보라고 한다.
- 수행되면 유아의 특성에 맞는 적절한 강화제를 제공한다.

☞ 찍찍이가 달린 신발 신기를 어려워하면 유아의 발보다 약간 큰 신발을 가지고 신는 방법을 지도한 후 유아의 신발로 신기를 지도하면 보다 쉽게 수행할 수 있다.

☞ 유아와 마주 보고 지도할 때는 교사와 유아가 반대 방향(예: 교사가 오른쪽 발을 사용할 경우 유아가 볼 때는 왼쪽 발이 됨)이 되므로 방향에 대한 부분을 반드시 유념하도록 한다. 특히 교사가 본인도

인식하지 못하고 습관적으로 손이나 발을 사용하게 되는 경우가 많으므로 방향성이 요구되는 항목은 가능하면 유아 옆에 앉거나 서서 지도하도록 한다.

50 큰 지퍼 올리기 3~4세

목표 | 큰 지퍼를 올릴 수 있다.

자료 | 큰 지퍼가 달린 겉옷, 유아가 좋아하는 스트랩(예: 휴대폰 고리나 열쇠고리), 강화제

방법 ❶

- 교사가 큰 지퍼가 달린 겉옷의 지퍼를 올리는 시범을 보인다.
- 유아에게 교사를 모방하여 큰 지퍼가 달린 겉옷의 지퍼를 올려 보라고 한다.
- 수행되면 유아 스스로 큰 지퍼가 달린 겉옷의 지퍼를 올려 보라고 한다.
- 수행되면 유아의 특성에 맞는 적절한 강화제를 제공한다.

방법 ❷

- 교사가 큰 지퍼 고리에 유아가 좋아하는 스트랩을 달아 준 후 스트랩을 잡아 지퍼를 올리는 시범을 보인다.
- 유아에게 교사를 모방하여 스트랩을 잡아 큰 지퍼를 올려 보라고 한다.
- 모방하지 못하면 교사가 유아의 손을 잡고 스트랩을 잡아 큰 지퍼를 올려 준다.
- 교사가 유아의 손을 스트랩에 올려 준 후 유아에게 스트랩을 잡아 큰 지퍼를 올려 보라고 한다.
- 교사가 스트랩을 가리키며 유아에게 스트랩을 잡아 큰 지퍼를 올려 보라고 한다.
- 도움을 점차 줄여 간다.
- 수행되면 유아 스스로 스트랩을 잡아 큰 지퍼를 올려 보라고 한다.
- 수행되면 교사가 스트랩을 떼고 큰 지퍼의 1/3을 올리는 시범을 보인다.

- 유아에게 교사를 모방하여 큰 지퍼의 1/3을 올려 보라고 한다.
- 모방하지 못하면 교사가 유아의 손을 잡고 큰 지퍼의 1/3을 올려 준다.
- 교사가 큰 지퍼 고리에 유아의 손을 대 준 후 큰 지퍼의 1/3을 올려 보라고 한다.
- 수행되면 유아 스스로 큰 지퍼의 1/3을 올려 보라고 한다.
- 수행되면 교사가 큰 지퍼의 1/2을 올리는 시범을 보인다.
- 유아에게 교사를 모방하여 큰 지퍼의 1/2을 올려 보라고 한다.
- 모방하지 못하면 큰 지퍼의 1/3을 올린 것과 같은 방법으로 지도한다.
- 수행되면 교사가 큰 지퍼의 2/3를 올리는 시범을 보인다.
- 유아에게 교사를 모방하여 큰 지퍼의 2/3를 올려 보라고 한다.
- 모방하지 못하면 큰 지퍼의 1/2을 올린 것과 같은 방법으로 지도한다.
- 도움을 점차 줄여 간다.
- 수행되면 유아 스스로 큰 지퍼 고리를 당겨 지퍼를 올려 보라고 한다.
- 수행되면 유아의 특성에 맞는 적절한 강화제를 제공한다.

방법 ❸

- 교사가 큰 지퍼가 달린 겉옷의 지퍼를 올리는 시범을 보인다.
- 유아에게 교사를 모방하여 큰 지퍼가 달린 겉옷의 지퍼를 올려 보라고 한다.
- 모방하지 못하면 교사가 유아의 손을 잡고 큰 지퍼의 고리를 당겨 지퍼를 올려 준다.
- 모방하지 못하면 교사가 큰 지퍼 고리에 유아가 좋아하는 스트랩을 달아 준 후 스트랩을 잡아 지퍼를 올리는 시범을 보인다.
- 유아에게 교사를 모방하여 스트랩을 잡아 큰 지퍼를 올려 보라고 한다.
- 모방하지 못하면 교사가 유아의 손을 잡고 스트랩을 잡아 큰 지퍼를 올려 준다.
- 교사가 유아의 손을 스트랩에 올려 준 후 유아에게 스트랩을 잡아 큰 지퍼를 올려 보라고 한다.
- 수행되면 유아 스스로 스트랩을 잡아 큰 지퍼를 올려 보라고 한다.

• 수행되면 교사가 스트랩을 떼고 지퍼의 2/3를 올려 준 후 유아에게 큰 지퍼 고리를 당겨 나머지를 올려 보라고 한다.
• 수행되면 교사가 지퍼의 1/2을 올려 준 후 유아에게 큰 지퍼 고리를 당겨 나머지를 올려 보라고 한다.
• 수행되면 교사가 지퍼의 1/3을 올려 준 후 유아에게 큰 지퍼 고리를 당겨 나머지를 올려 보라고 한다.
• 도움을 점차 줄여 간다.
• 수행되면 유아 스스로 큰 지퍼 고리를 당겨 지퍼를 올려 보라고 한다.
• 수행되면 유아의 특성에 맞는 적절한 강화제를 제공한다.

☞ 방법 ❸은 후진법(뒤에서부터 수행해 나감)으로 방법 ❷의 점진법(앞에서부터 순서대로 수행해 나감)보다 유아가 성취감을 쉽게 느낄 수 있어 일반적으로 발달지체 및 장애 영유아에게는 후진법을 많이 적용한다. 그러나 영유아의 특성을 고려하여 적용하는 것이 바람직하므로 참고하기 바란다.

☞ 우리가 일반적으로 열쇠고리 및 휴대폰 고리로 사용하고 있는 스트랩은 다음 그림처럼 가죽 · 천 등으로 된 끈으로 유아들이 좋아하는 캐릭터 및 다양한 모양들이 시중에 많이 판매되고 있으며 쉽게 구입이 가능하다. 그러므로 이를 활용하면 효율적으로 지퍼 내리기 및 올리기를 지도할 수 있다.

51 옷의 앞부분 찾기

3~4세

목표 | 옷의 앞부분을 찾을 수 있다.

자료 | 티셔츠 2장, 강화제

방법 ❶

- 교사가 앞면에 그림이 그려져 있는 티셔츠와 뒷면에 그림이 없는 티셔츠를 유아 앞에 놓은 후 그림이 그려져 있는 옷의 앞부분을 찾는 시범을 보인다.
- 유아에게 교사를 모방하여 그림이 그려져 있는 옷의 앞부분을 찾아보라고 한다.
- 수행되면 유아 스스로 그림이 그려져 있는 옷의 앞부분을 찾아보라고 한다.
- 수행되면 유아의 특성에 맞는 적절한 강화제를 제공한다.

방법 ❷

- 교사가 앞면에 그림이 그려져 있는 티셔츠와 뒷면에 그림이 없는 티셔츠를 유아 앞에 놓은 후 그림이 그려져 있는 옷의 앞부분을 찾는 시범을 보인다.
- 유아에게 교사를 모방하여 그림이 그려져 있는 옷의 앞부분을 찾아보라고 한다.
- 찾지 못하면 교사가 유아의 손을 잡고 그림이 그려져 있는 옷의 앞부분을 찾아 준다.
- 교사가 그림이 그려져 있는 티셔츠를 가리키며 유아에게 옷의 앞부분을 찾아보라고 한다.
- 교사가 그림이 그려져 있는 티셔츠와 뒷면에 그림이 없는 티셔츠를 유아 앞에 놓은 후 유아에게 앞면에는 그림이 있고 뒷면에는 그림이 없다는 것을 설명한 후 옷의 앞부분을 찾아보라고 한다.
- 도움을 점차 줄여 간다.
- 수행되면 유아 스스로 옷의 앞부분을 찾아보라고 한다.

• 수행되면 유아의 특성에 맞는 적절한 강화제를 제공한다.

☞ 옷의 앞면 찾기를 어려워하면 옷의 앞면에 유아가 좋아하는 스트랩(예: 휴대폰에 거는 고리나 열쇠 고리)을 달아 준 후 지도하고, 수행되면 스트랩을 제거한 후 확인하도록 한다.

☞ 외투를 지도할 시에는 외투의 앞쪽에 지퍼나 단추가 있다는 차이점을 설명한 후 위와 같은 방법으로 지도하면 된다.

52 양말 신기

3~4세

목표 | 양말을 신을 수 있다.

자료 | 교사 및 유아 양말, 강화제

방법 ❶

• 교사가 유아에게 양말을 보여 주며 양말의 뒤꿈치 부분을 말해 준다.
• 교사가 양말을 잡고 발을 넣어 뒤꿈치 부분을 맞추어 양말을 신는 시범을 보인다.
• 유아에게 교사를 모방하여 양말을 신어 보라고 한다.
• 수행되면 유아 스스로 양말을 신어 보라고 한다.
• 수행되면 유아의 특성에 맞는 적절한 강화제를 제공한다.

방법 ❷

• 교사가 유아에게 양말을 보여 주며 양말의 뒤꿈치 부분을 말해 준다.
• 교사가 왼쪽(유아가 볼 때 오른쪽) 양말을 1/3 정도 신는 시범을 보인다.
• 유아에게 교사를 모방하여 오른쪽 양말을 1/3 정도 신어 보라고 한다.
• 신지 못하면 교사가 유아의 손을 잡고 오른쪽 양말을 1/3 정도 신겨 준다.

- 교사가 유아의 손을 오른쪽 양말에 대 준 후 1/3 정도 신어 보라고 한다.
- 도움을 점차 줄여 간다.
- 수행되면 유아 스스로 오른쪽 양말을 1/3 정도 신어 보라고 한다.
- 수행되면 교사가 왼쪽(유아가 볼 때 오른쪽) 양말을 1/2 정도 신는 시범을 보인다.
- 유아에게 교사를 모방하여 오른쪽 양말을 1/2 정도 신어 보라고 한다.
- 신지 못하면 오른쪽 양말을 1/3 정도 신은 것과 같은 방법으로 지도한다.
- 수행되면 유아 스스로 오른쪽 양말을 1/2 정도 신어 보라고 한다.
- 수행되면 교사가 왼쪽(유아가 볼 때 오른쪽) 양말을 2/3 정도 신는 시범을 보인다.
- 유아에게 교사를 모방하여 오른쪽 양말을 2/3 정도 신어 보라고 한다.
- 신지 못하면 오른쪽 양말을 1/2 정도 신은 것과 같은 방법으로 지도한다.
- 수행되면 교사가 왼쪽(유아가 볼 때 오른쪽) 양말을 신는 시범을 보인다.
- 유아에게 교사를 모방하여 오른쪽 양말을 신어 보라고 한다.
- 수행되면 유아 스스로 오른쪽 양말을 신어 보라고 한다.
- 수행되면 왼쪽 양말을 신는 것도 오른쪽 양말을 신는 것과 같은 방법으로 지도한다.
- 도움을 점차 줄여 간다.
- 수행되면 유아 스스로 양쪽 양말을 신어 보라고 한다.
- 수행되면 유아의 특성에 맞는 적절한 강화제를 제공한다.

방법 ❸

- 교사가 유아에게 양말을 보여 주며 양말의 뒤꿈치 부분을 말해 준다.
- 교사가 양말을 잡고 발을 넣어 뒤꿈치 부분을 맞추어 양말을 신는 시범을 보인다.
- 유아에게 교사를 모방하여 양말을 신어 보라고 한다.
- 신지 못하면 교사가 유아의 발을 잡고 양말을 신겨 준다.
- 교사가 왼쪽(유아가 볼 때 오른쪽) 양말을 신는 시범을 보인다.
- 유아에게 교사를 모방하여 오른쪽 양말을 신어 보라고 한다.
- 모방하지 못하면 교사가 유아의 오른쪽 발을 잡고 양말을 신겨 준다.

• 모방하지 못하면 교사가 유아의 오른쪽 발을 2/3 정도 양말에 들어가게 신겨 준 후 유아 스스로 신어 보라고 한다.
• 수행되면 교사가 유아의 오른쪽 발을 1/2 정도 양말에 들어가게 신겨 준 후 유아 스스로 신어 보라고 한다.
• 수행되면 교사가 유아의 오른쪽 발을 1/3 정도 양말에 들어가게 신겨 준 후 유아 스스로 신어 보라고 한다.
• 수행되면 유아 스스로 오른쪽 양말을 신어 보라고 한다.
• 수행되면 교사가 오른쪽(유아가 볼 때 왼쪽) 양말을 신는 시범을 보인다.
• 유아에게 교사를 모방하여 왼쪽 양말을 신어 보라고 한다.
• 모방하지 못하면 오른쪽 양말을 신는 것과 같은 방법으로 지도한다.
• 도움을 점차 줄여 간다.
• 수행되면 유아 스스로 왼쪽 양말을 신어 보라고 한다.
• 수행되면 유아 스스로 양쪽 양말을 신어 보라고 한다.
• 수행되면 유아의 특성에 맞는 적절한 강화제를 제공한다.

☞ 양말 신기를 어려워하면 유아의 발보다 약간 큰 양말로 신는 방법을 지도한 후 유아의 양말로 지도하면 보다 쉽게 수행할 수 있다.

☞ 방법 ❸은 후진법(뒤에서부터 수행해 나감)으로 방법 ❷의 점진법(앞에서부터 순서대로 수행해 나감) 보다 유아가 성취감을 쉽게 느낄 수 있어 일반적으로 발달지체 및 장애 영유아에게는 후진법을 많이 적용한다. 그러나 영유아의 특성을 고려하여 적용하는 것이 바람직하므로 참고하기 바란다.

53 화장실에서 대소변 보기

3~4세

목표 | 유아용 변기에 앉아 대소변을 볼 수 있다.

자료 | 음악 소리가 나는 유아용 변기, 강화제

방법 ❶

- 영아용 변기에 대소변 보기는 앞 단계에서 수행하였으므로 확인한 후 시행한다.
- 유아를 화장실로 데려가서 교사가 유아용 변기에 앉아, 예를 들어 대변을 보는 흉내를 낸다.
- 유아가 대변을 마려워하거나 대변볼 시간이 되면 교사가 유아에게 변기에 앉아 대변을 보라고 한다.
- 대변을 보는 동안 교사가 유아에게 "○○도 뽕 ♬ ○○도 뽕 ♬ 다 같이 뽕 뽕 뽕 ♬ 배 속~에서 전~화 와요 ♬ ○○이는 응가 대장 ♬ 혼~자서도 응~가 ♬"라고 노래를 부르며 반복해서 들려준다.
- 수행되면 교사가 화장지로 뒷마무리를 해 준다.
- 수행되면 유아의 특성에 맞는 적절한 강화제를 제공한다.

3~4세

방법 ❷

- 영아용 변기에 대소변 보기는 앞 단계에서 수행하였으므로 확인한 후 시행한다.
- 유아를 화장실로 데려가서 교사가 유아용 변기에 앉아, 예를 들어 대변을 보는 흉내를 낸다.
- 유아가 대변을 마려워하거나 대변볼 시간이 되면 교사가 유아에게 변기에 앉아 대변을 보라고 한다.
- 대변을 보는 동안 교사가 유아에게 "○○도 뽕 ♬ ○○도 뽕 ♬ 다 같이 뽕 뽕 뽕 ♬ 배 속~에서 전~화 와요 ♬ ○○이는 응가 대장 ♬ 혼~자서도 응~가 ♬"라고

노래를 부르며 반복해서 들려준다.

- 교사가 유아의 손을 잡고 힘을 주는 흉내를 내며 유아에게 "응가." 소리를 반복해서 들려준다.
- 도움을 점차 줄여 간다.
- 유아 스스로 대변을 보라고 한다.
- 수행되면 교사가 화장지로 뒷마무리를 해 준다.
- 수행되면 교사가 물을 내리는 시범을 보인 후 유아에게 교사를 모방하여 물을 내려 보라고 한다.
- 모방하지 못하면 교사가 유아의 손을 잡고 물을 내려 준다.
- 교사가 물 내리는 손잡이의 위치를 가리켜 주며 유아에게 물을 내려 보라고 한다.
- 수행되면 유아 스스로 물을 내려 보라고 한다.
- 수행되면 유아의 특성에 맞는 적절한 강화제를 제공한다.

☞ 대소변 보기는 인위적으로 연습하기보다는 실제 상황(소변이나 대변이 마려울 때)에서 지도하도록 한다.

☞ 시판되고 있는 유아용 변기는 소변이나 대변을 보면 음악 소리가 나오고 물을 내리면 불이 들어오는 등 유아의 흥미를 끌 수 있는 다양한 제품들이 많으므로 이러한 제품들을 활용하면 유아에게 대소변에 대한 거부감을 주지 않고 쉽게 지도할 수 있다.

54 휴지통 비우기

4~5세

목표 | 휴지통을 비울 수 있다.

자료 | 휴지통, 강화제

방법 ❶

- 교사가 휴지통을 비우는 시범을 보인다.
- 유아에게 교사를 모방하여 휴지통을 비워 보라고 한다.
- 수행되면 유아 스스로 휴지통을 비워 보라고 한다.
- 수행되면 유아의 특성에 맞는 적절한 강화제를 제공한다.

방법 ❷

- 교사가 휴지통을 잡는 시범을 보인다.
- 유아에게 교사를 모방하여 휴지통을 잡아 보라고 한다.
- 모방하지 못하면 교사가 유아의 손을 잡고 휴지통을 잡아 준다.
- 교사가 휴지통을 가리키며 유아에게 휴지통을 잡아 보라고 한다.
- 수행되면 유아 스스로 휴지통을 잡아 보라고 한다.
- 수행되면 교사가 휴지통을 비우는 시범을 보인다.
- 유아에게 교사를 모방하여 휴지통을 비워 보라고 한다.

- 모방하지 못하면 교사가 유아의 손을 잡고 휴지통을 비워 준다.
- 교사가 유아의 손을 휴지통 가까이 대 준 후 유아에게 휴지통을 비워 보라고 한다.
- 수행되면 교사가 휴지통을 가리키며 유아에게 휴지통을 비워 보라고 한다.
- 도움을 점차 줄여 간다.
- 수행되면 유아 스스로 휴지통을 비워 보라고 한다.
- 수행되면 유아의 특성에 맞는 적절한 강화제를 제공한다.

55 화장실 문 열기

4~5세

목표 | 화장실 문을 열 수 있다.

자료 | 화장실, 강화제

방법 ❶

- 교사가 화장실 문의 손잡이를 잡아 문을 여는 시범을 보인다.
- 유아에게 교사를 모방하여 화장실 문의 손잡이를 잡아 문을 열어 보라고 한다.
- 수행되면 유아 스스로 화장실 문의 손잡이를 잡아 문을 열어 보라고 한다.
- 수행되면 유아의 특성에 맞는 적절한 강화제를 제공한다.

방법 ❷

- 교사가 화장실 문의 손잡이를 잡는 시범을 보인다.
- 유아에게 교사를 모방하여 화장실 문의 손잡이를 잡아 보라고 한다.
- 손잡이를 잡지 못하면 교사가 유아의 손을 잡고 손잡이를 잡아 준다.
- 교사가 화장실 손잡이를 가리키며 유아에게 손잡이를 잡아 보라고 한다.
- 도움을 점차 줄여 간다.
- 수행되면 유아 스스로 화장실 문의 손잡이를 잡아 보라고 한다.

- 수행되면 교사가 화장실 문의 손잡이를 잡아 문을 여는 시범을 보인다.
- 유아에게 스스로 화장실 문의 손잡이를 잡게 한 후 교사를 모방하여 화장실 문을 열어 보라고 한다.
- 문을 열지 못하면 교사가 유아의 손을 잡고 화장실 문을 열어 준다.
- 교사가 화장실 문의 손잡이를 2/3 정도 돌려 준 후 유아에게 문을 열어 보라고 한다.
- 수행되면 교사가 화장실 문의 손잡이를 1/2 정도 돌려 준 후 유아에게 문을 열어 보라고 한다.
- 수행되면 교사가 화장실 문의 손잡이를 1/3 정도 돌려 준 후 유아에게 문을 열어 보라고 한다.
- 도움을 점차 줄여 간다.
- 수행되면 유아 스스로 화장실 문의 손잡이를 잡아 문을 열어 보라고 한다.
- 수행되면 유아의 특성에 맞는 적절한 강화제를 제공한다.

56 티셔츠의 목을 늘여 주면 티셔츠 벗기 4~5세

목표 | 티셔츠의 목을 늘여 주면 티셔츠를 벗을 수 있다.

자료 | 짧은 소매 티셔츠, 강화제

방법 ❶

- 교사가 짧은 소매의 티셔츠를 벗는 시범을 보인다.
- 교사가 티셔츠의 목을 늘여 준 후 유아에게 교사를 모방하여 짧은 소매의 티셔츠를 벗어 보라고 한다.
- 수행되면 교사가 티셔츠의 목을 늘여 준 후 유아 스스로 짧은 소매의 티셔츠를 벗어 보라고 한다.
- 수행되면 유아의 특성에 맞는 적절한 강화제를 제공한다.

방법 ❷

- 교사가 티셔츠를 말아 올려 왼쪽(유아가 볼 때 오른쪽) 소매에서 팔을 빼는 시범을 보인다.
- 교사가 티셔츠를 말아 올려 준 후 유아에게 교사를 모방하여 오른쪽 소매에서 팔을 빼 보라고 한다.
- 빼지 못하면 교사가 유아의 팔을 잡고 티셔츠의 오른쪽 소매에서 팔을 빼 준다.
- 교사가 티셔츠의 오른쪽 소매를 잡아 준 후 유아에게 오른쪽 소매에서 팔을 빼 보라고 한다.
- 수행되면 교사가 유아의 왼손을 티셔츠의 오른쪽 소매에 대 준 후 팔을 빼 보라고 한다.
- 도움을 점차 줄여 간다.
- 수행되면 유아 스스로 오른쪽 소매에서 팔을 빼 보라고 한다.
- 수행되면 교사가 티셔츠의 오른쪽(유아가 볼 때 왼쪽) 소매에서 팔을 빼는 시범을 보인다.
- 유아에게 교사를 모방하여 티셔츠의 왼쪽 소매에서 팔을 빼 보라고 한다.
- 모방하지 못하면 티셔츠의 오른쪽 소매를 벗는 것과 같은 방법으로 지도한다.
- 수행되면 유아 스스로 왼쪽 소매에서 팔을 빼 보라고 한다.
- 수행되면 교사가 티셔츠의 목을 늘인 후 티셔츠에서 머리를 빼는 시범을 보인다.
- 교사가 티셔츠의 목을 늘여 준 후 유아에게 교사를 모방하여 티셔츠에서 머리를 빼 보라고 한다.
- 빼지 못하면 교사가 유아의 머리를 티셔츠 밖으로 빼 준다.
- 교사가 티셔츠의 목을 늘여 준 후 유아 스스로 티셔츠에서 머리를 빼 보라고 한다.
- 도움을 점차 줄여 간다.
- 수행되면 교사가 티셔츠의 목을 늘여 준 후 유아 스스로 티셔츠를 벗어 보라고 한다.
- 수행되면 유아의 특성에 맞는 적절한 강화제를 제공한다.

☞ 수행되면 인형놀이를 하면서 인형이 입은 티셔츠를 벗기게 하여 일반화(배운 것을 다른 곳에도 적

용할 수 있음)시켜 주도록 한다.

☞ 처음 지도 시 유아에게 조금 큰 티셔츠를 입혀 벗는 연습을 반복한 후 실제 유아 옷으로 지도해도 효과적이다.

57 단추나 지퍼를 열어 주면 외투 입기 4~5세

목표 | 단추나 지퍼를 열어 주면 외투를 입을 수 있다.

자료 | 교사 및 유아의 외투, 강화제

방법 ❶

- 교사가, 예를 들어 단추가 달린 외투에서 단추를 뺀 후 외투를 입는 시범을 보인다.
- 교사가 유아의 외투 단추를 빼 준 후 유아에게 교사를 모방하여 외투를 입어 보라고 한다.
- 수행되면 교사가 유아의 외투 단추를 빼 준 후 유아 스스로 외투를 입어 보라고 한다.
- 수행되면 유아의 특성에 맞는 적절한 강화제를 제공한다.

방법 ❷

- 교사가, 예를 들어 단추가 달린 외투에서 단추를 뺀 후 외투를 입는 시범을 보인다.
- 교사가 유아의 외투 단추를 빼 준 후 유아에게 교사를 모방하여 외투를 입어 보라고 한다.
- 모방하지 못하면 교사가 외투의 왼쪽(유아가 볼 때 오른쪽) 소매에 팔을 넣는 시범을 보인다.
- 유아에게 교사를 모방하여 외투의 오른쪽 소매에 팔을 넣어 보라고 한다.
- 넣지 못하면 교사가 유아의 팔을 잡고 외투의 오른쪽 소매에 팔을 넣어 준다.

- 교사가 유아의 손을 외투의 오른쪽 소매 안에 대 준 후 팔을 넣어 보라고 한다.
- 수행되면 교사가 외투의 오른쪽 소매를 잡아 준 후 유아 스스로 오른쪽 소매 안에 팔을 넣어 보라고 한다.
- 도움을 점차 줄여 간다.
- 수행되면 유아의 외투 단추를 빼 준 후 유아 스스로 오른쪽 소매 안에 팔을 넣어 보라고 한다.
- 수행되면 교사가 외투의 오른쪽(유아가 볼 때 왼쪽) 소매에 팔을 넣는 시범 보인다.
- 유아에게 교사를 모방하여 외투의 왼쪽 소매에 팔을 넣어 보라고 한다.
- 모방하지 못하면 외투의 오른쪽 소매에 팔을 넣는 것과 같은 방법으로 지도한다.
- 도움을 점차 줄여 간다.
- 수행되면 유아의 외투 단추를 빼 준 후 유아 스스로 왼쪽 소매 안에 팔을 넣어 보라고 한다.
- 수행되면 교사가 유아의 외투 단추를 빼 준 후 유아 스스로 외투를 입어 보라고 한다.
- 수행되면 유아의 특성에 맞는 적절한 강화제를 제공한다.

☞ 유아와 마주 보고 지도할 때는 유아가 보는 방향이 반대(예: 교사가 왼쪽을 사용하면 유아가 볼 때 오른쪽)가 되므로 반드시 방향에 대하여 유념하도록 한다. 그리고 유아의 손에 대한 선호도(오른손잡이, 왼손잡이)를 고려하여 유아가 보는 방향을 맞추어야 한다.

58 고리에서 벨트 빼기

4~5세

목표 | 고리에서 벨트를 뺄 수 있다.

자료 | 벨트 고리가 있는 바지나 외투, 강화제

방법 ❶

- 교사가 벨트 고리에서 벨트를 빼는 시범을 보인다.
- 교사가 벨트 버클을 끌러 준 후 유아에게 교사를 모방하여 벨트 고리에서 벨트를 빼 보라고 한다.
- 수행되면 유아 스스로 벨트 고리에서 벨트를 빼 보라고 한다.
- 수행되면 유아의 특성에 맞는 적절한 강화제를 제공한다.

방법 ❷

- 교사가 벨트 고리에서 벨트를 빼는 시범을 보인다.
- 교사가 벨트 버클을 끌러 준 후 유아에게 교사를 모방하여 벨트 고리에서 벨트를 빼 보라고 한다.
- 모방하지 못하면 교사가 유아의 손을 잡고 벨트 고리에서 벨트를 빼 준다.
- 교사가 오른손(유아가 볼 때 왼손)으로 벨트의 버클 부분을 잡는 시범을 보인다.
- 유아에게 교사를 모방하여 왼손으로 벨트의 버클 부분을 잡아 보라고 한다.
- 모방하지 못하면 교사가 유아의 왼손을 잡고 벨트의 버클 부분을 잡아 준다.
- 교사가 유아의 왼손을 벨트의 버클 부분에 대 준 후 버클을 잡아 보라고 한다.
- 수행되면 유아 스스로 벨트의 버클을 왼손으로 잡아 보라고 한다.
- 수행되면 교사가 오른손(유아가 볼 때 왼손)으로 벨트의 버클 부분을 잡아 벨트를 빼는 시범을 보인다.
- 유아에게 교사를 모방하여 왼손으로 벨트의 버클 부분을 잡아 벨트를 빼 보라고 한다.
- 모방하지 못하면 교사가 유아의 왼손을 잡아 벨트의 버클 부분을 잡게 한 후 벨트를 빼 준다.
- 교사가 고리에서 벨트를 2/3 빼 준 후 유아에게 나머지를 빼 보라고 한다.
- 수행되면 교사가 고리에서 벨트를 1/2 빼 준 후 유아에게 나머지를 빼 보라고 한다.
- 수행되면 교사가 고리에서 벨트를 1/3 빼 준 후 유아에게 나머지를 빼 보라고 한다.

- 교사가 유아의 왼손을 버클 부분에 대 준 후 벨트를 빼 보라고 한다.
- 도움을 점차 줄여 간다.
- 수행되면 유아 스스로 벨트 고리에서 벨트를 빼 보라고 한다.
- 수행되면 유아의 특성에 맞는 적절한 강화제를 제공한다.

59 모방하여 이 닦기

4~5세

목표 | 모방하여 이를 닦을 수 있다.

자료 | 유아용 칫솔, 유아용 치약, 강화제

방법 ❶

- 교사가 치약을 짜는 시범을 보인다.
- 유아에게 교사를 모방하여 치약을 짜 보라고 한다.
- 수행되면 교사가 치약을 짜서 칫솔에 묻히는 시범을 보인다.
- 유아에게 교사를 모방하여 치약을 짜서 칫솔에 묻혀 보라고 한다.
- 수행되면 교사가 칫솔에 치약을 묻혀 "치카~푸카 ♬ 치카~푸카 ♬ 이~를 닦아요 ♬ 싹~싹 닦아라 ♬ 윗니 ♬"라고 노래를 부르며 윗니를 닦는 시범을 보인다.
- 유아에게 교사를 모방하여 칫솔에 치약을 묻혀 윗니를 닦아 보라고 한다.
- 수행되면 교사가 칫솔에 치약을 묻혀 "치카~푸카 ♬ 치카~푸카 ♬ 이~를 닦아요 ♬ 싹~싹 닦아라 ♬ 아랫니 ♬"라고 노래를 부르며 아랫니를 닦는 시범을 보인다.
- 유아에게 교사를 모방하여 칫솔에 치약을 묻혀 아랫니를 닦아 보라고 한다.
- 수행되면 교사가 컵에 물을 담아 입을 헹구는 시범을 보여 준다.
- 유아에게 교사를 모방하여 입을 헹구어 보라고 한다.
- 수행되면 교사를 모방하여 칫솔에 치약을 묻혀 이를 닦고 입을 헹구어 보라고 한다.
- 수행되면 유아의 특성에 맞는 적절한 강화제를 제공한다.

방법 ❷

- 교사가 치약을 짜는 시범을 보인다.
- 유아에게 교사를 모방하여 치약을 짜 보라고 한다.
- 모방하지 못하면 교사가 유아의 손을 잡고 치약을 짜 준 후 교사를 모방하여 치약을 짜 보라고 한다.
- 수행되면 교사가 치약을 칫솔에 묻히는 시범을 보인다.
- 유아에게 교사를 모방하여 치약을 칫솔에 묻혀 보라고 한다.
- 모방하지 못하면 교사가 유아의 손을 잡고 치약을 칫솔에 묻혀 준다.
- 유아에게 교사를 모방하여 치약을 짜서 칫솔에 묻혀 보라고 한다.
- 수행되면 교사가 칫솔에 치약을 묻혀 "치카~푸카 ♬ 치카~푸카 ♬ 이~를 닦아요 ♬ 싹~싹 닦아라 ♬ 윗니 ♬"라고 노래를 부르며 윗니를 닦는 시범을 보인다.
- 유아에게 교사를 모방하여 칫솔에 치약을 묻혀 윗니를 닦아 보라고 한다.
- 모방하지 못하면 교사가 유아의 손을 잡고 윗니를 닦아 준다.
- 교사가 유아와 마주 보고 윗니를 닦는 것을 보여 주며 윗니를 닦아 보라고 한다.
- 수행되면 교사가 칫솔에 치약을 묻혀 "치카~푸카 ♬ 치카~푸카 ♬ 이~를 닦아요 ♬ 싹~싹 닦아라 ♬ 아랫니 ♬"라고 노래를 부르며 아랫니를 닦는 시범을 보인다.
- 유아에게 교사를 모방하여 칫솔에 치약을 묻혀 아랫니를 닦아 보라고 한다.
- 모방하지 못하면 교사가 유아의 손을 잡고 아랫니를 닦아 준다.
- 교사가 유아와 마주 보고 아랫니를 닦는 것을 보여 주며 아랫니를 닦아 보라고 한다.
- 수행되면 교사가 컵에 물을 담아 입을 헹구는 시범을 보여 준다.
- 유아에게 교사를 모방하여 입을 헹구어 보라고 한다.
- 모방하지 못하면 교사가 물을 한 모금 입에 물을 머금고 가글링 한 후 입안의 물을 세면대에 뱉는 시범을 보여 준다.
- 유아에게 물을 한 모금 마셔 입에 물을 머금고 가글링 한 후 입안의 물을 세면대에 뱉어 보라고 한다.
- 도움을 점차 줄여 간다.

• 수행되면 교사를 모방하여 이를 닦은 후 입을 헹구어 보라고 한다.
• 수행되면 유아의 특성에 맞는 적절한 강화제를 제공한다.

☞ 치약을 삼키는 것이 우려된다면 치약 대신 칫솔에 꿀을 묻혀 위와 같은 방법으로 지도한 후 치약을 사용하여 지도하면 된다.

☞ 시판되고 있는 유아용 치약 중에는 바나나, 딸기 등 과일 맛이 있으므로 유아가 이 닦기를 즐겁게 하는 데 도움이 되고 있다. 그러므로 이를 활용하여 지도해도 효과적이다.

☞ 시판되고 있는 유아용 칫솔 중에는 다음 그림처럼 손잡이를 쉽게 잡을 수 있도록 손잡이 일부분이 고무로 만들어져 미끄러지지 않도록 되어 있거나 엄지손가락을 놓는 위치를 표시해 놓은 것, 어느 각도에서 사용해도 방향 제한이 없는 전 방향으로 되어 있는 것도 있다. 그리고 유아의 흥미를 끌 수 있는 캐릭터를 사용하여 연령별로 나뉘어 있으므로 이를 적절하게 활용하면 효과적이다.

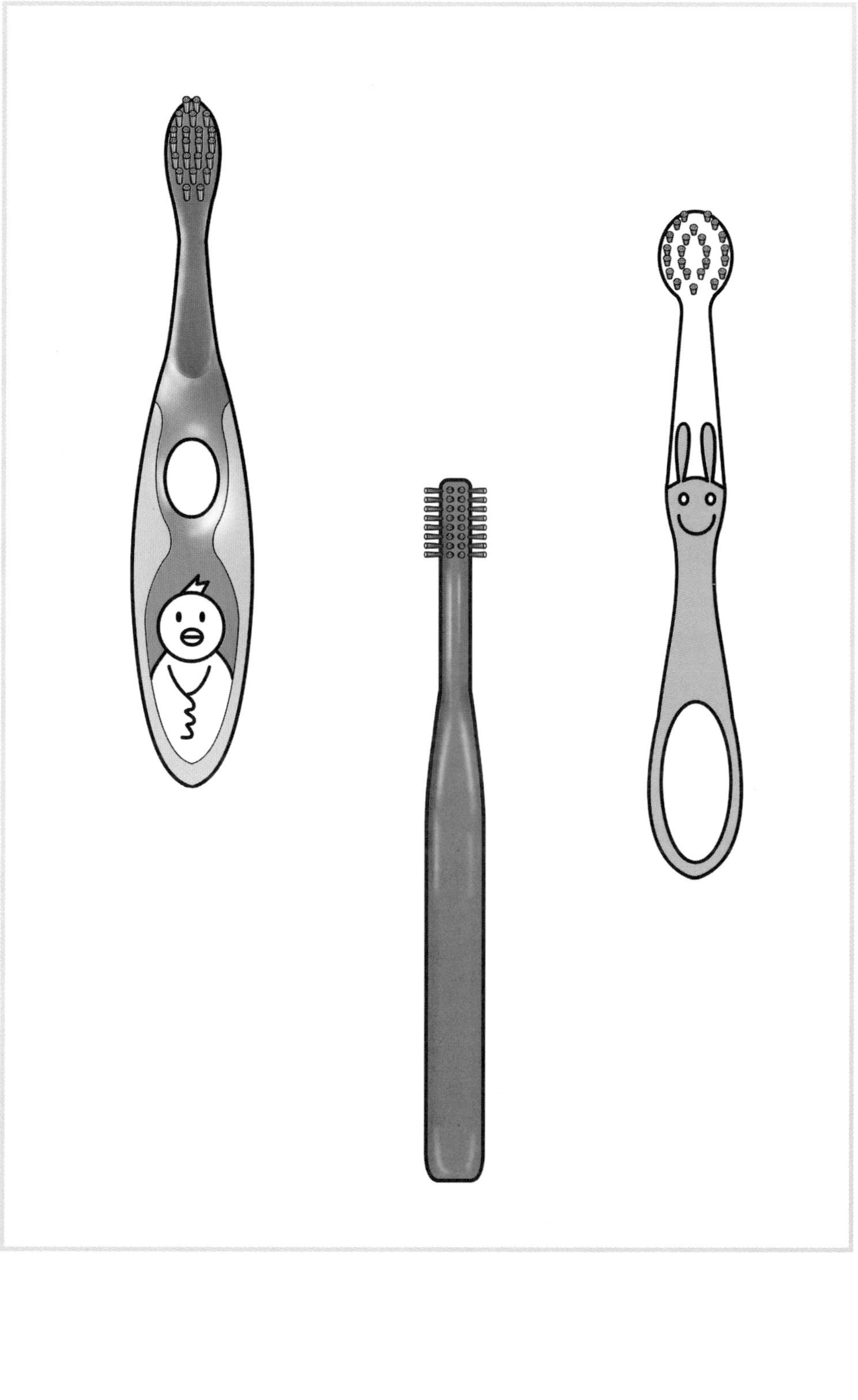

4~5
세

60 나이프를 사용하여 빵에 잼 바르기 4~5세

목표 | 나이프를 사용하여 빵에 잼을 바를 수 있다.

자료 | 식빵, 잼, 버터나이프, 강화제

방법 ❶

- 교사가 버터나이프를 사용하여 잼을 떠서 빵에 올린 후 버터나이프로 잼을 바르는 시범을 보인다.
- 유아에게 교사를 모방하여 버터나이프를 사용하여 잼을 떠서 빵에 올린 후 잼을 발라 보라고 한다.
- 수행되면 유아 스스로 버터나이프를 사용하여 잼을 떠서 빵에 올린 후 버터나이프로 잼을 발라 보라고 한다.
- 수행되면 유아의 특성에 맞는 적절한 강화제를 제공한다.

방법 ❷

- 교사가 버터나이프를 사용하여 잼을 떠서 빵에 올린 후 버터나이프로 잼을 바르는 시범을 보인다.
- 유아에게 교사를 모방하여 버터나이프를 사용하여 잼을 떠서 빵에 올린 후 잼을 발라 보라고 한다.
- 모방하지 못하면 교사가 버터나이프를 쥐는 방법을 시범 보인다.
- 유아에게 교사를 모방하여 버터나이프를 쥐어 보라고 한다.
- 모방하지 못하면 교사가 유아의 손을 잡고 버터나이프를 쥐어 준다.
- 교사가 버터나이프를 가리키며 유아에게 쥐어 보라고 한다.
- 도움을 점차 줄여 간다.
- 수행되면 유아 스스로 버터나이프를 쥐어 보라고 한다.

- 수행되면 교사가 버터나이프를 사용하여 잼을 뜨는 방법을 시범 보인다.
- 유아에게 교사를 모방하여 버터나이프를 사용하여 잼을 떠 보라고 한다.
- 모방하지 못하면 유아 스스로 버터나이프를 쥐게 한 후 교사가 유아의 손을 잡고 버터나이프를 사용하여 잼을 떠 준다.
- 유아 스스로 버터나이프를 쥐게 한 후 버터나이프를 사용하여 잼을 떠 보라고 한다.
- 수행되면 교사가 버터나이프를 사용하여 빵에 잼을 바르는 시범을 보인다.
- 유아에게 교사를 모방하여 버터나이프를 사용하여 빵에 잼을 발라 보라고 한다.
- 모방하지 못하면 교사가 유아의 손을 잡고 버터나이프를 사용하여 빵에 잼을 발라 준다.
- 유아 스스로 버터나이프를 사용하여 빵에 잼을 발라 보라고 한다.
- 도움을 점차 줄여 간다.
- 수행되면 유아 스스로 버터나이프를 사용하여 잼을 떠서 빵에 올린 후 버터나이프로 잼을 발라 보라고 한다.
- 수행되면 유아의 특성에 맞는 적절한 강화제를 제공한다.

☞ 빵에 버터를 바르는 것도 위와 같은 방법으로 지도하면 된다.

☞ 버터나이프는 다음 그림처럼 스테인리스, 도자기, 목재 등 다양한 재질로 만들어져 있는 것과 유아들이 좋아하는 캐릭터를 사용하여 만든 제품들이 시판되고 있으므로 유아에게 적합한 것을 구입하여 사용하거나 없으면 숟가락으로 대체해도 무방하다.

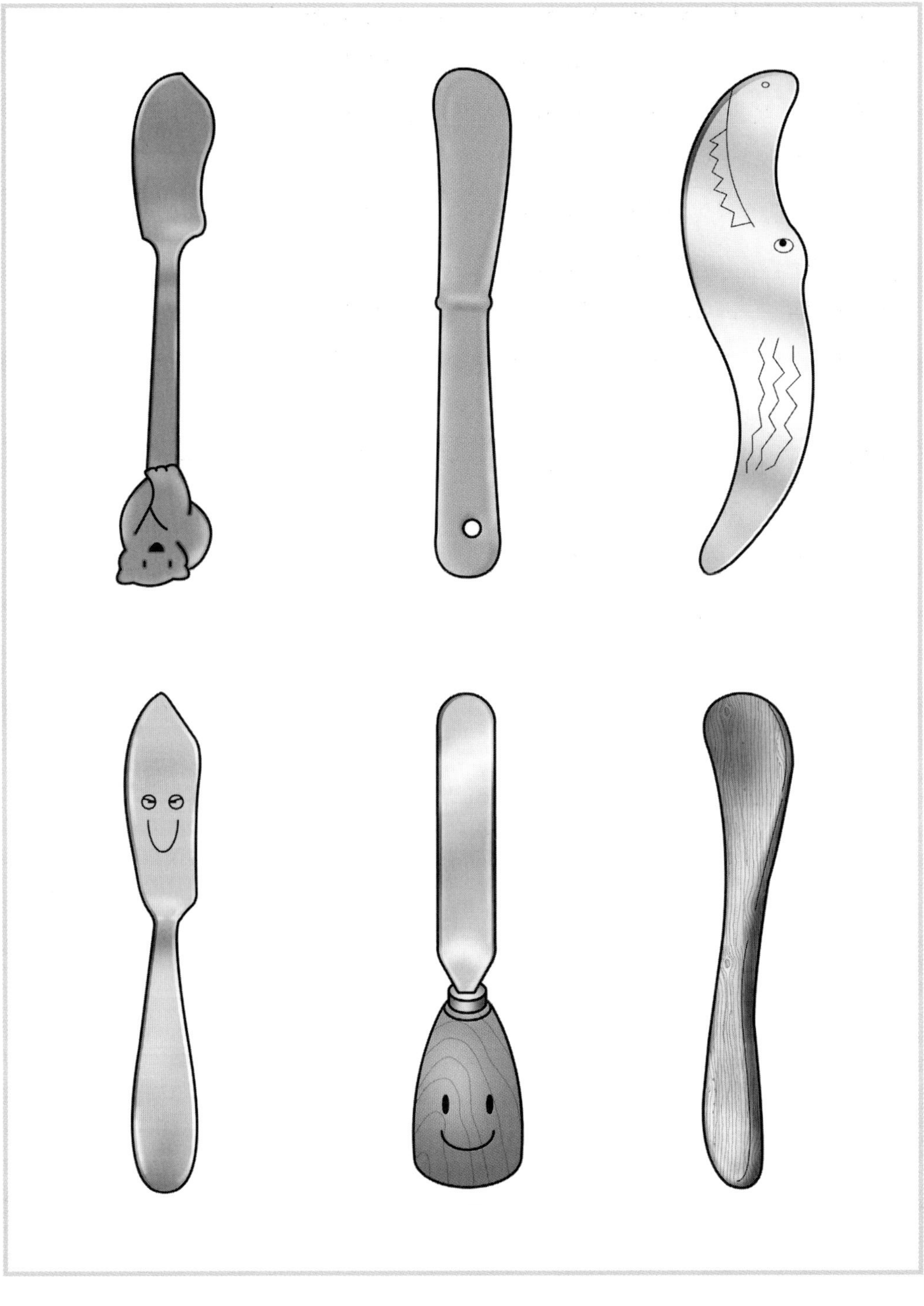

61 찍찍이 달린 신발 신기

4~5세

목표 | 찍찍이(벨크로) 달린 신발을 신을 수 있다.

자료 | 교사 및 유아용 찍찍이 신발, 강화제

방법 ❶

- 교사가 양쪽 신발의 찍찍이를 떼어 낸 후 신발을 신는 시범을 보인다.
- 유아에게 교사를 모방하여 찍찍이를 떼어 낸 후 신발을 신어 보라고 한다.
- 수행되면 유아 스스로 찍찍이를 떼어 낸 후 신발을 신어 보라고 한다.
- 수행되면 유아의 특성에 맞는 적절한 강화제를 제공한다.

방법 ❷

- 교사가 양쪽 신발의 찍찍이를 떼어 낸 후 신발을 신는 시범을 보인다.
- 유아에게 교사를 모방하여 찍찍이를 떼어 낸 후 신발을 신어 보라고 한다.
- 신지 못하면 교사가 유아의 발을 잡고 신발을 신겨 준다.
- 교사가 왼쪽(유아가 볼 때 오른쪽) 신발의 찍찍이를 떼어 낸 후 신발을 신는 시범을 보인다.
- 유아에게 교사를 모방하여 오른쪽 신발의 찍찍이를 떼어 낸 후 신발을 신어 보라고 한다.
- 신지 못하면 교사가 유아의 오른쪽 발을 잡고 신발을 신겨 준다.
- 교사가 유아의 발을 2/3 정도 신발에 들어가게 신겨 준 후 유아 스스로 신어 보라고 한다.
- 수행되면 교사가 유아의 발을 1/2 정도 신발에 들어가게 신겨 준 후 유아 스스로 신어 보라고 한다.
- 수행되면 교사가 유아의 발을 1/3 정도 신발에 들어가게 신겨 준 후 유아 스스로 신어 보라고 한다.

- 교사가 왼쪽(유아가 볼 때 오른쪽) 신발을 신는 몸짓을 보여 주며 유아에게 교사를 모방하여 오른쪽 신발을 신어 보라고 한다.
- 수행되면 유아 스스로 오른쪽 신발의 찍찍이를 떼어 낸 후 신발을 신어 보라고 한다.
- 수행되면 교사가 오른쪽(유아가 볼 때 왼쪽) 신발의 찍찍이를 떼어 낸 후 신발을 신는 시범을 보인다.
- 유아에게 교사를 모방하여 왼쪽 신발의 찍찍이를 떼어 낸 후 신발을 신어 보라고 한다.
- 모방하지 못하면 오른쪽 신발을 신는 것과 같은 방법으로 지도한다.
- 도움을 점차 줄여 간다.
- 수행되면 유아 스스로 왼쪽 신발의 찍찍이를 떼어 낸 후 신발을 신어 보라고 한다.
- 수행되면 유아 스스로 양쪽 신발의 찍찍이를 떼어 낸 후 양쪽 신발을 신어 보라고 한다.
- 수행되면 유아의 특성에 맞는 적절한 강화제를 제공한다.

☞ 찍찍이가 달린 신발을 신기 어려워하면 유아의 발보다 약간 큰 찍찍이가 달린 신발을 가지고 신는 방법을 지도한 후 유아의 찍찍이 신발로 신기를 지도하면 보다 쉽게 수행할 수 있다.

☞ 유아와 마주 보고 지도할 때는 교사와 유아가 반대 방향(예: 교사가 오른쪽 발을 사용할 경우 유아가 볼 때는 왼쪽 발이 됨)이 되므로 방향에 대한 부분을 반드시 유념하도록 한다. 특히 교사가 본인도 인식하지 못하고 습관적으로 손이나 발을 사용하게 되는 경우가 많으므로 방향성이 요구되는 항목은 가능하면 유아 옆에 앉거나 서서 지도하도록 한다.

62 수도꼭지 틀고 잠그기

4~5세

목표 | 수도꼭지를 틀고 잠글 수 있다.

자료 | 세면대, 강화제

방법 ①

- 교사가 수도꼭지를 틀고 잠그는 시범을 보인다.
- 유아에게 교사를 모방하여 수도꼭지를 틀고 잠가 보라고 한다.
- 수행되면 유아 스스로 수도꼭지를 틀고 잠가 보라고 한다.
- 수행되면 유아의 특성에 맞는 적절한 강화제를 제공한다.

방법 ②

- 교사가 수도꼭지를 틀고 잠그는 시범을 보인다.
- 유아에게 교사를 모방하여 수도꼭지를 틀고 잠가 보라고 한다.
- 모방하지 못하면 교사가 수도꼭지를 트는 시범을 보인다.
- 유아에게 교사를 모방하여 수도꼭지를 틀어 보라고 한다.
- 모방하지 못하면 교사가 유아의 손을 잡고 수도꼭지를 틀어 준다.
- 교사가 수도꼭지를 2/3 정도 틀어 준 후 나머지는 유아에게 틀어 보라고 한다.
- 수행되면 교사가 수도꼭지를 1/2 정도 틀어 준 후 나머지는 유아에게 틀어 보라고 한다.
- 수행되면 교사가 수도꼭지를 1/3 정도 틀어 준 후 나머지는 유아에게 틀어 보라고 한다.
- 도움을 점차 줄여 간다.
- 수행되면 유아 스스로 수도꼭지를 틀어 보라고 한다.
- 수행되면 교사가 수도꼭지를 잠그는 시범을 보인다.

- 유아에게 교사를 모방하여 수도꼭지를 잠가 보라고 한다.
- 모방하지 못하면 교사가 유아의 손을 잡고 수도꼭지를 잠가 준다.
- 교사가 수도꼭지를 2/3 정도 잠가 준 후 나머지는 유아에게 잠가 보라고 한다.
- 수행되면 교사가 수도꼭지를 1/2 정도 잠가 준 후 나머지는 유아에게 잠가 보라고 한다.
- 수행되면 교사가 수도꼭지를 1/3 정도 잠가 준 후 나머지는 유아에게 잠가 보라고 한다.
- 도움을 점차 줄여 간다.
- 수행되면 유아 스스로 수도꼭지를 잠가 보라고 한다.
- 수행되면 유아 스스로 수도꼭지를 틀고 잠가 보라고 한다.
- 수행되면 유아의 특성에 맞는 적절한 강화제를 제공한다.

63 스스로 손 씻기 4~5세

목표 | 스스로 손을 씻을 수 있다.

자료 | 비누, 강화제

방법 ❶

- 교사가, 예를 들어 간식을 먹기 전에 "간식 먹기 전에 ♬ 손 씻어요 ♬ 싹~싹 ♬ 싹싹싹 ♬" 이라고 노래를 부르며 수도꼭지를 틀어 손을 씻는 시범을 보인다.
- 유아에게 수도꼭지를 틀어 교사를 모방하여 손을 씻어 보라고 한다.
- 수행되면 유아 스스로 손을 씻어 보라고 한다.
- 수행되면 유아의 특성에 맞는 적절한 강화제를 제공한다.

방법 ❷

- 교사가, 예를 들어 간식을 먹기 전에 "간식 먹기 전에 ♬ 손 씻어요 ♬ 싹~싹 ♬ 싹싹싹 ♬" 이라고 노래를 부르며 수도꼭지를 틀어 손을 씻는 시범을 보인다.
- 유아에게 수도꼭지를 틀어 교사를 모방하여 손을 씻어 보라고 한다.
- 모방하지 못하면 교사가 손을 물에 적신 후 비누를 손에 묻혀 손바닥을 마주 대고 비벼 거품을 내는 시범을 보인다.
- 유아에게 교사를 모방하여 손을 물에 적신 후 비누를 손에 묻혀 손바닥을 마주 대고 비벼 거품을 내어 보라고 한다.
- 모방하지 못하면 교사가 유아의 손을 잡고 손을 물에 적신 후 비누를 손에 묻혀 손바닥을 마주 대고 비벼 거품을 내어 준다.
- 유아 스스로 손을 물에 적신 후 비누를 손에 묻혀 손바닥을 마주 대고 비벼 거품을 내어 보라고 한다.
- 수행되면 교사가 오른손등(유아가 볼 때 왼손등)에 왼손(유아가 볼 때 오른손)을 올려 문질러 주는 시범을 보인다.
- 유아에게 교사를 모방하여 왼손등에 오른손을 올려 문질러 보라고 한다.
- 모방하지 못하면 교사가 유아의 손을 잡고 왼손등에 오른손을 올려 문질러 준다.
- 교사가 유아의 왼손등에 오른손을 올려 준 후 문질러 보라고 한다.
- 수행되면 유아 스스로 왼손등에 오른손을 올려 문질러 보라고 한다.
- 수행되면 교사가 두 손의 손바닥을 마주 댄 후 깍지를 끼고 문질러 주는 시범을 보인다.
- 유아에게 교사를 모방하여 두 손의 손바닥을 마주 댄 후 손 깍지를 끼고 문질러 보라고 한다.
- 모방하지 못하면 교사가 유아의 손을 잡고 두 손의 손바닥을 마주 댄 후 깍지를 끼고 문질러 준다.
- 교사가 유아의 손을 잡고 두 손의 손바닥을 마주 대 준 후 깍지를 끼고 문질러 보라고 한다.

- 수행되면 유아 스스로 두 손의 손바닥을 마주 댄 후 깍지를 끼고 문질러 보라고 한다.
- 수행되면 교사가 두 손의 손가락을 마주 잡고 비비는 시범을 보인다.
- 유아에게 교사를 모방하여 두 손의 손가락을 마주 잡고 비벼 보라고 한다.
- 모방하지 못하면 교사가 유아의 손을 잡고 두 손의 손가락을 마주 잡고 비벼 준다.
- 유아 스스로 두 손의 손가락을 마주 잡고 비벼 보라고 한다.
- 수행되면 교사가 오른손으로 왼손의 엄지손가락을 잡아 문질러 주는 시범을 보인다.
- 유아에게 교사를 모방하여 오른손으로 왼손의 엄지손가락을 잡아 문질러 보라고 한다.
- 모방하지 못하면 교사가 유아의 손을 잡고 오른손으로 왼손의 엄지손가락을 잡아 문질러 준다.
- 유아 스스로 오른손으로 왼손의 엄지손가락을 잡아 문질러 보라고 한다.
- 도움을 점차 줄여 간다.
- 수행되면 유아 스스로 손을 씻어 보라고 한다.
- 수행되면 유아의 특성에 맞는 적절한 강화제를 제공한다.

☞ 손씻기송은 예를 들어 "쓱싹쓱싹 ♬ 씻었나요 ♬ 뽀드득 ♬ 뽀드득 씻었나요 ♬" 및 "밥 먹기 전에 ♬ 손 씻어요 ♬ 싹 싹 싹싹싹 ♬" 등 손 씻기와 관련된 노래들이 다양하다. 그러므로 이를 적절하게 활용하여 유아가 손을 씻을 때 같이 부르거나 교사가 불러 주면서 손 씻기를 지도하면 효과적이다.

☞ 시중에는 다음 그림처럼 유아의 손 씻기를 도와 줄 수 있는 다양한 캐릭터의 유아용 수도꼭지가 시판되고 있다. 유아의 손 가까이 물이 닿을 수 있도록 되어 있으며, 간단하게 부착할 수 있어 이를 활용하면 유아가 흥미를 가지고 재미있게 손 씻기를 습득하는 데 도움이 될 수 있다.

☞ 시판되고 있는 제품 중에는 다음 그림처럼 손을 깨끗이 씻을 수 있도록 도와주는 핸즈클리어 제품들이 다양하게 나와 있으므로 이를 활용해도 손 씻기 지도를 하는 데 효과적이다.

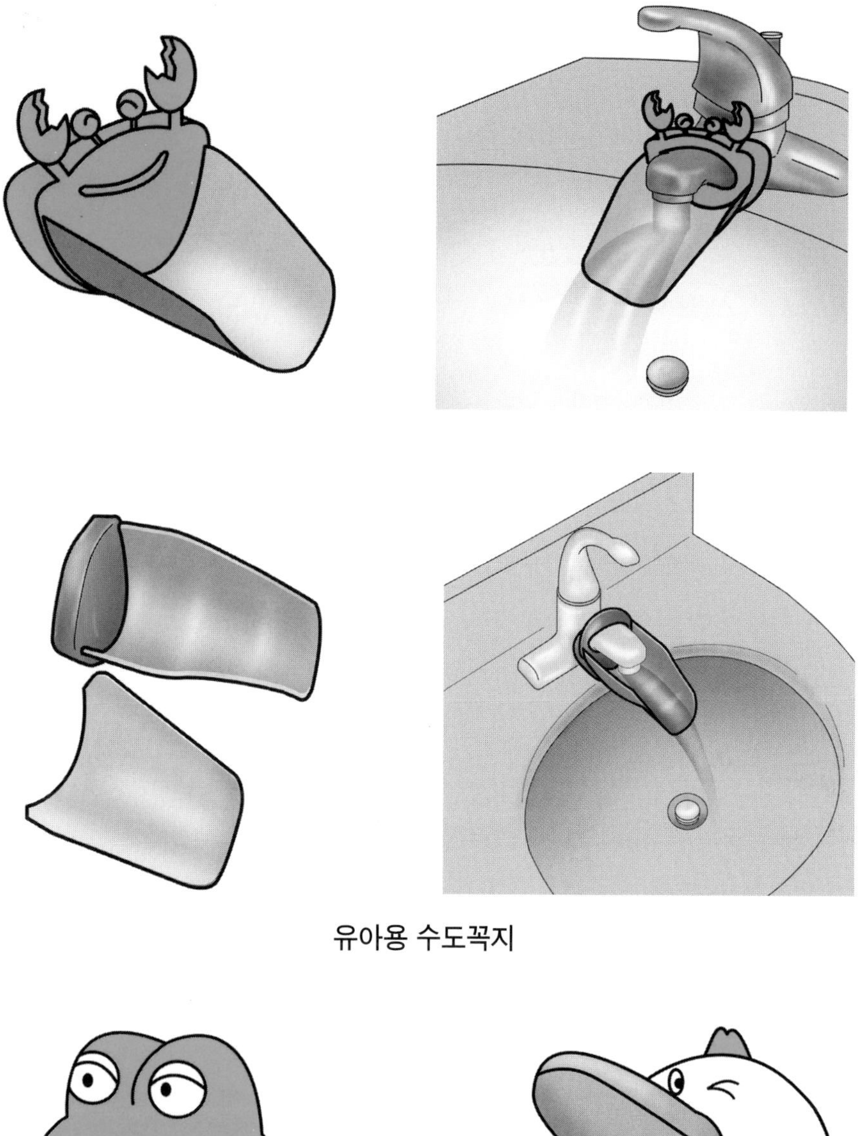

유아용 수도꼭지

핸즈 클리어

64 손 씻고 수건으로 닦기

4~5세

목표 | 손을 씻고 수건으로 닦을 수 있다.

자료 | 수건, 비누, 강화제

방법 ❶

- 손 씻기와 수건으로 닦기는 각각 앞 단계에서 수행하였으므로 확인한 후 시행한다.
- 교사가, 예를 들어 간식을 먹기 전에 "꼬~물 ♬ 꼬물꼬물 예쁜 손 ♬ 두~손 가득 뽀글 뽀글뽀글 ♬ 비누칠, 놀~고 ♬ 나서 씻어야죠 ♬ 쓱싹 쓱싹 ♬" 이라고 노래를 부르며 수도꼭지를 틀어 손을 씻고 수건으로 닦는 시범을 보인다.
- 유아에게 교사를 모방하여 수도꼭지를 틀어 손을 씻고 수건으로 닦아 보라고 한다.
- 수행되면 유아 스스로 손을 씻고 수건으로 닦아 보라고 한다.
- 수행되면 유아의 특성에 맞는 적절한 강화제를 제공한다.

방법 ❷

- 손 씻기와 수건으로 닦기는 각각 앞 단계에서 수행하였으므로 확인한 후 시행한다.
- 교사가, 예를 들어 간식을 먹기 전에 "꼬~물 ♬ 꼬물꼬물 예쁜 손 ♬ 두~손 가득 뽀글 뽀글뽀글 ♬ 비누칠, 놀~고 ♬ 나서 씻어야죠 ♬ 쓱싹 쓱싹 ♬" 이라고 노래를 부르며 수도꼭지를 틀어 손을 씻고 수건으로 닦는 시범을 보인다.
- 유아에게 교사를 모방하여 수도꼭지를 틀어 손을 씻고 수건으로 닦아 보라고 한다.
- 모방하지 못하면 유아 스스로 손을 씻게 한 후 교사가 수건을 주면서 닦아 보라고 한다.
- 교사가 수도꼭지를 틀어 손을 씻고 수건으로 닦는 몸짓을 보여 주며 유아에게 손을 씻고 수건으로 닦아 보라고 한다.
- 도움을 점차 줄여 간다.

• 수행되면 유아 스스로 손을 씻고 수건으로 닦아 보라고 한다.
• 수행되면 유아의 특성에 맞는 적절한 강화제를 제공한다.

☞ 다양한 손씻기송을 활용하여 교사가 노래를 불러 주면서 유아와 함께 인형의 손을 씻기고 닦아 주는 놀이를 한 후 손 씻고 수건으로 닦기를 지도해도 효과적이다.

65 고무줄 바지 입기

4~5세

목표 | 고무줄 바지를 입을 수 있다.

자료 | 고무줄 바지, 강화제

방법 ❶

• 바지를 잡아 주면 바지에 다리 넣기는 앞 단계에서 수행하였으므로 확인한 후 지도한다.
• 교사가 바지 위 고무줄 부분을 잡고 바지를 입는 시범을 보인다.
• 유아에게 교사를 모방하여 바지 위 고무줄 부분을 잡고 바지를 입어 보라고 한다.
• 수행되면 유아 스스로 바지 위 고무줄 부분을 잡고 바지를 입어 보라고 한다.
• 수행되면 유아의 특성에 맞는 적절한 강화제를 제공한다.

방법 ❷

• 교사가 바지를 잡고 왼쪽(유아가 볼 때 오른쪽) 바지에 다리를 넣는 시범을 보인다.
• 유아에게 교사를 모방하여 바지를 잡고 오른쪽 바지에 다리를 넣어 보라고 한다.
• 수행되면 유아 스스로 바지를 잡고 오른쪽 바지에 다리를 넣어 보라고 한다.
• 수행되면 교사가 바지를 잡고 오른쪽(유아가 볼 때 왼쪽) 바지에 다리를 넣는 시범을 보인다.

- 유아에게 교사를 모방하여 바지를 잡고 왼쪽 바지에 다리를 넣어 보라고 한다.
- 수행되면 유아 스스로 바지를 잡고 왼쪽 바지에 다리를 넣어 보라고 한다.
- 수행되면 교사가 바지 위 고무줄 부분을 잡고 바지를 올리는 시범을 보인다.
- 유아에게 교사를 모방하여 바지 위 고무줄 부분을 잡고 바지를 올려 보라고 한다.
- 모방하지 못하면 교사가 유아의 손을 잡고 바지 위 고무줄 부분을 잡아 올려 준다.
- 교사가 유아의 손을 잡아 바지 위 고무줄 부분을 잡게 한 후 유아에게 바지를 올려 보라고 한다.
- 수행되면 교사가 바지 위 고무줄 부분을 가리키며 유아에게 고무줄 부분을 잡게 한 후 유아에게 바지를 올려 보라고 한다.
- 도움을 점차 줄여 간다.
- 수행되면 유아 스스로 바지 위 고무줄 부분을 잡고 바지를 입어 보라고 한다.
- 수행되면 유아의 특성에 맞는 적절한 강화제를 제공한다.

방법 ❸

- 바지를 잡아 주면 바지에 다리 넣기는 앞 단계에서 수행하였으므로 확인한 후 지도한다.
- 교사가 바지 위 고무줄 부분을 잡고 바지를 입는 시범을 보인다.
- 유아에게 교사를 모방하여 바지 위 고무줄 부분을 잡고 바지를 입어 보라고 한다.
- 모방하지 못하면 교사가 유아의 양쪽 발을 각각 바지에 넣어 준 후 바지를 유아의 허벅지까지 올려 주고 나머지는 유아에게 올려 보라고 한다.
- 수행되면 교사가 바지를 유아의 무릎까지 올려 준 후 나머지는 유아에게 올려 보라고 한다.
- 수행되면 교사가 바지를 유아의 발목까지 올려 준 후 나머지는 유아에게 올려 보라고 한다.
- 수행되면 교사가 바지를 잡고 왼쪽(유아가 볼 때 오른쪽) 바지에 다리를 넣는 시범을 보인다.

- 유아에게 교사를 모방하여 바지를 잡고 오른쪽 바지에 다리를 넣어 보라고 한다.
- 수행되면 유아 스스로 바지를 잡고 오른쪽 바지에 다리를 넣어 보라고 한다.
- 수행되면 교사가 바지를 잡고 오른쪽(유아가 볼 때 왼쪽) 바지에 다리를 넣는 시범을 보인다.
- 유아에게 교사를 모방하여 바지를 잡고 왼쪽 바지에 다리를 넣어 보라고 한다.
- 수행되면 유아 스스로 바지를 잡고 왼쪽 바지에 다리를 넣어 보라고 한다.
- 도움을 점차 줄여 간다.
- 수행되면 유아 스스로 바지의 오른쪽과 왼쪽에 다리를 넣은 후 바지 위 고무줄 부분을 잡고 바지를 입어 보라고 한다.
- 수행되면 유아의 특성에 맞는 적절한 강화제를 제공한다.

☞ 방법 ❸은 후진법(뒤에서부터 수행해 나감)으로 방법 ❷의 점진법(앞에서부터 순서대로 수행해 나감)보다 유아가 성취감을 쉽게 느낄 수 있어 일반적으로 발달지체 및 장애 영유아에게는 후진법을 많이 적용한다. 그러나 영유아의 특성을 고려하여 적용하는 것이 바람직하므로 참고하기 바란다.

☞ 처음 지도 시 유아에게 조금 큰 고무줄 바지를 주어 입는 연습을 반복한 후 실제 유아 옷으로 지도해도 효과적이다.

☞ 교사와 유아가 인형에게 고무줄 바지 입히는 놀이를 한 후 실제 유아 옷으로 지도해도 효과적이다.

66 지퍼 내리고 바지 벗기

4~5세

목표 | 지퍼를 내리고 바지를 벗을 수 있다.

자료 | 바지, 열쇠고리, 강화제

방법 ❶

- 지퍼 내리기와 바지 내리기는 앞 단계에서 수행하였으므로 확인 후 지도한다.
- 교사가 후크를 끄른 후 지퍼를 내리고 바지를 벗는 시범을 보인다.
- 교사가 유아의 바지에 있는 후크를 끌러 준 후 유아에게 교사를 모방하여 지퍼를 내리고 바지를 벗어 보라고 한다.
- 수행되면 유아 스스로 지퍼를 내리고 바지를 벗어 보라고 한다.
- 수행되면 유아의 특성에 맞는 적절한 강화제를 제공한다.

방법 ❷

- 지퍼 내리기와 바지 내리기는 앞 단계에서 수행하였으므로 확인 후 지도한다.
- 교사가 후크를 끄른 후 지퍼를 내리고 바지를 벗는 시범을 보인다.
- 교사가 유아의 바지에 있는 후크를 끌러 준 후 지퍼 고리에 유아가 좋아하는 스트랩을 달아 준다.
- 유아에게 스트랩을 쥔 후 교사를 모방하여 지퍼를 내리고 바지를 벗어 보라고 한다.
- 모방하지 못하면 교사가 지퍼 내리는 시범을 보인 후 유아에게 지퍼를 내려 보라고 한다.
- 수행되면 교사가 바지에서 왼쪽(유아가 볼 때 오른쪽) 다리를 빼는 시범을 보인 후 유아에게 바지에서 오른쪽 다리를 빼 보라고 한다.
- 수행되면 교사가 바지에서 오른쪽(유아가 볼 때 왼쪽) 다리를 빼는 시범을 보인 후 유아에게 바지에서 왼쪽 다리를 빼 보라고 한다.

- 도움을 점차 줄여 간다.
- 수행되면 유아 스스로 지퍼를 내리고 바지를 벗어 보라고 한다.
- 수행되면 유아의 특성에 맞는 적절한 강화제를 제공한다.

67 도움 받아 세수하기 4~5세

목표 | 도움 받아 세수를 할 수 있다.

자료 | 비누, 수건, 강화제

방법 ❶

- 교사가 "세~수하고 ♬ 세~수하고 ♬ 이~를 닦고 ♬ 이~를 닦고 ♬"라고 노래를 부르며 얼굴에 거품을 묻혀 살살 문질러 준 후 얼굴을 물로 여러 번 헹구어 깨끗이 씻고 수건으로 얼굴을 닦는 시범을 보인다.
- 교사가 손에 비누를 묻혀 비벼서 거품을 내어 유아의 얼굴에 거품을 묻혀 살살 문질러 준 후 유아에게 교사를 모방하여 얼굴을 물로 여러 번 헹구어 깨끗이 씻고 수건으로 얼굴을 닦아 보라고 한다.
- 수행되면 교사가 유아의 얼굴에 거품을 묻혀 살살 문질러 준 후 유아 스스로 얼굴을 물로 여러 번 헹구어 깨끗이 씻고 수건으로 얼굴을 닦아 보라고 한다.
- 수행되면 유아의 특성에 맞는 적절한 강화제를 제공한다.

방법 ❷

- 교사가 "세~수하고 ♬ 세~수하고 ♬ 이~를 닦고 ♬ 이~를 닦고 ♬"라고 노래를 부르며 얼굴에 거품을 묻혀 살살 문질러 준 후 얼굴을 물로 여러 번 헹구어 깨끗이 씻고 수건으로 얼굴을 닦는 시범을 보인다.
- 교사가 손에 비누를 묻혀 비벼서 거품을 내어 유아의 얼굴에 거품을 묻혀 살살 문

질러 준 후 유아에게 교사를 모방하여 얼굴을 물로 여러 번 헹구어 깨끗이 씻고 수건으로 얼굴을 닦아 보라고 한다.

- 모방하지 못하면 교사가 얼굴에 거품을 묻혀 살살 문질러 준 후 얼굴을 물로 여러 번 헹구어 깨끗이 씻는 시범을 보인다.
- 교사가 유아의 얼굴에 거품을 묻혀 살살 문질러 준 후 유아에게 교사를 모방하여 얼굴을 물로 여러 번 헹구어 깨끗이 씻어 보라고 한다.
- 씻지 못하면 교사가 유아의 손을 잡고 얼굴을 물로 여러 번 헹구어 깨끗이 씻어 준다.
- 교사가 유아의 손에 물을 받아 준 후 얼굴을 물로 여러 번 헹구어 깨끗이 씻어 보라고 한다.
- 도움을 점차 줄여 간다.
- 수행되면 교사가 유아의 얼굴에 거품을 묻혀 살살 문질러 준 후 유아 스스로 얼굴을 물로 여러 번 헹구어 깨끗이 씻어 보라고 한다.
- 수행되면 교사가 얼굴을 닦는 시범을 보인 후 유아에게 얼굴을 닦아 보라고 한다.
- 수행되면 교사가 유아의 얼굴에 거품을 묻혀 살살 문질러 준 후 스스로 얼굴을 물로 여러 번 헹구어 깨끗이 씻고 수건으로 얼굴을 닦아 보라고 한다.
- 수행되면 유아의 특성에 맞는 적절한 강화제를 제공한다.

☞ 다음 그림처럼 세수할 때 유아에게 유용하게 사용할 수 있는 수건들이 시판되고 있다. 목 부분이 고무줄로 되어 있어 유아들도 머리를 쉽게 끼울 수 있거나 목 뒤에서 찍찍이로 쉽게 붙일 수 있도록 제작되어 세수 시 착용하면 옷이 젖지 않을 뿐만 아니라 바로 얼굴을 닦을 수 있어 이를 활용하면 효율적이다.

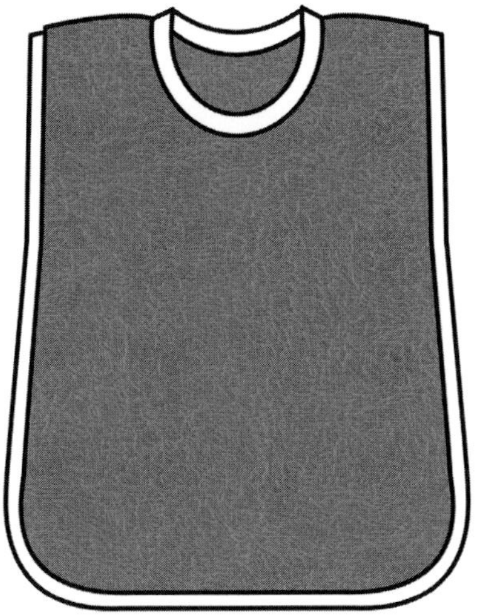

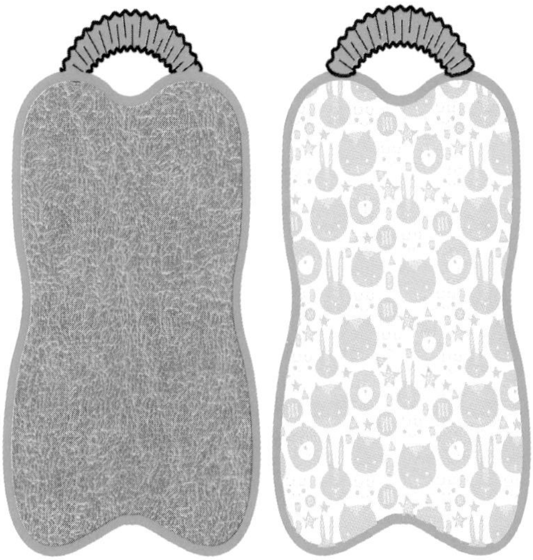

뒤(수건) 앞(방수)

68 좌우를 살피며 길 건너기

4~5세

목표 | 좌우를 살피며 길을 건너갈 수 있다.

자료 | 신호등 모형, 횡단보도 모형, 강화제

방법 ❶

- 교사가 먼저 신호등 모형을 보여 주며 빨간불이 켜지면 기다렸다가 초록불이 켜질 때 좌우를 살피며 길을 건너야 된다는 것을 설명한다.
- 교사가 "건너가는 길~을 ♬ 건널~땐 빨~간불 ♬ 안 돼요 노~란불 ♬ 안 돼요 초~록불이 ♬ 돼야죠 ♬"라고 노래를 부르며 신호등 모형의 초록불이 켜질 때 좌우를 살피며 길을 건너는 시범을 보인다.
- 유아에게 교사를 모방하여 신호등 모형의 초록불이 켜질 때 좌우를 살피며 길을 건너 보라고 한다.
- 수행되면 유아 스스로 신호등 모형의 초록불이 켜질 때 좌우를 살피며 길을 건너 보라고 한다.
- 수행되면 교사가 유아를 작은 도로로 데리고 나가 신호등의 초록불이 켜질 때 유아의 손을 잡고 길을 건넌다.
- 유아에게 신호등의 초록불이 켜질 때 좌우를 살피며 길을 건너 보라고 하고 유아가 건너면 교사가 옆에서 같이 걸어간다.
- 수행되면 유아의 특성에 맞는 적절한 강화제를 제공한다.

방법 ❷

- 교사가 먼저 신호등 모형을 보여 주며 빨간불이 켜지면 기다렸다가 초록불이 켜질 때 좌우를 살피며 길을 건너야 된다는 것을 설명한다.
- 교사가 "건너가는 길~을 ♬ 건널~땐 빨~간불 ♬ 안 돼요 노~란불 ♬ 안 돼요

초~록불이 ♬ 돼야죠 ♬" 라고 노래를 부르며 신호등 모형의 초록불이 켜질 때 좌우를 살피며 길을 건너는 시범을 보인다.

- 유아에게 교사를 모방하여 신호등 모형의 초록불이 켜질 때 좌우를 살피며 길을 건너 보라고 한다.
- 모방하지 못하면 교사가 유아의 손을 잡고 신호등 모형의 초록불이 켜질 때 좌우를 살피며 길을 건넌다.
- 교사가 유아에게 신호등 모형의 초록불이 켜질 때 좌우를 살피며 길을 건너라고 한 후 유아 옆에서 같이 건넌다.
- 도움을 점차 줄여 간다.
- 유아 스스로 신호등 모형의 초록불이 켜질 때 좌우를 살피며 길을 건너 보라고 한다.
- 수행되면 교사가 유아를 작은 도로로 데리고 나가 신호등을 살펴보게 한 후 길을 건너야 되는 신호등의 색깔을 가리켜 보라고 한다.
- 수행되면 교사가 유아의 손을 잡고 초록불이 켜질 때 좌우를 살피며 길을 건넌다.
- 교사가 유아에게 신호등의 초록불이 켜질 때 좌우를 살피며 길을 건너라고 한 후 유아 옆에서 같이 건넌다.
- 교사가 유아에게 신호등의 초록불이 켜질 때 좌우를 살피며 길을 건너라고 한 후 유아 뒤에서 같이 건넌다.
- 도움을 점차 줄여 간다.
- 수행되면 유아 스스로 신호등의 초록불이 켜질 때 좌우를 살피며 길을 건너 보라고 한 후 교사는 조금 떨어져 건넌다.
- 수행되면 유아의 특성에 맞는 적절한 강화제를 제공한다.

☞ 실제 도로 상황에서 지도할 때는 한적한 곳에서 시도하도록 하고 교사가 안전사고에 각별히 주의를 기울여야 한다.

☞ 좌우를 살피며 길 건너기를 지도하기 전 교사가 빨간색과 노란색, 초록색의 과일을 먹으면서 유아에게 신호등의 색깔에 대한 설명을 하면 유아가 재미있고 자연스럽게 신호등에 대해 습득할 수 있으므로 활용하도록 한다.

☞ 신호등 모형이 없을 경우 다음 그림처럼 신호등을 만들어 사용하면 된다.

① 교사가 하드보드지와 색종이, 4절지, 풀, 색연필, 칼을 준비한다.
② 4절지에 동그라미를 두 개 그려 동그라미 윗부분을 일정 부분 남겨 놓고 칼로 오린 후 일정 부분 남겨진 쪽을 접어 뚜껑을 만든다.
③ 4절지 뒷면 오려진 부분에 유아와 함께 빨간색과 초록색 색종이를 붙인다.
④ 하드보드지에 4절지를 붙인 후 각 색깔 동그라미 뚜껑 앞에 색깔의 이름을 써 주면 신호등이 완성된다.

교사가 완성된 신호등의 뚜껑을 열었다, 닫았다 하면서 신호등에 대한 설명을 하거나 교사가 설명을 할 때 유아에게 맞는 색깔의 신호등 뚜껑을 열어 보라고 하면 유아가 같이 만들었기 때문에 관심을 가지고 집중하게 되므로 재미있고 흥미롭게 지도할 수 있다.

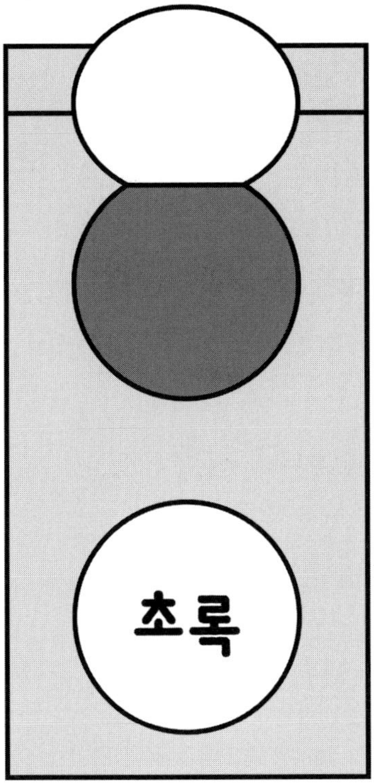
초록

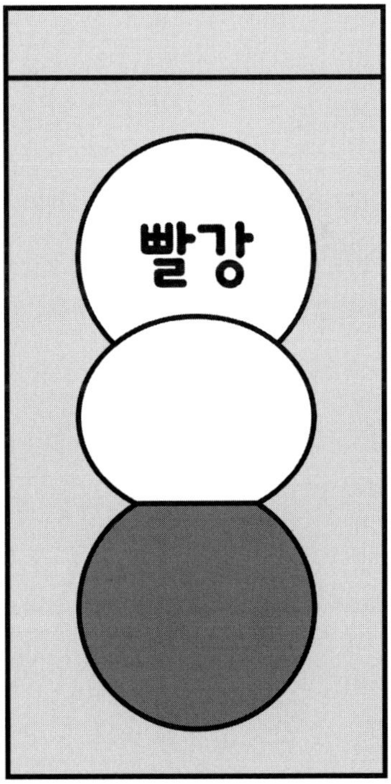
빨강

69 큰 단추 빼기

4~5세

목표 | 큰 단추를 뺄 수 있다.

자료 | 교사 및 유아의 외투, 강화제

방법 ❶

- 교사가 유아와 나란히 앉아 교사가 입고 있는 외투에서 큰 단추를 빼는 시범을 보인다.
- 유아에게 교사를 모방하여 외투의 큰 단추를 빼 보라고 한다.
- 수행되면 유아 스스로 외투의 큰 단추를 빼 보라고 한다.
- 수행되면 유아의 특성에 맞는 적절한 강화제를 제공한다.

방법 ❷

- 교사가 유아와 나란히 앉아 교사가 입고 있는 외투에서 큰 단추를 한 개 빼는 시범을 보인다.
- 유아에게 교사를 모방하여 외투의 큰 단추를 한 개 빼 보라고 한다.
- 모방하지 못하면 교사가 유아의 손을 잡고 큰 단추를 한 개 빼 준다.
- 교사가 큰 단추 한 개를 1/2 정도 빼어 구멍에 반쯤 걸려 있게 한다.
- 구멍에 반쯤 걸려 있는 단추를 유아가 뺄 수 있도록 교사가 유아의 엄지손가락과 집게손가락을 단추에 올려 준 후 단추를 빼 보라고 한다.
- 교사가 큰 단추 한 개를 1/2 정도 빼어 구멍에 반쯤 걸려 있게 한 후 유아에게 엄지손가락과 집게손가락으로 나머지 부분의 단추를 빼 보라고 한다.
- 수행되면 교사가 외투 단추를 빼는 방법을 보여 주며 유아에게 외투 단추를 빼 보라고 한다.
- 수행되면 교사가 큰 단추를 가리키며 유아에게 한 개를 빼 보라고 한다.

- 수행되면 유아 스스로 큰 단추를 한 개 빼 보라고 한다.
- 수행되면 교사가 입고 있는 외투에서 큰 단추를 두 개 빼는 시범을 보인다.
- 유아에게 교사를 모방하여 외투의 큰 단추를 두 개 빼 보라고 한다.
- 모방하지 못하면 큰 단추를 한 개 빼는 것과 같은 방법으로 지도한다.
- 수행되면 나머지 단추들도 큰 단추를 한 개 빼는 것과 같은 방법으로 지도한다.
- 도움을 점차 줄여 간다.
- 수행되면 유아 스스로 큰 단추를 모두 빼 보라고 한다.
- 수행되면 유아의 특성에 맞는 적절한 강화제를 제공한다.

방법 ❸

- 교사가 유아와 나란히 앉아 교사가 입고 있는 외투에서 큰 단추를 한 개 빼는 시범을 보인다.
- 유아에게 교사를 모방하여 외투의 큰 단추를 한 개 빼 보라고 한다.
- 모방하지 못하면 교사가 유아의 손을 잡고 큰 단추를 한 개 빼 준다.
- 교사가 큰 단추 한 개를 1/2 정도 빼어 구멍에 반쯤 걸려 있게 한다.
- 구멍에 반쯤 걸려 있는 단추를 유아가 뺄 수 있도록 교사가 유아의 엄지손가락과 집게손가락을 단추에 올려 준 후 나머지 부분의 단추를 빼 보라고 한다.
- 교사가 큰 단추 한 개를 1/2 정도 빼어 구멍에 반쯤 걸려 있게 한 후 유아에게 엄지손가락과 집게손가락으로 나머지 부분의 단추를 빼 보라고 한다.
- 수행되면 교사가 외투 단추를 빼는 방법을 보여 주며 유아에게 외투 단추를 빼 보라고 한다.
- 수행되면 교사가 단추를 가리키며 유아에게 빼 보라고 한다.
- 도움을 점차 줄여 간다.
- 수행되면 유아 스스로 큰 단추를 한 개 빼 보라고 한다.
- 수행되면, 예를 들어 단추가 다섯 개 달린 경우 교사가 단추를 세 개 빼 준 후 두 개는 유아에게 빼 보라고 한다.

- 수행되면 교사가 단추를 두 개 빼 준 후 세 개는 유아에게 빼 보라고 한다.
- 수행되면 교사가 단추를 한 개 빼 준 후 네 개는 유아에게 빼 보라고 한다.
- 수행되면 유아 스스로 큰 단추를 모두 빼 보라고 한다.
- 수행되면 유아의 특성에 맞는 적절한 강화제를 제공한다.

☞ 방법 ❸은 후진법(뒤에서부터 수행해 나감)으로 방법 ❷의 점진법(앞에서부터 순서대로 수행해 나감)보다 유아가 성취감을 쉽게 느낄 수 있어 일반적으로 발달지체 및 장애 영유아에게는 후진법을 많이 적용한다. 그러나 영유아의 특성을 고려하여 적용하는 것이 바람직하므로 참고하기 바란다.

☞ 단추 안쪽, 즉 외투 안쪽에 유아가 좋아하는 강화제를 숨겨 놓고 단추를 다 뺀 후 유아가 강화제로 먹을 수 있도록 하면 무척 흥미로워하므로 재미있게 지도할 수 있다.

☞ 교사가 유아와 마주 보고 앉아서 지도할 경우에는 단추를 잡는 손의 방향이 유아가 보는 방향을 고려하여 시범을 보여야 하기 때문에 단추 빼기는 유아의 옆에 앉아서 지도하는 것이 효율적이다.

70 옷에 묻은 것 닦기

4~5세

목표 | 옷에 묻은 것을 닦을 수 있다.

자료 | 물티슈 또는 휴지, 강화제

방법 ❶

- 교사가 옷에 묻은 것을 물티슈나 휴지로 닦는 시범을 보인다.
- 유아에게 교사를 모방하여 옷에 묻은 것을 물티슈나 휴지로 닦아 보라고 한다.

- 수행되면 유아 스스로 옷에 묻은 것을 물티슈나 휴지로 닦아 보라고 한다.
- 수행되면 유아의 특성에 맞는 적절한 강화제를 제공한다.

방법 ❷

- 교사가 옷에 묻은 것을 물티슈나 휴지로 닦는 시범을 보인다.
- 유아에게 교사를 모방하여 옷에 묻은 것을 물티슈나 휴지로 닦아 보라고 한다.
- 모방하지 못하면 교사가 유아의 손을 잡고 옷에 묻은 것을 물티슈나 휴지로 닦아 준다.
- 교사가 물티슈나 휴지로 옷에 묻은 것을 닦는 몸짓을 보여 주며 유아에게 닦아 보라고 한다.
- 교사가 물티슈나 휴지를 가리키며 유아에게 옷에 묻은 것을 닦아 보라고 한다.
- 도움을 점차 줄여 간다.
- 수행되면 유아 스스로 옷에 묻은 것을 물티슈나 휴지로 닦아 보라고 한다.
- 수행되면 유아의 특성에 맞는 적절한 강화제를 제공한다.

71 코 닦기

4~5세

목표 | 코를 닦을 수 있다.

자료 | 휴지, 강화제

방법 ❶

- 교사가 휴지로 코를 닦는 시범을 보인다.
- 유아에게 교사를 모방하여 휴지로 코를 닦아 보라고 한다.
- 수행되면 유아 스스로 휴지로 코를 닦아 보라고 한다.
- 수행되면 유아의 특성에 맞는 적절한 강화제를 제공한다.

방법 ❷

- 교사가 휴지를 쥐는 방법을 시범 보인다.
- 유아에게 교사를 모방하여 휴지를 쥐어 보라고 한다.
- 모방하지 못하면 교사가 유아의 손을 잡고 휴지를 쥐어 준다.
- 교사가 휴지를 가리키며 유아에게 휴지를 쥐어 보라고 한다.
- 수행되면 유아 스스로 휴지를 쥐어 보라고 한다.
- 수행되면 교사가 휴지로 코를 닦는 시범을 보인다.
- 유아에게 교사를 모방하여 휴지로 코를 닦아 보라고 한다.
- 모방하지 못하면 교사가 유아의 손을 잡고 휴지로 코를 닦아 준다.
- 교사가 유아의 손을 잡고 휴지를 코 가까이 대 준 후 코를 닦아 보라고 한다.
- 도움을 점차 줄여 간다.
- 수행되면 유아 스스로 휴지로 코를 닦아 보라고 한다.
- 수행되면 유아의 특성에 맞는 적절한 강화제를 제공한다.

☞ 실제 상황에서 지도하도록 하고 의도적으로 지도하는 경우에는 유아의 코 밑에 로션을 발라 준 후 휴지로 닦을 수 있도록 지도하면 된다.

☞ 유아와 마주 보고 지도할 때는 유아가 보는 방향이 반대(예: 교사가 왼쪽을 사용하면 유아가 볼 때 오른쪽)가 되므로 반드시 방향에 대하여 유념하도록 한다. 그리고 유아의 손에 대한 선호도(오른손잡이, 왼손잡이)를 고려하여 유아가 보는 방향을 맞추어야 한다.

72 벙어리장갑 끼기

4~5세

목표 | 벙어리장갑을 낄 수 있다.

자료 | 교사 및 유아용 벙어리장갑, 강화제

방법 ❶

- 교사가 벙어리장갑을 끼는 시범을 보인다.
- 유아에게 교사를 모방하여 벙어리장갑을 끼어 보라고 한다.
- 수행되면 유아 스스로 벙어리장갑을 끼어 보라고 한다.
- 수행되면 유아의 특성에 맞는 적절한 강화제를 제공한다.

방법 ❷

- 교사가 벙어리장갑을 끼는 시범을 보인다.
- 유아에게 교사를 모방하여 벙어리장갑을 끼어 보라고 한다.
- 모방하지 못하면 교사가 왼쪽(유아가 볼 때 오른쪽) 벙어리장갑에 손을 넣는 시범을 보인다.
- 유아에게 교사를 모방하여 오른쪽 벙어리장갑에 손을 넣어 보라고 한다.
- 모방하지 못하면 교사가 유아의 손을 잡고 오른쪽 벙어리장갑에 손을 넣어 준다.
- 교사가 오른쪽 벙어리장갑을 벌려 준 후 유아에게 손을 넣어 보라고 한다.
- 수행되면 교사가 왼쪽(유아가 볼 때 오른쪽) 벙어리장갑에 엄지손가락을 끼우는 시범을 보인다.
- 유아에게 교사를 모방하여 오른쪽 벙어리장갑에 엄지손가락을 끼어 보라고 한다.
- 모방하지 못하면 교사가 유아의 손을 잡고 오른쪽 벙어리장갑에 엄지손가락을 끼어 준다.
- 교사가 벙어리장갑의 엄지손가락 부분을 잡아 준 후 유아에게 엄지손가락을 끼어 보라고 한다.
- 수행되면 유아 스스로 오른쪽 벙어리장갑을 끼어 보라고 한다.
- 수행되면 교사가 오른쪽(유아가 볼 때 왼쪽) 벙어리장갑에 손을 넣는 시범을 보인다.
- 유아에게 교사를 모방하여 왼쪽 벙어리장갑에 손을 넣어 보라고 한다.
- 모방하지 못하면 오른쪽 장갑을 끼는 것과 같은 방법으로 지도한다.
- 도움을 점차 줄여 간다.

- 수행되면 유아 스스로 왼쪽 벙어리장갑을 끼어 보라고 한다.
- 수행되면 유아 스스로 벙어리장갑을 끼어 보라고 한다.
- 수행되면 유아의 특성에 맞는 적절한 강화제를 제공한다.

방법 ❸

- 교사가 벙어리장갑을 끼는 시범을 보인다.
- 유아에게 교사를 모방하여 벙어리장갑을 끼어 보라고 한다.
- 모방하지 못하면 교사가 왼쪽(유아가 볼 때 오른쪽) 벙어리장갑에 손을 넣은 후 엄지손가락을 끼우는 시범을 보인다.
- 교사가 오른쪽 벙어리장갑에 유아의 손을 넣어 준 후 엄지손가락을 끼어 보라고 한다.
- 끼우지 못하면 교사가 유아의 엄지손가락을 잡고 끼워 준다.
- 교사가 벙어리장갑의 엄지손가락 부분을 잡아 준 후 유아에게 엄지손가락을 끼어 보라고 한다.
- 수행되면 교사가 왼쪽(유아가 볼 때 오른쪽) 벙어리장갑에 손을 넣는 시범을 보인다.
- 유아에게 교사를 모방하여 오른쪽 벙어리장갑에 손을 넣어 보라고 한다.
- 모방하지 못하면 교사가 유아의 손을 잡고 오른쪽 벙어리장갑을 끼어 준다.
- 교사가 오른쪽 벙어리장갑을 벌려 준 후 유아에게 손을 넣어 보라고 한다.
- 도움을 점차 줄여 간다.
- 수행되면 유아 스스로 오른쪽 벙어리장갑을 끼어 보라고 한다.
- 수행되면 교사가 오른쪽(유아가 볼 때 왼쪽) 벙어리장갑에 손을 넣은 후 엄지손가락을 끼우는 시범을 보인다.
- 교사가 왼쪽 벙어리장갑에 유아의 손을 넣어 준 후 엄지손가락을 끼어 보라고 한다.
- 모방하지 못하면 오른쪽 장갑을 끼는 것과 같은 방법으로 지도한다.
- 수행되면 유아 스스로 왼쪽 벙어리장갑을 끼어 보라고 한다.
- 수행되면 유아 스스로 벙어리장갑을 끼어 보라고 한다.

• 수행되면 유아의 특성에 맞는 적절한 강화제를 제공한다.

☞ 벙어리장갑 끼기를 어려워하면 유아의 손보다 약간 큰 벙어리장갑으로 끼는 방법을 지도한 후 유아의 벙어리장갑으로 지도하면 보다 쉽게 수행할 수 있다.

☞ 유아와 마주 보고 지도할 때는 유아가 보는 방향이 반대(예: 교사가 왼쪽을 사용하면 유아가 볼 때 오른쪽)가 되므로 반드시 방향에 대하여 유념하도록 한다. 그리고 유아의 손에 대한 선호도(오른손잡이, 왼손잡이)를 고려하여 유아가 보는 방향을 맞추어야 한다.

73 혼자 스스로 놀이터나 슈퍼 가기

4~5세

목표 | 혼자 스스로 놀이터나 슈퍼에 갈 수 있다.

자료 | 강화제

방법 ❶

• 교사가, 예를 들어 놀이터에 가는 시범을 보인다.
• 유아에게 교사를 모방하여 놀이터에 가 보라고 한다.
• 수행되면 유아 스스로 놀이터에 가 보라고 한다.
• 수행되면 유아의 특성에 맞는 적절한 강화제를 제공한다.

방법 ❷

• 교사가, 예를 들어 놀이터에 가는 시범을 보인다.
• 유아에게 교사를 모방하여 놀이터에 가 보라고 한다.
• 모방하지 못하면 교사가 유아의 손을 잡고 놀이터에 간다.
• 유아에게 놀이터가 있는 지점의 1/3까지 스스로 가게 한 후 교사가 유아를 데리고

놀이터에 간다.

- 수행되면 유아에게 놀이터가 있는 지점의 1/2까지 스스로 가게 한 후 교사가 유아를 데리고 놀이터에 간다.
- 수행되면 유아에게 놀이터가 있는 지점의 2/3까지 스스로 가게 한 후 교사가 유아를 데리고 놀이터에 간다.
- 도움을 점차 줄여 간다.
- 수행되면 유아 스스로 놀이터에 가 보라고 한다.
- 수행되면 유아의 특성에 맞는 적절한 강화제를 제공한다.

방법 ❸

- 교사가, 예를 들어 놀이터에 가는 시범을 보인다.
- 유아에게 교사를 모방하여 놀이터에 가 보라고 한다.
- 가지 못하면 교사가 유아의 손을 잡고 놀이터에 간다.
- 교사가 놀이터가 있는 지점의 2/3까지 유아를 데려다 준 후 놀이터에 가 보라고 한다.
- 수행되면 교사가 놀이터가 있는 지점의 1/2까지 유아를 데려다 준 후 놀이터에 가 보라고 한다.
- 수행되면 교사가 놀이터가 있는 지점의 1/3까지 유아를 데려다 준 후 놀이터에 가 보라고 한다.
- 도움을 점차 줄여 간다.
- 수행되면 유아 스스로 놀이터에 가 보라고 한다.
- 수행되면 유아의 특성에 맞는 적절한 강화제를 제공한다.

☞ 방법 ❸은 후진법(뒤에서부터 수행해 나감)으로 방법 ❷의 점진법(앞에서부터 순서대로 수행해 나감)보다 유아가 성취감을 쉽게 느낄 수 있어 일반적으로 발달지체 및 장애 영유아에게는 후진법을 많이 적용한다. 그러나 영유아의 특성을 고려하여 적용하는 것이 바람직하므로 참고하기 바란다.

☞ 지도 후 유아 혼자 스스로 놀이터에 가더라도 몇 번은 교사가 뒤따라가면서 살피도록 한다.

74 쟁반 들고 음식 나르기

4~5세

목표 | 쟁반을 들고 음식을 나를 수 있다.

자료 | 플라스틱 쟁반, 음식물, 강화제

방법 ❶

- 교사가 쟁반을 들고 음식을 식탁에 나르는 시범을 보인다.
- 유아에게 교사를 모방하여 쟁반을 들고 음식을 식탁에 날라 보라고 한다.
- 수행되면 유아 스스로 쟁반을 들고 음식을 식탁에 날라 보라고 한다.
- 수행되면 유아의 특성에 맞는 적절한 강화제를 제공한다.

방법 ❷

- 교사가 쟁반을 드는 시범을 보인다.
- 유아에게 교사를 모방하여 쟁반을 들어 보라고 한다.
- 모방하지 못하면 교사가 유아의 손을 잡고 쟁반을 들어 준다.
- 교사가 유아의 손을 쟁반에 닿게 해 준 후 유아에게 쟁반을 들어 보라고 한다.
- 수행되면 유아 스스로 쟁반을 들어 보라고 한다.
- 수행되면 교사가 쟁반을 들고 음식을 식탁에 나르는 시범을 보인다.
- 유아에게 교사를 모방하여 쟁반을 들고 음식을 식탁에 날라 보라고 한다.
- 모방하지 못하면 교사가 유아의 손을 잡아 쟁반을 들고 음식을 식탁에 날라 준다.
- 도움을 점차 줄여 간다.
- 수행되면 유아 스스로 쟁반을 들고 음식을 식탁에 날라 보라고 한다.
- 수행되면 유아의 특성에 맞는 적절한 강화제를 제공한다.

75 팩 음료수 구멍에 빨대 꽂기

4~5세

목표 | 팩 음료수 구멍에 빨대를 꽂을 수 있다.

자료 | 팩 음료수, 빨대, 강화제

방법 ❶

- 교사가 팩 음료수 구멍에 빨대를 꽂는 시범을 보인다.
- 유아에게 교사를 모방하여 팩 음료수 구멍에 빨대를 꽂아 보라고 한다.
- 수행되면 유아 스스로 팩 음료수 구멍에 빨대를 꽂아 보라고 한다.
- 수행되면 유아의 특성에 맞는 적절한 강화제를 제공한다.

방법 ❷

- 교사가 빨대를 쥐는 시범을 보인다.
- 유아에게 교사를 모방하여 빨대를 쥐어 보라고 한다.
- 모방하지 못하면 교사가 유아의 손을 잡고 빨대를 쥐어 준다.
- 교사가 빨대를 가리키며 유아에게 빨대를 쥐어 보라고 한다.
- 수행되면 유아 스스로 빨대를 쥐어 보라고 한다.
- 수행되면 교사가 팩 음료수 구멍에 빨대를 꽂는 시범을 보인다.
- 유아에게 교사를 모방하여 팩 음료수 구멍에 빨대를 꽂아 보라고 한다.
- 모방하지 못하면 교사가 유아의 손을 잡고 팩 음료수 구멍에 빨대를 꽂아 준다.
- 교사가 유아의 손을 잡고 빨대를 팩 음료수 구멍 가까이 대 준 후 빨대를 꽂아 보라고 한다.
- 도움을 점차 줄여 간다.
- 수행되면 유아 스스로 팩 음료수 구멍에 빨대를 꽂아 보라고 한다.
- 수행되면 유아의 특성에 맞는 적절한 강화제를 제공한다.

76 작은 지퍼 내리기

4~5세

목표 | 고리에서 벨트를 뺄 수 있다.

자료 | 작은 지퍼가 달린 겉옷, 유아가 좋아하는 스트랩(예: 휴대폰 고리나 열쇠고리), 강화제

방법 ❶

- 교사가 작은 지퍼가 달린 겉옷의 지퍼를 내리는 시범을 보인다.
- 유아에게 교사를 모방하여 작은 지퍼가 달린 겉옷의 지퍼를 내려 보라고 한다.
- 수행되면 유아 스스로 작은 지퍼가 달린 겉옷의 지퍼를 내려 보라고 한다.
- 수행되면 유아의 특성에 맞는 적절한 강화제를 제공한다.

방법 ❷

- 교사가 작은 지퍼 고리에 유아가 좋아하는 스트랩을 달아 준 후 스트랩을 잡아 지퍼를 내리는 시범을 보인다.
- 유아에게 교사를 모방하여 스트랩을 잡아 작은 지퍼를 내려 보라고 한다.
- 모방하지 못하면 교사가 유아의 손을 잡고 스트랩을 잡아 작은 지퍼를 내려 준다.
- 교사가 유아의 손을 스트랩에 올려 준 후 유아에게 스트랩을 잡아 작은 지퍼를 내려 보라고 한다.
- 도움을 점차 줄여 간다.
- 수행되면 유아 스스로 스트랩을 잡아 작은 지퍼를 내려 보라고 한다.
- 수행되면 교사가 스트랩을 떼고 작은 지퍼의 1/3을 내리는 시범을 보인다.
- 유아에게 교사를 모방하여 작은 지퍼의 1/3을 내려 보라고 한다.
- 모방하지 못하면 교사가 유아의 손을 잡고 작은 지퍼의 1/3을 내려 준다.
- 교사가 작은 지퍼 고리에 유아의 손을 대 준 후 지퍼의 1/3을 내려 보라고 한다.
- 수행되면 유아 스스로 작은 지퍼의 1/3을 내려 보라고 한다.

- 수행되면 교사가 작은 지퍼의 1/2을 내리는 시범을 보인다.
- 유아에게 교사를 모방하여 작은 지퍼의 1/2을 내려 보라고 한다.
- 모방하지 못하면 작은 지퍼의 1/3을 내린 것과 같은 방법으로 지도한다.
- 수행되면 교사가 작은 지퍼의 2/3를 내리는 시범을 보인다.
- 유아에게 교사를 모방하여 작은 지퍼의 2/3를 내려 보라고 한다.
- 모방하지 못하면 작은 지퍼의 1/2을 내린 것과 같은 방법으로 지도한다.
- 도움을 점차 줄여 간다.
- 수행되면 유아 스스로 작은 지퍼 고리를 당겨 지퍼를 내려 보라고 한다.
- 수행되면 유아의 특성에 맞는 적절한 강화제를 제공한다.

방법 ❸

- 교사가 작은 지퍼가 달린 겉옷의 지퍼를 내리는 시범을 보인다.
- 유아에게 교사를 모방하여 작은 지퍼가 달린 겉옷의 지퍼를 내려 보라고 한다.
- 모방하지 못하면 교사가 유아의 손을 잡고 작은 지퍼 고리를 당겨 지퍼를 내려 준다.
- 교사가 작은 지퍼 고리에 유아가 좋아하는 스트랩을 달아 준 후 스트랩을 잡아 지퍼를 내리는 시범을 보인다.
- 유아에게 교사를 모방하여 스트랩을 잡아 작은 지퍼를 내려 보라고 한다.
- 모방하지 못하면 교사가 유아의 손을 잡고 스트랩을 잡아 작은 지퍼를 내려 준다.
- 교사가 유아의 손을 스트랩에 올려 준 후 유아에게 스트랩을 잡아 작은 지퍼를 내려 보라고 한다.
- 수행되면 유아 스스로 스트랩을 잡아 작은 지퍼를 내려 보라고 한다.
- 수행되면 교사가 스트랩을 떼고 지퍼의 2/3를 내려 준 후 유아에게 작은 지퍼 고리를 당겨 나머지를 내려 보라고 한다.
- 수행되면 교사가 지퍼의 1/2을 내려 준 후 유아에게 작은 지퍼 고리를 당겨 나머지를 내려 보라고 한다.

• 수행되면 교사가 지퍼의 1/3을 내려 준 후 유아에게 작은 지퍼 고리를 당겨 나머지를 내려 보라고 한다.
• 도움을 점차 줄여 간다.
• 수행되면 유아 스스로 작은 지퍼 고리를 당겨 지퍼를 내려 보라고 한다.
• 수행되면 유아의 특성에 맞는 적절한 강화제를 제공한다.

☞ 방법 ❸은 후진법(뒤에서부터 수행해 나감)으로 방법 ❷의 점진법(앞에서부터 순서대로 수행해 나감)보다 영아가 성취감을 쉽게 느낄 수 있어 일반적으로 발달지체 및 장애 영유아에게는 후진법을 많이 적용한다. 그러나 영유아의 특성을 고려하여 적용하는 것이 바람직하므로 참고하기 바란다.

☞ 지퍼 안쪽, 즉 겉옷 안쪽에 강화제(예: 과자 등)를 숨겨 놓은 후 지퍼를 내려 유아가 강화제를 먹을 수 있도록 지도하면 유아가 무척 흥미로워하고 쉽게 수행이 가능하다.

☞ 우리가 일반적으로 열쇠고리 및 휴대폰 고리로 사용하고 있는 스트랩은 다음 그림처럼 가죽 · 천 등으로 된 끈으로 유아들이 좋아하는 캐릭터 및 다양한 모양들이 시중에 많이 판매되고 있으며 쉽게 구입이 가능하다. 그러므로 이를 활용하면 효율적으로 지퍼 내리기 및 올리기를 지도할 수 있다.

5~6세

77 팔과 다리 씻기

5~6세

목표 | 팔과 다리를 씻을 수 있다.

자료 | 베이비 타월(유아용 목욕 스펀지), 유아용 비누(바디클렌저), 강화제

방법 ❶

- 교사가 '꼬마야 꼬마야' 노래를 응용하여 "○○야~ ♬ ○○야~ ♬ 보글보글 ♬ 거~품 ♬ ○○야~ ♬ ○○야~ ♬ 미끌미끌 ♬ 팔과 다~리를 ♬"이라고 노래를 부르며 베이비 타월에 비누를 묻혀 거품을 낸 후 베이비 타월로 팔과 다리를 씻는 시범을 보인다.
- 유아에게 교사를 모방하여 베이비 타월에 비누를 묻혀 거품을 낸 후 베이비 타월로 팔과 다리를 씻어 보라고 한다.
- 수행되면 유아 스스로 베이비 타월에 비누를 묻혀 거품을 낸 후 베이비 타월로 팔과 다리를 씻어 보라고 한다.
- 수행되면 유아의 특성에 맞는 적절한 강화제를 제공한다.

방법 ❷

- 교사가 '꼬마야 꼬마야' 노래를 응용하여 "○○야~ ♬ ○○야~ ♬ 보글보글 ♬ 거~품 ♬ ○○야~ ♬ ○○야~ ♬ 미끌미끌 ♬ 팔~을 ♬"이라고 노래를 부르며

베이비 타월에 비누를 묻혀 거품을 낸 후 베이비 타월로 팔을 씻는 시범을 보인다.

- 유아에게 교사를 모방하여 베이비 타월에 비누를 묻혀 거품을 낸 후 베이비 타월로 팔을 씻어 보라고 한다.
- 수행되면 유아 스스로 베이비 타월로 팔을 씻어 보라고 한다.
- 수행되면 교사가 "○○야~ ♬ ○○야~ ♬ 보글보글 ♬ 거~품 ♬ ○○야~ ♬ ○○야~ ♬ 미끌미끌 ♬ 다~리를 ♬"이라고 노래를 부르며 베이비 타월에 비누를 묻혀 거품을 낸 후 베이비 타월로 다리를 씻는 시범을 보인다.
- 유아에게 교사를 모방하여 베이비 타월에 비누를 묻혀 거품을 낸 후 베이비 타월로 다리를 씻어 보라고 한다.
- 수행되면 유아 스스로 베이비 타월로 다리를 씻어 보라고 한다.
- 수행되면 유아 스스로 베이비 타월에 비누를 묻혀 거품을 낸 후 베이비 타월로 팔과 다리를 씻어 보라고 한다.
- 수행되면 유아의 특성에 맞는 적절한 강화제를 제공한다.

방법 ❸

- 교사가 '꼬마야 꼬마야' 노래를 응용하여 "○○야~ ♬ ○○야~ ♬ 보글보글 ♬ 거~품 ♬ ○○야~ ♬ ○○야~ ♬ 미끌미끌 ♬ 팔을 ♬"이라고 노래를 부르며 베이비 타월에 비누를 묻혀 거품을 낸 후 베이비 타월로 팔을 씻는 시범을 보인다.
- 유아에게 교사를 모방하여 베이비 타월에 비누를 묻혀 거품을 낸 후 베이비 타월로 팔을 씻어 보라고 한다.
- 모방하지 못하면 교사가 베이비 타월에 비누를 묻혀 조물조물 주물러 거품을 내는 시범을 보인다.
- 유아에게 교사를 모방하여 베이비 타월에 비누를 묻혀 조물조물 주물러 거품을 내어 보라고 한다.
- 모방하지 못하면 교사가 유아의 손을 잡고 베이비 타월에 비누를 묻혀 조물조물 주물러 거품을 내 준다.

- 교사가 유아의 손을 잡고 베이비 타월에 비누를 묻혀 준 후 유아 스스로 조물조물 주물러 거품을 내어 보라고 한다.
- 수행되면 유아에게 베이비 타월에 비누를 묻혀 보라고 한다.
- 비누를 묻히지 못하면 교사가 유아의 손을 잡고 베이비 타월에 비누를 묻혀 준다.
- 교사가 비누를 유아에게 준 후 베이비 타월에 비누를 묻혀 보라고 한다.
- 도움을 점차 줄여 간다.
- 수행되면 유아 스스로 베이비 타월에 비누를 묻혀 보라고 한다.
- 수행되면 유아 스스로 베이비 타월에 비누를 묻혀 조물조물 주물러 거품을 내어 보라고 한다.
- 수행되면 교사가 '꼬마야 꼬마야' 노래를 응용하여 "○○야~ ♬ ○○야~ ♬ 보글 보글 ♬ 거~품 ♬ ○○야~ ♬ ○○야~ ♬ 미끌미끌 ♬ 팔을 ♬" 이라고 노래를 부르며 베이비 타월에 비누를 묻혀 거품을 낸 후 베이비 타월로 팔을 씻는 시범을 보인다.
- 유아 스스로 베이비 타월에 비누를 묻혀 거품을 낸 후 교사를 모방하여 베이비 타월로 팔을 씻어 보라고 한다.
- 모방하지 못하면 교사가 유아의 손을 잡고 베이비 타월로 팔을 씻어 준다.
- 교사가 베이비 타월로 팔을 씻는 몸짓을 보여 주며 유아에게 베이비 타월로 팔을 씻어 보라고 한다.
- 수행되면 유아 스스로 베이비 타월로 팔을 씻어 보라고 한다.
- 수행되면 교사가 '꼬마야 꼬마야' 노래를 응용하여 "○○야~ ♬ ○○야~ ♬ 보글 보글 ♬ 거~품 ♬ ○○야~ ♬ ○○야~ ♬ 미끌미끌 ♬ 다리~를 ♬" 이라고 노래를 부르며 베이비 타월에 비누를 묻혀 거품을 낸 후 베이비 타월로 다리를 씻는 시범을 보인다.
- 유아 스스로 베이비 타월에 비누를 묻혀 거품을 낸 후 교사를 모방하여 베이비 타월로 다리를 씻어 보라고 한다.
- 모방하지 못하면 팔을 씻는 것과 같은 방법으로 지도한다.

• 수행되면 유아 스스로 베이비 타월로 다리를 씻어 보라고 한다.
• 도움을 점차 줄여 간다.
• 수행되면 유아 스스로 베이비 타월에 비누를 묻혀 거품을 낸 후 베이비 타월로 팔과 다리를 씻어 보라고 한다.
• 수행되면 유아의 특성에 맞는 적절한 강화제를 제공한다.

☞ 가정에서는 부모가 목욕 시 팔과 다리를 씻는 시범을 보인 후 위와 같은 방법으로 지도하면 된다.

☞ 베이비 타월(유아용 목욕 스펀지)은 다음 그림과 같이 실리콘, 곤약, 대나무로 된 재질 등 다양한 제품들이 시판되고 있으며, 장갑처럼 손을 끼워서 편하게 사용할 수 있는 제품들도 있다. 그리고 즐겁고 재미있게 목욕을 할 수 있도록 도와줄 수 있는 유아용 목욕 용품들이 다양하므로 이를 활용하면 유아가 재미있게 목욕을 하면서 팔과 다리를 씻는 것을 자연스럽게 습득할 수 있다.

유아용 목욕 스펀지

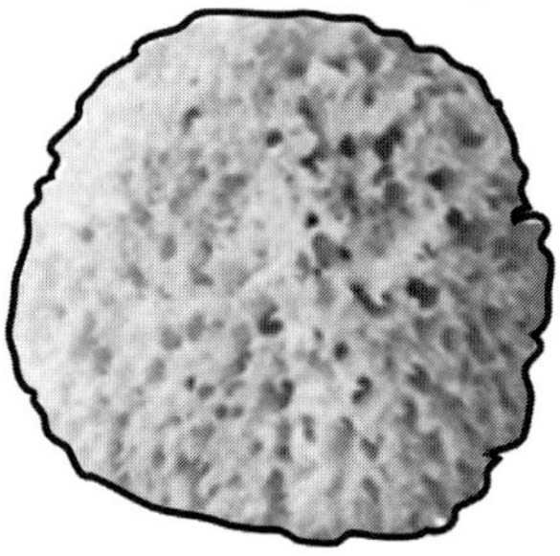

해면 스펀지

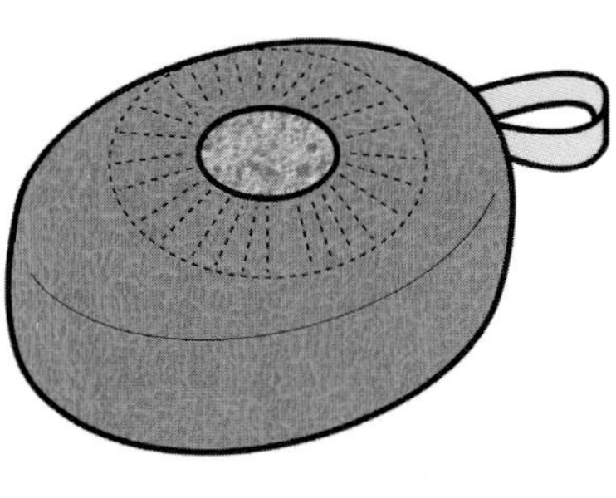

스펀지 목욕 타월

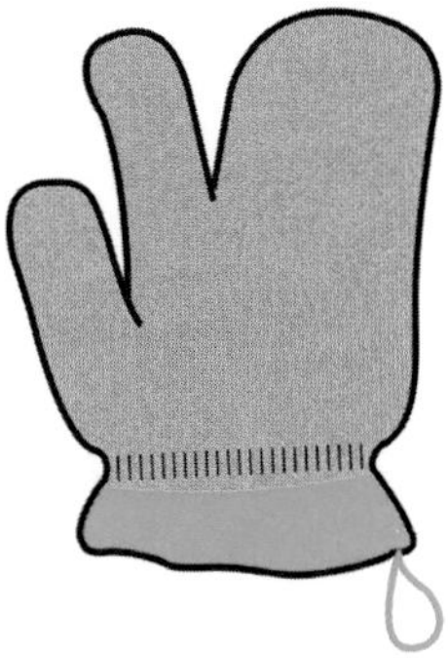

장갑 목욕 타월

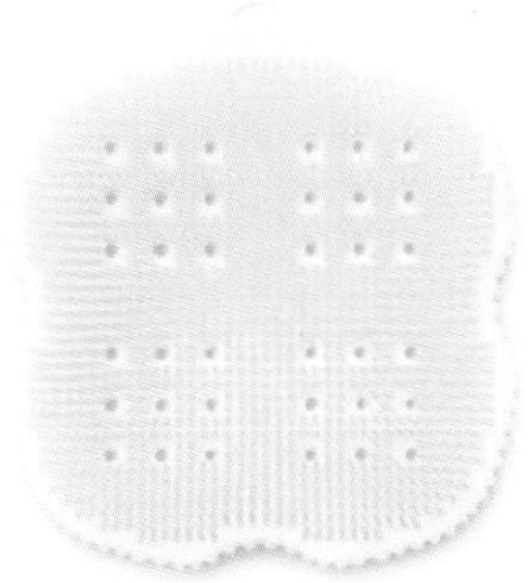

실리콘 베이비 타월
(장갑처럼 손을 넣을 수 있음)

목욕 타월 인형

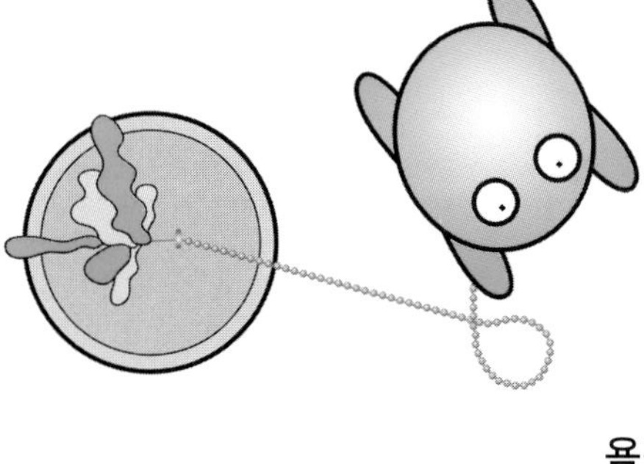

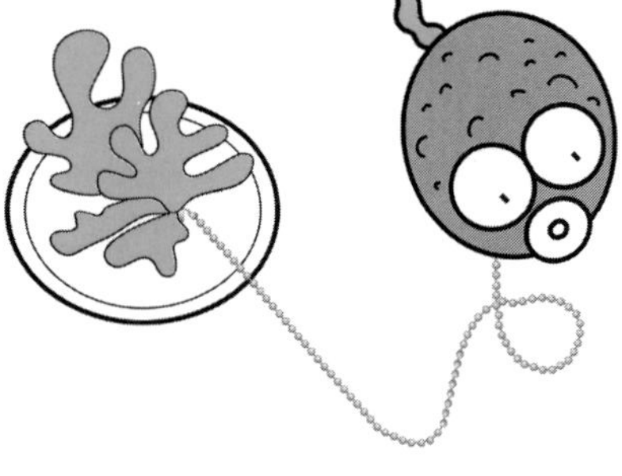

욕조 마개

5~6 세

수건 홀더 및 샤워 거치대

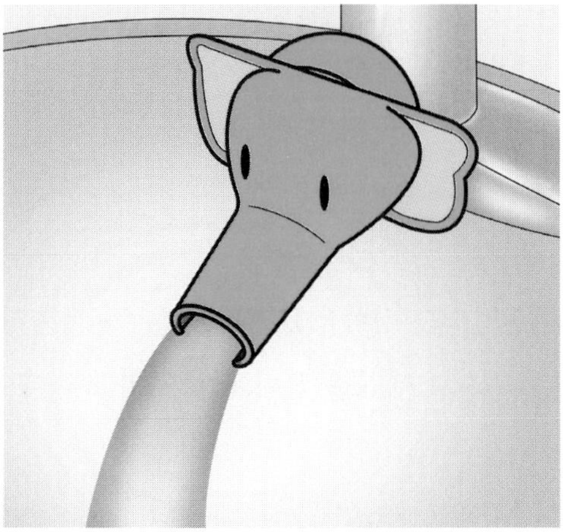

유아 수도꼭지

미끄럼 방지 욕실 매트

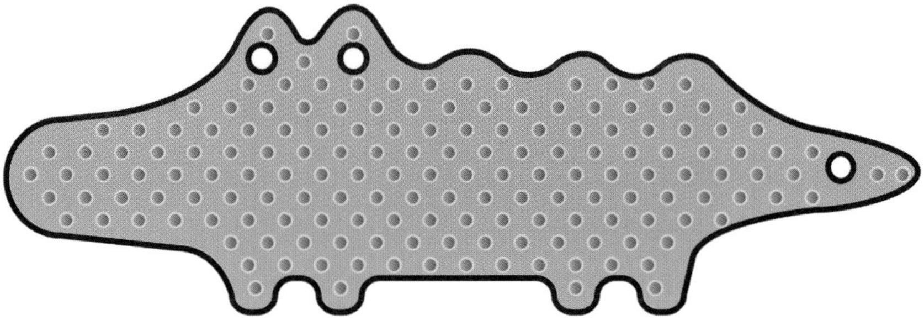

미끄럼 방지 욕실 매트

5~6
세

78 화장실 문을 닫아 잠그기

5~6세

목표 | 화장실 문을 닫아 잠글 수 있다.

자료 | 강화제

방법 ❶

- 교사가 화장실 안에 들어가서 문을 닫아 잠그는 시범을 보인다.
- 유아에게 교사를 모방하여 화장실 안에 들어가서 문을 닫아 잠가 보라고 한다.
- 수행되면 유아 스스로 화장실 안에 들어가서 문을 닫아 잠가 보라고 한다.
- 수행되면 유아의 특성에 맞는 적절한 강화제를 제공한다.

방법 ❷

- 교사가 화장실 안에 들어가서 문을 닫는 시범을 보인다.
- 유아에게 교사를 모방하여 화장실 안에 들어가서 문을 닫아 보라고 한다.
- 수행되면 유아 스스로 화장실 안에 들어가서 문을 닫아 보라고 한다.
- 수행되면 교사가 손잡이의 잠금장치를 눌러 문을 잠그는 시범을 보인다.
- 유아에게 교사를 모방하여 손잡이의 잠금장치를 눌러 문을 잠가 보라고 한다.
- 수행되면 유아 스스로 손잡이의 잠금장치를 눌러 문을 잠가 보라고 한다.
- 도움을 점차 줄여 간다.
- 수행되면 유아 스스로 화장실 안에 들어가서 문을 닫은 후 손잡이의 잠금장치를 눌러 문을 잠가 보라고 한다.
- 수행되면 유아의 특성에 맞는 적절한 강화제를 제공한다.

방법 ❸

- 교사가 화장실 안에 들어가서 문을 닫는 시범을 보인다.

- 유아에게 교사를 모방하여 화장실 안에 들어가서 문을 닫아 보라고 한다.
- 모방하지 못하면 교사가 화장실 안에 들어가서 유아의 손을 잡고 문을 닫아 준다.
- 교사가 화장실 문에 유아의 손을 닿게 해 준 후 문을 닫아 보라고 한다.
- 수행되면 교사가 화장실 문을 가리키며 유아에게 문을 닫아 보라고 한다.
- 도움을 점차 줄여 간다.
- 수행되면 유아 스스로 화장실 안에 들어가서 문을 닫아 보라고 한다.
- 수행되면 교사가 화장실 손잡이의 잠금장치를 눌러 문을 잠그는 시범을 보인다.
- 유아에게 교사를 모방하여 화장실 손잡이의 잠금장치를 눌러 문을 잠가 보라고 한다.
- 모방하지 못하면 교사가 유아의 손을 잡고 화장실 손잡이의 잠금장치를 눌러 문을 잠가 준다.
- 교사가 화장실 손잡이의 잠금장치에 유아의 손을 대 준 후 문을 잠가 보라고 한다.
- 수행되면 교사가 화장실 손잡이의 잠금장치를 가리키며 유아에게 문을 잠가 보라고 한다.
- 도움을 점차 줄여 간다.
- 수행되면 유아 스스로 화장실 안에 들어가서 문을 닫은 후 손잡이의 잠금장치를 눌러 문을 잠가 보라고 한다.
- 수행되면 유아의 특성에 맞는 적절한 강화제를 제공한다.

79 차에서 안전벨트 매기 5~6세

목표 | 차에서 안전벨트를 맬 수 있다.

자료 | 안전벨트, 강화제

방법 ❶

- 교사가 차에서 안전벨트를 매는 시범을 보인다.
- 유아에게 교사를 모방하여 안전벨트를 매어 보라고 한다.
- 수행되면 유아 스스로 안전벨트를 매어 보라고 한다.
- 수행되면 유아의 특성에 맞는 적절한 강화제를 제공한다.

방법 ❷

- 교사가 차에서 안전벨트를 매는 시범을 보인다.
- 유아에게 교사를 모방하여 안전벨트를 매어 보라고 한다.
- 모방하지 못하면 교사가 안전벨트를 끌어당기는 시범을 보인다.
- 유아에게 교사를 모방하여 안전벨트를 끌어당겨 보라고 한다.
- 모방하지 못하면 교사가 유아의 손을 잡고 안전벨트를 끌어당겨 준다.
- 교사가 안전벨트에 유아의 손을 닿게 해 준 후 안전벨트를 끌어당겨 보라고 한다.
- 수행되면 교사가 안전벨트를 가리키며 유아에게 안전벨트를 끌어당겨 보라고 한다.
- 도움을 점차 줄여 간다.
- 수행되면 유아 스스로 안전벨트를 끌어당겨 보라고 한다.
- 수행되면 교사가 안전벨트를 클립에 끼우는 시범을 보인다.
- 유아에게 교사를 모방하여 안전벨트를 클립에 끼워 보라고 한다.
- 모방하지 못하면 교사가 유아의 손을 잡고 안전벨트를 클립에 끼워 준다.
- 교사가 안전벨트의 클립에 유아의 손을 대 준 후 안전벨트를 클립에 끼워 보라고 한다.
- 수행되면 교사가 안전벨트의 클립을 가리키며 유아에게 안전벨트를 클립에 끼워 보라고 한다.
- 도움을 점차 줄여 간다.
- 수행되면 유아 스스로 안전벨트를 매어 보라고 한다.
- 수행되면 유아의 특성에 맞는 적절한 강화제를 제공한다.

☞ 교사와 유아가 장난감 자동차에 인형을 앉히고 안전벨트를 매 주는 놀이를 한 후 실제 상황에서 지도해도 효과적이다.

80 세수하기

5~6세

목표 | 스스로 세수를 할 수 있다.

자료 | 비누, 수건, 강화제

방법 ❶

- 교사가 "세~수하고 ♬ 세~수하고 ♬ 이~를 닦고 ♬ 이~를 닦고 ♬"라고 노래를 부르며 손에 비누를 묻혀 손바닥을 마주 대고 비벼 거품을 낸 다음 얼굴에 거품을 묻혀 살살 문질러 준 후 얼굴을 물로 여러 번 헹구어 깨끗이 씻고 수건으로 얼굴을 닦는 시범을 보인다.
- 유아에게 교사를 모방하여 손에 비누를 묻혀 손바닥을 마주 대고 비벼 거품을 낸 다음 얼굴에 거품을 묻혀 살살 문질러 준 후 얼굴을 물로 여러 번 헹구어 깨끗이 씻고 수건으로 얼굴을 닦아 보라고 한다.
- 수행되면 유아 스스로 손에 비누를 묻혀 손바닥을 마주 대고 비벼 거품을 낸 다음 얼굴에 거품을 묻혀 살살 문질러 준 후 얼굴을 물로 여러 번 헹구어 깨끗이 씻고 수건으로 얼굴을 닦아 보라고 한다.
- 수행되면 유아의 특성에 맞는 적절한 강화제를 제공한다.

방법 ❷

- 교사가 "세~수하고 ♬ 세~수하고 ♬ 이~를 닦고 ♬ 이~를 닦고 ♬"라고 노래를 부르며 손에 비누를 묻혀 손바닥을 마주 대고 비벼 거품을 낸 다음 얼굴에 거품을 묻혀 살살 문질러 준 후 얼굴을 물로 여러 번 헹구어 깨끗이 씻고 수건으로 얼

굴을 닦는 시범을 보인다.

- 유아에게 교사를 모방하여 손에 비누를 묻혀 손바닥을 마주 대고 비벼 거품을 낸 다음 얼굴에 거품을 묻혀 살살 문질러 준 후 얼굴을 물로 여러 번 헹구어 깨끗이 씻고 수건으로 얼굴을 닦아 보라고 한다.
- 모방하지 못하면 교사가 손에 비누를 묻혀 손바닥을 마주 대고 비벼 거품을 내는 시범을 보인다.
- 유아에게 교사를 모방하여 손에 비누를 묻혀 손바닥을 마주 대고 비벼 거품을 내어 보라고 한다.
- 모방하지 못하면 교사가 유아의 손을 잡고 손에 비누를 묻혀 손바닥을 마주 대고 비벼 거품을 내어 준다.
- 교사가 유아에게 비누를 준 후 유아에게 손에 비누를 묻혀 손바닥을 마주 대고 비벼 거품을 내어 보라고 한다.
- 도움을 점차 줄여 간다.
- 수행되면 유아 스스로 손에 비누를 묻혀 손바닥을 마주 대고 비벼 거품을 내어 보라고 한다.
- 수행되면 교사가 얼굴에 거품을 묻혀 살살 문질러 주는 시범을 보인다.
- 유아에게 교사를 모방하여 얼굴에 거품을 묻혀 살살 문질러 보라고 한다.
- 모방하지 못하면 교사가 유아의 손을 잡고 얼굴에 거품을 묻혀 살살 문질러 준다.
- 교사가 얼굴에 거품을 묻혀 살살 문지르면서 유아에게도 교사를 모방하여 얼굴에 거품을 묻혀 살살 문질러 보라고 한다.
- 도움을 점차 줄여 간다.
- 수행되면 유아 스스로 얼굴에 거품을 묻혀 살살 문질러 보라고 한다.
- 수행되면 교사가 얼굴을 물로 여러 번 헹구어 깨끗이 씻고 수건으로 얼굴을 닦는 시범을 보인다.
- 유아에게 교사를 모방하여 얼굴을 물로 여러 번 헹구어 깨끗이 씻고 수건으로 얼굴을 닦아 보라고 한다.

• 모방하지 못하면 교사가 유아의 손을 잡고 유아의 얼굴을 물로 여러 번 헹구어 깨끗이 씻은 후 유아에게 수건으로 얼굴을 닦아 보라고 한다.
• 교사가 얼굴을 물로 여러 번 헹구어 깨끗이 씻으면서 유아에게도 교사를 모방하여 얼굴을 물로 여러 번 헹구어 보라고 한다.
• 도움을 점차 줄여 간다.
• 수행되면 유아 스스로 손에 비누를 묻혀 손바닥을 마주 대고 비벼 거품을 낸 다음 얼굴에 거품을 묻혀 살살 문질러 준 후 얼굴을 물로 여러 번 헹구어 깨끗이 씻고 수건으로 얼굴을 닦아 보라고 한다.
• 수행되면 유아의 특성에 맞는 적절한 강화제를 제공한다.

☞ 다음 그림처럼 세수할 때 유아에게 유용하게 사용할 수 있는 수건들이 시판되고 있다. 목 부분이 고무줄로 되어 있어 유아들도 머리를 쉽게 끼울 수 있거나 목 뒤에서 찍찍이로 쉽게 붙일 수 있도록 제작되어 있다. 그러므로 세수 시 착용하면 옷이 젖지 않을 뿐만 아니라 바로 얼굴을 닦을 수 있어 이를 활용하면 효율적이다.

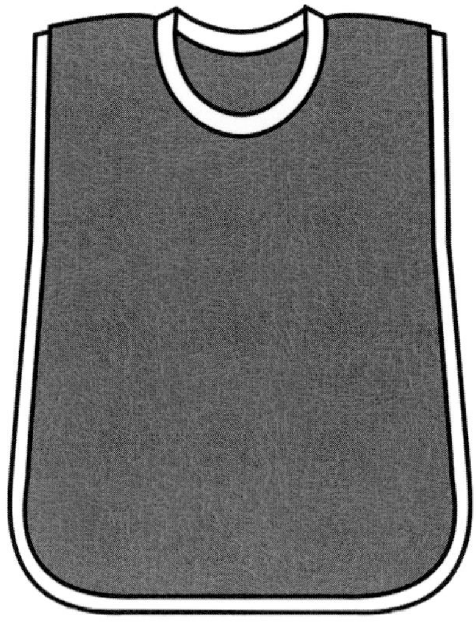

뒤(수건)

앞(방수)

81 이 닦기

5~6세

목표 | 스스로 이를 닦을 수 있다.

자료 | 유아용 칫솔, 유아용 치약, 강화제

방법 ❶

- 교사가 이를 닦는 시범을 보인다.
- 유아에게 교사를 모방하여 이를 닦아 보라고 한다.
- 수행되면 유아 스스로 이를 닦아 보라고 한다.
- 수행되면 유아의 특성에 맞는 적절한 강화제를 제공한다.

방법 ❷

- 교사가 치약을 짜는 시범을 보인다.
- 유아에게 교사를 모방하여 치약을 짜 보라고 한다.
- 수행되면 교사가 치약을 짜서 칫솔에 묻히는 시범을 보인다.
- 유아에게 교사를 모방하여 치약을 짜서 칫솔에 묻혀 보라고 한다.
- 수행되면 교사가 칫솔에 치약을 묻혀 "치카~푸카 ♬ 치카~푸카 ♬ 이~를 닦아요 ♬ 싹~싹 닦아라 ♬ 윗니 ♬"라고 노래를 부르며 윗니를 닦는 시범을 보인다.
- 유아에게 교사를 모방하여 칫솔에 치약을 묻혀 윗니를 닦아 보라고 한다.
- 수행되면 교사가 칫솔에 치약을 묻혀 "치카~푸카 ♬ 치카~푸카 ♬ 이~를 닦아요 ♬ 싹~싹 닦아라 ♬ 아랫니 ♬"라고 노래를 부르며 아랫니를 닦는 시범을 보인다.
- 유아에게 교사를 모방하여 칫솔에 치약을 묻혀 아랫니를 닦아 보라고 한다.
- 수행되면 유아 스스로 칫솔에 치약을 묻혀 아랫니를 닦아 보라고 한다.
- 수행되면 교사가 "치카~치카~♬ 이를 닦~자 ♬ 위로 닦~고 아래로 ♬ 닦~고 ♬"라고 노래를 부르며 유아에게 윗니와 아랫니를 닦아 보라고 한다.

• 수행되면 교사가 혀를 닦는 시범을 보인다.
• 유아에게 교사를 모방하여 혀를 닦아 보라고 한다.
• 수행되면 교사가 컵에 물을 담아 입을 헹구는 시범을 보여 준다.
• 유아에게 교사를 모방하여 입을 헹구어 보라고 한다.
• 수행되면 유아 스스로 이를 닦은 후 입을 헹구어 보라고 한다.
• 수행되면 유아의 특성에 맞는 적절한 강화제를 제공한다.

방법 ❸

• 교사가 치약을 짜는 시범을 보인다.
• 유아에게 교사를 모방하여 치약을 짜 보라고 한다.
• 모방하지 못하면 교사가 유아의 손을 잡고 치약을 짜 준다.
• 교사가 치약에 유아의 손을 대 준 후 치약을 짜 보라고 한다.
• 수행되면 유아 스스로 치약을 짜 보라고 한다.
• 수행되면 교사가 칫솔에 치약을 묻히는 시범을 보인다.
• 유아에게 교사를 모방하여 칫솔에 치약을 묻혀 보라고 한다.
• 모방하지 못하면 교사가 유아의 손을 잡고 칫솔에 치약을 묻혀 준다.
• 교사가 치약을 가리키며 유아에게 칫솔에 치약을 묻혀 보라고 한다.
• 도움을 점차 줄여 간다.
• 수행되면 유아 스스로 칫솔에 치약을 묻혀 보라고 한다.
• 수행되면 교사가 칫솔에 치약을 묻혀 "치카~푸카 ♬ 치카~푸카 ♬ 이~를 닦아요 ♬ 싹~싹 닦아라 ♬ 윗니 ♬"라고 노래를 부르며 윗니를 닦는 시범을 보인다.
• 유아에게 교사를 모방하여 칫솔에 치약을 묻혀 윗니를 닦아 보라고 한다.
• 모방하지 못하면 교사가 유아의 손을 잡고 윗니를 닦아 준다.
• 교사가 유아와 마주 보고 윗니를 닦는 것을 보여 주며 윗니를 닦아 보라고 한다.
• 수행되면 유아 스스로 윗니를 닦아 보라고 한다.
• 수행되면 교사가 칫솔에 치약을 묻혀 "치카~푸카 ♬ 치카~푸카 ♬ 이~를 닦아요

♬ 싹~싹 닦아라 ♬ 아랫니 ♬" 라고 노래를 부르며 아랫니를 닦는 시범을 보인다.

- 유아에게 교사를 모방하여 칫솔에 치약을 묻혀 아랫니를 닦아 보라고 한다.
- 모방하지 못하면 교사가 유아의 손을 잡고 아랫니를 닦아 준다.
- 교사가 유아와 마주 보고 아랫니를 닦는 것을 보여 주며 아랫니를 닦아 보라고 한다.
- 수행되면 유아 스스로 아랫니를 닦아 보라고 한다.
- 수행되면 교사가 "치카~치카~♬ 이를 닦~자 ♬ 위로 닦~고 아래로 ♬ 닦~고 ♬" 라고 노래를 부르며 유아에게 윗니와 아랫니를 닦아 보라고 한다.
- 수행되면 교사가 혀를 닦는 시범을 보인다.
- 유아에게 교사를 모방하여 혀를 닦아 보라고 한다.
- 모방하지 못하면 교사가 유아의 손을 잡고 혀를 닦아 준다.
- 교사가 유아와 마주 보고 혀를 닦는 것을 보여 주며 혀를 닦아 보라고 한다.
- 도움을 점차 줄여 간다.
- 수행되면 유아 스스로 혀를 닦아 보라고 한다.
- 수행되면 교사가 컵에 물을 담아 입을 헹구는 시범을 보여 준다.
- 유아에게 교사를 모방하여 입을 헹구어 보라고 한다.
- 모방하지 못하면 교사가 물을 한 모금 입에 머금고 가글링 한 후 입안의 물을 세면대에 뱉는 시범을 보여 준다.
- 유아에게 물을 한 모금 마셔 입에 물을 머금고 가글링 한 후 입안의 물을 세면대에 뱉어 보라고 한다.
- 수행되면 유아 스스로 물을 한 모금 마셔 입에 물을 머금고 가글링 한 후 입안의 물을 세면대에 뱉어 보라고 한다.
- 도움을 점차 줄여 간다.
- 수행되면 유아 스스로 이를 닦은 후 입을 헹구어 보라고 한다.
- 수행되면 유아의 특성에 맞는 적절한 강화제를 제공한다.

☞ 치약을 삼키는 것이 우려된다면 치약 대신 칫솔에 꿀을 묻혀 위와 같은 방법으로 지도한 후 치약을 사용하여 지도해도 된다.

☞ 유아용 치약 중에는 바나나, 딸기 등 과일 맛이 시판되고 있으므로 유아가 이 닦기를 즐겁게 하는 데 도움이 되고 있다. 그러므로 이를 활용하여 지도해도 효과적이다.

☞ 이 닦기를 하면서 유아에게, 예를 들어 "치카~치카~♬ 이를 닦~자 ♬ 한 번 닦~고 '하나' ♬ 두 번 닦~고 '둘' ♬" 식으로 놀이처럼 지도하면 숫자 공부도 되면서 재미있게 이 닦는 습관을 지도할 수 있다.

☞ 시판되고 있는 유아용 칫솔 중에는 다음 그림처럼 손잡이를 쉽게 잡을 수 있도록 손잡이 일부분이 고무로 만들어져 미끄러지지 않도록 되어 있거나 엄지손가락을 놓는 위치를 표시해 놓은 것, 어느 각도에서 사용해도 방향 제한이 없는 전 방향으로 되어있는 것도 있다. 그리고 유아의 흥미를 끌 수 있는 캐릭터를 사용하여 연령별로 나뉘어 있으므로 이를 적절하게 활용하면 효과적이다.

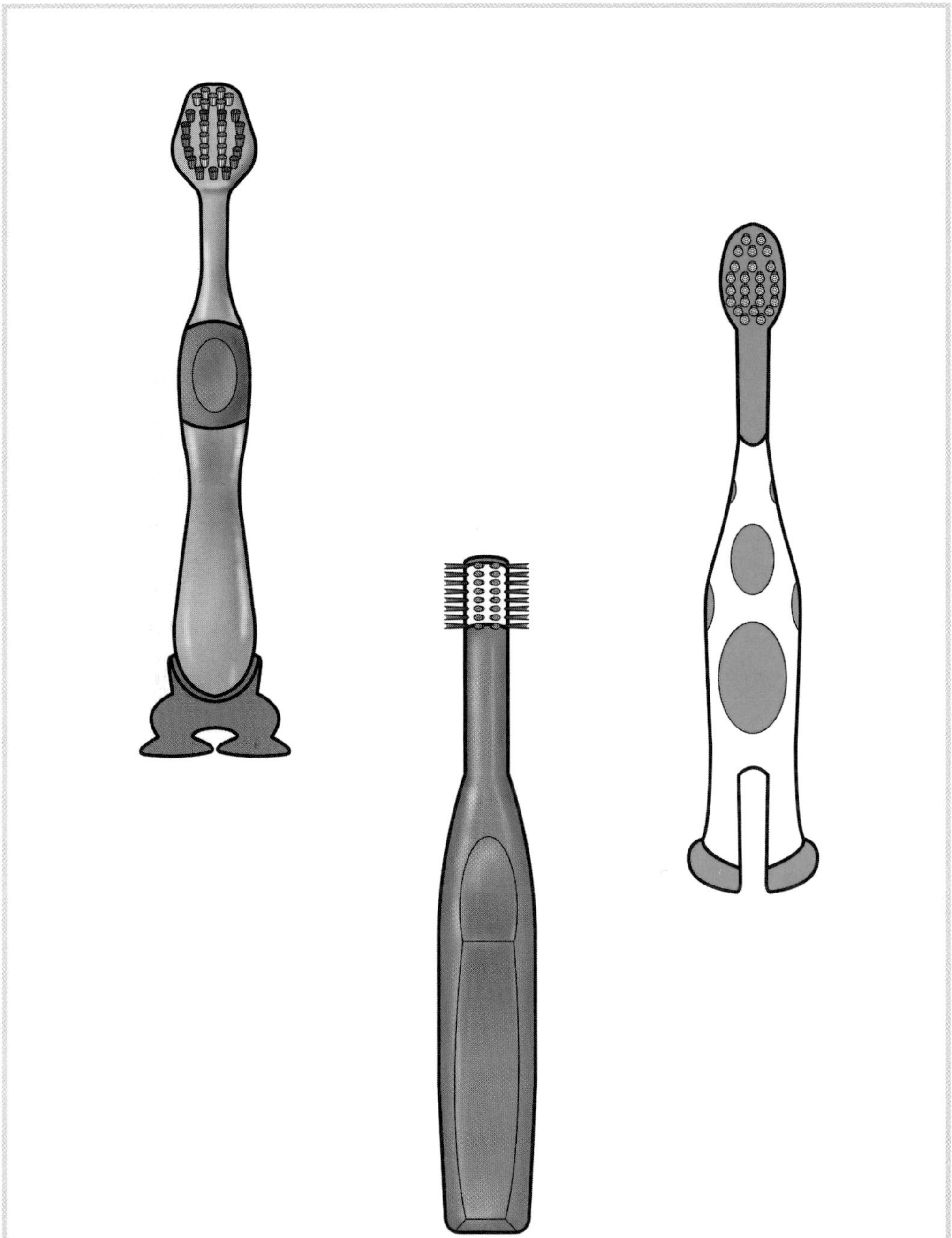

5~6
세

82 고리에 벨트 끼우기

5~6세

목표 | 고리에 벨트를 끼울 수 있다.

자료 | 벨트 고리가 있는 바지, 강화제

방법 ❶

- 교사가 왼손(유아가 볼 때 오른손)으로 벨트의 끝 부분을 잡고 고리에 벨트를 끼우는 시범을 보인다.
- 유아에게 교사를 모방하여 오른손으로 벨트의 끝 부분을 잡고 고리에 벨트를 끼워 보라고 한다.
- 수행되면 유아 스스로 오른손으로 벨트의 끝 부분을 잡고 고리에 벨트를 끼워 보라고 한다.
- 수행되면 유아의 특성에 맞는 적절한 강화제를 제공한다.

방법 ❷

- 교사가 왼손(유아가 볼 때 오른손)으로 벨트의 끝 부분을 잡고 고리에 벨트를 끼우는 시범을 보인다.
- 유아에게 교사를 모방하여 오른손으로 벨트의 끝 부분을 잡고 고리에 벨트를 끼워 보라고 한다.
- 모방하지 못하면 교사가 유아의 오른손을 잡아 벨트의 끝 부분을 잡고 고리에 벨트를 끼워 준다.
- 모방하지 못하면 교사가 왼손(유아가 볼 때 오른손)으로 벨트의 끝 부분을 잡는 시범을 보인다.
- 유아에게 교사를 모방하여 오른손으로 벨트의 끝 부분을 잡아 보라고 한다.
- 모방하지 못하면 교사가 유아의 오른손을 잡고 벨트의 끝 부분을 잡아 준다.

- 교사가 유아의 오른손을 벨트의 끝 부분에 대 준 후 벨트를 잡아 보라고 한다.
- 수행되면 유아 스스로 벨트의 끝 부분을 오른손으로 잡아 보라고 한다.
- 수행되면 교사가 왼손(유아가 볼 때 오른손)으로 벨트의 끝 부분을 첫 고리에 끼우는 시범을 보인다.
- 유아에게 교사를 모방하여 오른손으로 벨트의 끝 부분을 첫 고리에 끼워 보라고 한다.
- 모방하지 못하면 교사가 유아의 손을 잡고 벨트의 끝 부분을 첫 고리에 끼워 준다.
- 교사가 유아의 오른손을 첫 고리에 대 준 후 벨트를 끼워 보라고 한다.
- 수행되면 유아 스스로 벨트의 끝 부분 잡아 첫 고리에 끼워 보라고 한다.
- 수행되면 교사가 벨트 고리에 벨트를 2/3 끼워 준 후 유아에게 나머지를 끼워 보라고 한다.
- 수행되면 교사가 벨트 고리에 벨트를 1/2 끼워 준 후 유아에게 나머지를 끼워 보라고 한다.
- 수행되면 교사가 벨트 고리에 벨트를 1/3 끼워 준 후 유아에게 나머지를 끼워 보라고 한다.
- 도움을 점차 줄여 간다.
- 수행되면 유아 스스로 벨트 고리에 벨트를 끼워 보라고 한다.
- 수행되면 유아의 특성에 맞는 적절한 강화제를 제공한다.

☞ 고리에 벨트 끼우기 지도 시에는 가능하면 유아와 같은 방향에서 지도하는 것이 효과적이다.

83 주전자로 컵에 물 따르기

5~6세

목표 | 주전자로 컵에 물을 따를 수 있다.

자료 | 플라스틱 주전자, 투명 컵, 불투명 컵, 물, 강화제

방법 ❶

- 교사가 주전자로 컵에 물을 따르는 시범을 보인다.
- 유아에게 교사를 모방하여 주전자로 컵에 물을 따라 보라고 한다.
- 수행되면 유아 스스로 주전자를 들어 컵에 물을 따라 보라고 한다.
- 수행되면 유아의 특성에 맞는 적절한 강화제를 제공한다.

방법 ❷

- 교사가 주전자를 잡는 시범을 보인다.
- 유아에게 교사를 모방하여 주전자를 잡아 보라고 한다.
- 모방하지 못하면 교사가 유아의 손을 잡고 주전자를 잡아 준다.
- 교사가 유아의 손을 주전자에 대 준 후 유아에게 주전자를 잡아 보라고 한다.
- 교사가 주전자를 가리키며 유아에게 주전자를 잡아 보라고 한다.
- 도움을 점차 줄여 간다.
- 수행되면 유아 스스로 주전자를 잡아 보라고 한다.
- 수행되면 교사가 주전자를 들고 컵에 물을 따르는 시범을 보인다.
- 유아에게 교사를 모방하여 주전자를 들고 컵에 물을 따라 보라고 한다.
- 모방하지 못하면 교사가 유아의 손을 잡고 주전자를 들어 컵에 물을 따라 준다.
- 교사가 주전자를 들어 컵에 물을 따르는 몸짓을 보여 주며 유아에게 주전자를 들고 컵에 물을 따라 보라고 한다.
- 도움을 점차 줄여 간다.

• 수행되면 유아 스스로 주전자를 들어 컵에 물을 부어 보라고 한다.
• 수행되면 유아의 특성에 맞는 적절한 강화제를 제공한다.

☞ 처음 지도 시에는 주전자로 투명 컵에 물 따르기를 지도한 후 수행되면 불투명 컵에 물 따르기를 위와 같은 방법으로 지도하면 된다.

☞ 수행되면 주전자에 물이나 음료수를 넣어 놓고 인형에게 물이나 음료수를 주는 놀이를 하면 유아가 흥미 있어 할 뿐만 아니라 일반화시키는 데도 유용하다.

84 나이프로 부드러운 음식 자르기 5~6세

목표 | 나이프로 부드러운 음식을 자를 수 있다.

자료 | 유아용 나이프, 케이크, 바나나 등 부드러운 음식, 강화제

방법 ❶

• 교사가, 예를 들어 오른손(유아가 볼 때 왼손)으로 바나나를 잡고 왼손(유아가 볼 때 오른손)으로 나이프를 쥔 후 바나나를 자르는 시범을 보인다.
• 유아에게 교사를 모방하여 왼손으로 바나나를 잡고 오른손으로 나이프를 쥔 후 바나나를 잘라 보라고 한다.
• 수행되면 유아 스스로 왼손으로 바나나를 잡고 오른손으로 나이프를 쥔 후 바나나를 잘라 보라고 한다.
• 수행되면 유아의 특성에 맞는 적절한 강화제를 제공한다.

방법 ❷

• 교사가 오른손(유아가 볼 때 왼손)으로 바나나를 잡는 시범을 보인다.

- 유아에게 교사를 모방하여 왼손으로 바나나를 잡아 보라고 한다.
- 모방하지 못하면 교사가 유아의 왼손을 잡고 바나나를 잡아 준다.
- 교사가 유아의 왼손을 바나나에 대 준 후 유아에게 바나나를 잡아 보라고 한다.
- 수행되면 유아 스스로 바나나를 왼손으로 잡아 보라고 한다.
- 수행되면 교사가 왼손(유아가 볼 때 오른손)으로 나이프를 잡는 시범을 보인다.
- 유아에게 교사를 모방하여 오른손으로 나이프를 잡아 보라고 한다.
- 모방하지 못하면 교사가 유아의 오른손을 잡고 나이프를 잡아 준다.
- 교사가 유아의 오른손을 나이프를 잡을 수 있도록 대 준 후 유아에게 나이프를 잡아 보라고 한다.
- 수행되면 유아 스스로 오른손으로 나이프를 잡아 보라고 한다.
- 수행되면 교사가 오른손(유아가 볼 때 왼손)으로 바나나를 잡고 왼손(유아가 볼 때 오른손)으로 나이프를 쥔 후 바나나를 자르는 시범을 보인다.
- 유아에게 교사를 모방하여 왼손으로 바나나를 잡고 오른손으로 나이프를 쥔 후 바나나를 잘라 보라고 한다.
- 모방하지 못하면 교사가 유아의 손을 잡고 바나나를 잘라 준다.
- 교사가 바나나의 2/3 정도를 잘라 준 후 나머지는 유아에게 잘라 보라고 한다.
- 수행되면 교사가 바나나의 1/2 정도를 잘라 준 후 나머지는 유아에게 잘라 보라고 한다.
- 수행되면 교사가 바나나의 1/3 정도를 잘라 준 후 나머지는 유아에게 잘라 보라고 한다.
- 도움을 점차 줄여 간다.
- 수행되면 유아 스스로 왼손으로 바나나를 잡고 오른손으로 나이프를 쥔 후 바나나를 잘라 보라고 한다.
- 수행되면 유아의 특성에 맞는 적절한 강화제를 제공한다.

☞ 교사가 음식을 자를 시 유아의 손 선호도를 고려하여 오른손, 왼손을 적절하게 사용하여야 한다.

☞ 교사가 유아와 마주 보고 앉아서 지도할 경우에는 바나나와 나이프를 잡는 손을 유아가 보는 방향으로 시범을 보여야 하기 때문에 교사의 나이프 사용이 불편할 수 있다. 그러므로 나이프로 부드러운 음식을 자르는 지도를 할 때는 유아의 옆에 앉아서 하는 것이 바람직하다.

☞ 나이프로 부드러운 음식 자르기를 지도하기 전 찍찍이를 붙여 자를 수 있게 되어 있는 과일이나 김밥 모형을 가지고 유아와 함께 자르는 놀이를 한 후 지도하면 쉽게 수행이 가능하다.

☞ 시중에는 다음 그림처럼 유아들이 쥐기 편하고 안전하게 사용할 수 있는 다양한 나이프가 시판되고 있으므로 이를 활용하면 안전하게 부드러운 음식 자르기를 지도할 수 있다.

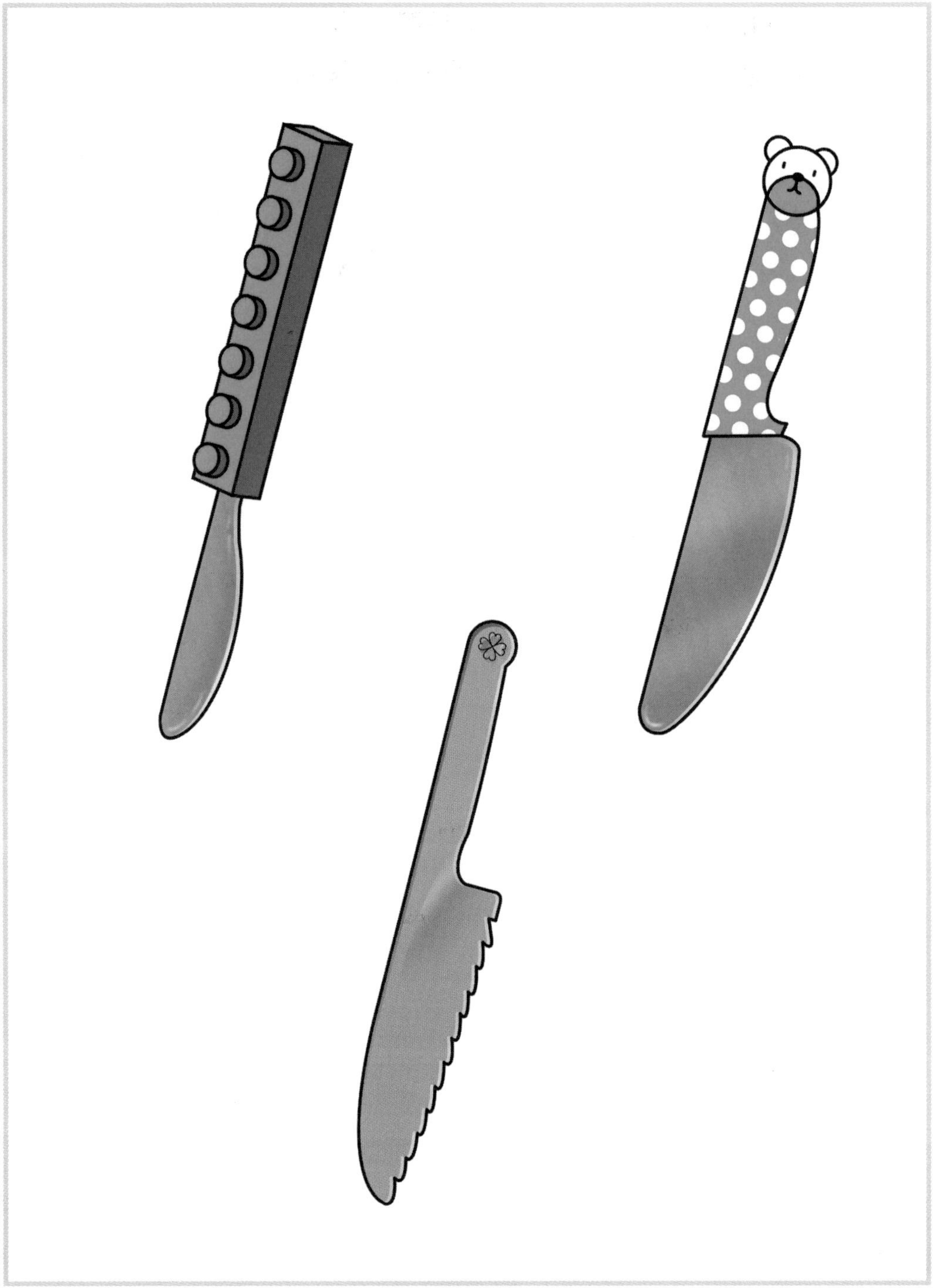

85 휴지로 대변 닦기

5~6세

목표 | 휴지로 대변을 닦을 수 있다.

자료 | 인형, 로션, 휴지, 강화제

방법 ❶

- 교사가 인형의 항문에 로션을 발라 준 후 휴지로 인형의 항문을 닦는 시범을 보인다.
- 교사가 인형의 항문에 로션을 발라 준 후 유아에게 교사를 모방하여 휴지로 인형의 항문을 닦아 보라고 한다.
- 수행되면 교사가 인형의 항문에 로션을 발라 준 후 유아 스스로 휴지로 인형의 항문을 닦아 보라고 한다.
- 수행되면 유아의 특성에 맞는 적절한 강화제를 제공한다.

방법 ❷

- 교사가 휴지를 떼어 접는 시범을 보인다.
- 유아에게 교사를 모방하여 휴지를 떼어 접어 보라고 한다.
- 모방하지 못하면 교사가 유아의 손을 잡고 휴지를 떼어 접어 준다.
- 교사가 휴지를 가리키며 유아에게 휴지를 떼어 접어 보라고 한다.
- 수행되면 유아 스스로 휴지를 떼어 접어 보라고 한다.
- 수행되면 교사가 인형의 항문에 로션을 발라 준 후 휴지로 인형의 항문을 닦는 시범을 보인다.
- 교사가 인형의 항문에 로션을 발라 준 후 유아에게 교사를 모방하여 휴지로 인형의 항문을 닦아 보라고 한다.
- 모방하지 못하면 교사가 인형의 항문에 로션을 발라 준 후 유아의 손을 잡고 휴지

로 인형의 항문을 닦아 준다.

- 교사가 인형의 항문에 유아의 손을 대 준 후 유아에게 휴지로 인형의 항문을 닦아 보라고 한다.
- 도움을 점차 줄여 간다.
- 수행되면 교사가 인형의 항문에 로션을 발라 준 후 유아 스스로 휴지로 인형의 항문을 닦아 보라고 한다.
- 수행되면 유아의 특성에 맞는 적절한 강화제를 제공한다.

☞ 인형으로 지도한 후 실제 상황(유아가 대변을 볼 때)에서 적용이 되지 않으면, 실제 상황이 발생할 때 위와 같은 방법으로 지속적으로 수행될 때까지 지도하도록 한다.

86 큰 단추 끼우기

5~6세

목표 | 큰 단추를 끼울 수 있다.

자료 | 교사 및 유아의 외투, 강화제

방법 ❶

- 교사가 유아와 나란히 앉아 교사가 입고 있는 외투에서 큰 단추를 끼우는 시범을 보인다.
- 유아에게 교사를 모방하여 외투의 큰 단추를 끼워 보라고 한다.
- 수행되면 유아 스스로 외투의 큰 단추를 끼워 보라고 한다.
- 수행되면 유아의 특성에 맞는 적절한 강화제를 제공한다.

방법 ❷

- 교사가 유아와 나란히 앉아 교사가 입고 있는 외투에서 큰 단추를 한 개 끼우는 시

범을 보인다.

- 유아에게 교사를 모방하여 외투의 큰 단추를 한 개 끼워 보라고 한다.
- 모방하지 못하면 교사가 유아의 손을 잡고 큰 단추를 한 개 끼워 준다.
- 교사가 큰 단추 한 개를 1/2 정도 끼워 구멍에 반쯤 걸려 있게 한다.
- 구멍에 반쯤 걸려 있는 단추를 유아가 끼울 수 있도록 교사가 유아의 엄지손가락과 집게손가락을 단추에 올려 준 후 단추를 끼워 보라고 한다.
- 교사가 큰 단추 한 개를 1/2 정도 끼워 구멍에 반쯤 걸려 있게 한 후 유아에게 엄지손가락과 집게손가락을 사용하여 단추를 끼워 보라고 한다.
- 수행되면 교사가 큰 단추를 가리키며 유아에게 한 개를 끼워 보라고 한다.
- 도움을 점차 줄여 간다.
- 수행되면 유아 스스로 큰 단추를 한 개 끼워 보라고 한다.
- 수행되면 교사가 입고 있는 외투에서 큰 단추를 두 개 끼우는 시범을 보인다.
- 유아에게 교사를 모방하여 외투의 큰 단추를 두 개 끼워 보라고 한다.
- 모방하지 못하면 큰 단추를 한 개 끼우는 것과 같은 방법으로 지도한다.
- 수행되면 나머지 단추들도 큰 단추를 한 개 끼우는 것과 같은 방법으로 지도한다.
- 도움을 점차 줄여 간다.
- 수행되면 유아 스스로 큰 단추를 모두 끼워 보라고 한다.
- 수행되면 유아의 특성에 맞는 적절한 강화제를 제공한다.

방법 ❸

- 교사가 유아와 나란히 앉아 교사가 입고 있는 외투에서 큰 단추를 한 개 끼우는 시범을 보인다.
- 유아에게 교사를 모방하여 외투의 큰 단추를 한 개 끼워 보라고 한다.
- 모방하지 못하면 교사가 유아의 손을 잡고 큰 단추를 한 개 끼워 준다.
- 교사가 큰 단추 한 개를 1/2 정도 끼워 구멍에 반쯤 걸려 있게 한다.
- 구멍에 반쯤 걸려 있는 단추를 유아가 끼울 수 있도록 교사가 유아의 엄지손가락

과 집게손가락을 단추에 올려 준 후 나머지 부분의 단추를 끼워 보라고 한다.

- 교사가 큰 단추 한 개를 1/2 정도 끼워 구멍에 반쯤 걸려 있게 한 후 유아에게 엄지 손가락과 집게손가락으로 나머지 부분의 단추를 끼워 보라고 한다.
- 수행되면 교사가 단추를 가리키며 유아에게 끼워 보라고 한다.
- 도움을 점차 줄여 간다.
- 수행되면 유아 스스로 큰 단추를 한 개 끼워 보라고 한다.
- 수행되면, 예를 들어 단추가 다섯 개 달린 경우 교사가 세 개를 끼워 준 후 유아에게 두 개를 끼워 보라고 한다.
- 수행되면 교사가 단추를 두 개 끼워 준 후 유아에게 세 개를 끼워 보라고 한다.
- 수행되면 교사가 단추를 한 개 끼워 준 후 유아에게 네 개를 끼워 보라고 한다.
- 수행되면 유아 스스로 외투의 큰 단추를 모두 끼워 보라고 한다.
- 수행되면 유아의 특성에 맞는 적절한 강화제를 제공한다.

☞ 교사가 유아와 마주 보고 앉아서 지도할 경우에는 단추를 잡는 손의 방향이 유아가 보는 방향을 고려하여 시범을 보여야 하기 때문에 단추 끼우기는 유아의 옆에 앉아서 지도하는 것이 효율적이다.

☞ 방법 ❸은 후진법(뒤에서부터 수행해 나감)으로 방법 ❷의 점진법(앞에서부터 순서대로 수행해 나감)보다 유아가 성취감을 쉽게 느낄 수 있어 일반적으로 발달지체 및 장애 영유아에게는 후진법을 많이 적용한다. 그러나 영유아의 특성을 고려하여 적용하는 것이 바람직하므로 참고하기 바란다.

87 수저 사용하기

5~6세

목표 | 수저를 사용할 수 있다.

자료 | 교사 및 유아용 숟가락과 젓가락, 유아가 좋아하는 음식, 강화제

방법 ❶

- 숟가락을 사용하여 음식 먹기는 앞 단계에서 수행하였으므로 확인하고 지도한다.
- 교사가 숟가락으로 밥을 먹은 후 젓가락으로, 예를 들어 반찬을 집어 먹는 시범을 보인다.
- 유아에게 교사를 모방하여 숟가락으로 밥을 먹은 후 젓가락으로 반찬을 집어 먹어 보라고 한다.
- 수행되면 유아 스스로 숟가락으로 밥을 먹은 후 젓가락으로 반찬을 집어 먹어 보라고 한다.
- 수행되면 유아의 특성에 맞는 적절한 강화제를 제공한다.

방법 ❷

- 숟가락을 사용하여 음식 먹기는 앞 단계에서 수행하였으므로 확인하고 지도한다.
- 교사가 숟가락으로 밥을 먹은 후 젓가락으로, 예를 들어 반찬을 집어 먹는 시범을 보인다.
- 유아에게 교사를 모방하여 숟가락으로 밥을 먹은 후 젓가락으로 반찬을 집어 먹어 보라고 한다.
- 모방하지 못하면 교사가 엄지와 중지 사이에 젓가락을 올려놓는 시범을 보인다.
- 유아에게 교사를 모방하여 엄지와 중지 사이에 젓가락을 올려놓아 보라고 한다.
- 모방하지 못하면 교사가 유아의 손을 잡고 엄지와 중지 사이에 젓가락을 올려놓아 준다.
- 교사가 젓가락을 가리키며 유아에게 엄지와 중지 사이에 젓가락을 올려놓아 보라고 한다.
- 도움을 점차 줄여 간다.
- 수행되면 유아 스스로 엄지와 중지 사이에 젓가락을 올려놓아 보라고 한다.
- 수행되면 교사가 엄지와 중지 사이에 젓가락을 올려놓고 검지를 사용하여 젓가락을 움직이는 시범을 보인다.

- 유아에게 엄지와 중지 사이에 젓가락을 올려놓은 후 교사를 모방하여 검지를 사용하여 젓가락을 움직여 보라고 한다.
- 모방하지 못하면 교사가 유아에게 엄지와 중지 사이에 젓가락을 올려놓으라고 한 후 유아의 손을 잡고 검지를 사용하여 젓가락을 움직여 준다.
- 유아 스스로 엄지와 중지 사이에 젓가락을 올려놓은 후 검지를 사용하여 젓가락을 움직여 보라고 한다.
- 수행되면 교사가 엄지와 중지 사이에 젓가락을 올려놓고 검지를 사용하여 젓가락을 움직이며 반찬을 집어 먹는 시범을 보인다.
- 유아에게 교사를 모방하여 엄지와 중지 사이에 젓가락을 올려놓고 검지를 사용하여 젓가락을 움직이며 반찬을 집어 먹어 보라고 한다.
- 교사가 유아의 손을 젓가락을 잡을 수 있도록 대 준 후 유아에게 젓가락으로 반찬을 집어 먹어 보라고 한다.
- 도움을 점차 줄여 간다.
- 수행되면 유아 스스로 숟가락으로 밥을 먹은 후 젓가락으로 반찬을 집어 먹어 보라고 한다.
- 수행되면 유아의 특성에 맞는 적절한 강화제를 제공한다.

☞ 시판되고 있는 젓가락 중에는 다음 그림처럼 젓가락 사용이 익숙하지 않는 유아들을 위해서 안전 젓가락(일명 에디슨 젓가락)이 단계별로 나와 있다. 젓가락은 각각의 링에 엄지, 검지, 중지를 끼울 수 있도록 제작되어 있으며, 검지와 중지만을 움직여 음식을 집어서 옮길 수 있어 식사를 즐겁고 재미있고 할 수 있다. 그리고 숟가락도 유아들이 좋아하는 캐릭터를 사용하여 쉽게 잡을 수 있도록 되어 있다. 그러므로 이를 활용하여 수저 사용법을 지도하는 것도 효과적이다.

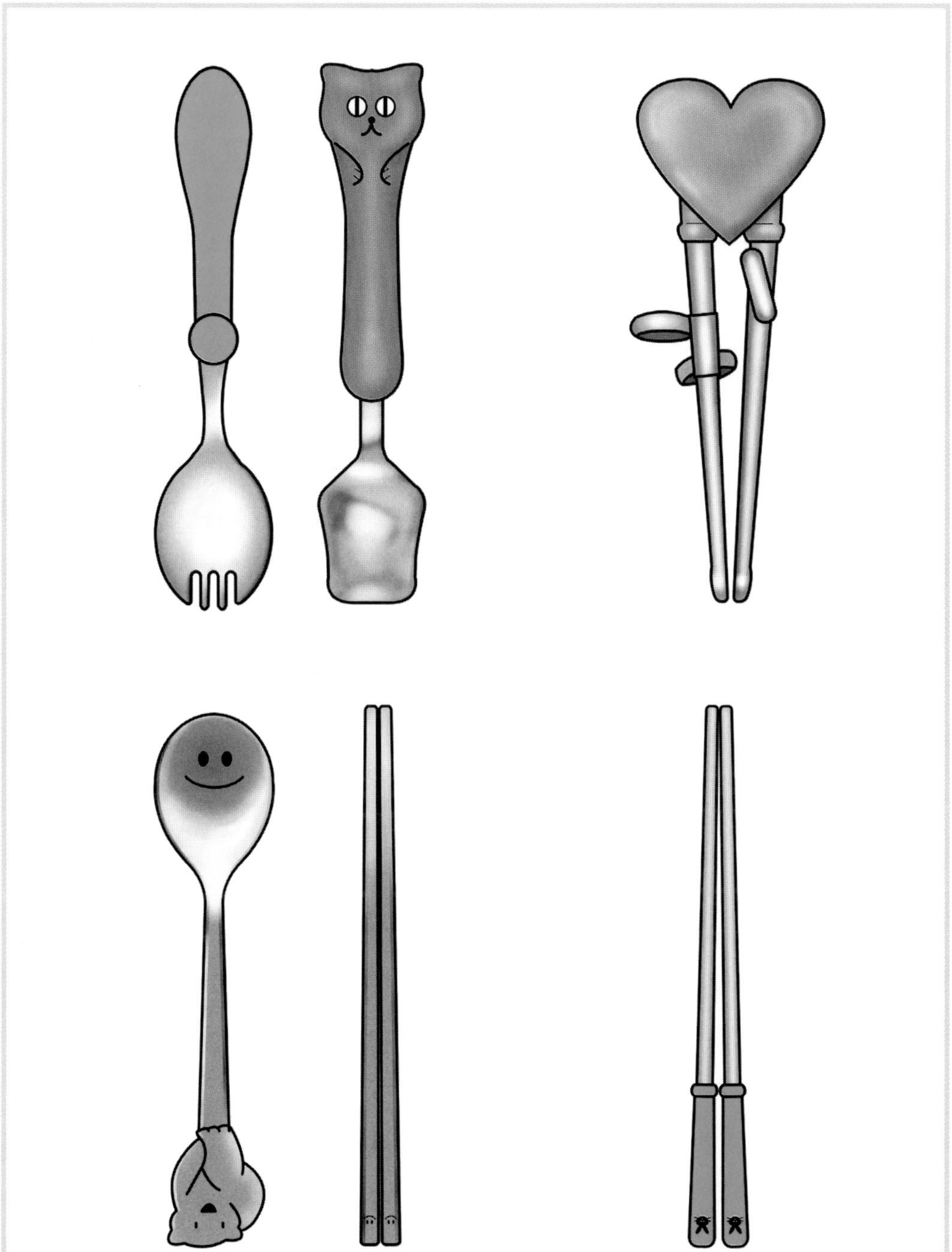

5~6
세

88 200ml 우유 팩 열기

5~6세

목표 | 200ml 우유 팩을 열 수 있다.

자료 | 200ml 우유 팩, 강화제

방법 ❶

- 교사가 삼각형 모양의 홈으로 된 우유 팩을 여는 부분에 양손 엄지손가락을 넣어 우유 팩의 양쪽을 뗀 후 뒤로 밀었다가 당겨 우유 팩을 여는 시범을 보인다.
- 유아에게 교사를 모방하여 삼각형 모양의 홈으로 된 우유 팩을 여는 부분에 양손 엄지손가락을 넣어 우유 팩의 양쪽을 뗀 후 뒤로 밀었다가 당겨서 열어 보라고 한다.
- 수행되면 유아 스스로 삼각형 모양의 홈으로 된 우유 팩을 여는 부분에 양손 엄지손가락을 넣어 우유 팩의 양쪽을 뗀 후 뒤로 밀었다가 당겨서 열어 보라고 한다.
- 수행되면 유아의 특성에 맞는 적절한 강화제를 제공한다.

방법 ❷

- 교사가 삼각형 모양의 홈으로 된 우유 팩을 여는 부분에 양손 엄지손가락을 넣어 우유 팩의 양쪽을 뗀 후 뒤로 밀었다가 당겨 우유 팩을 여는 시범을 보인다.
- 유아에게 교사를 모방하여 삼각형 모양의 홈으로 된 우유 팩을 여는 부분에 양손 엄지손가락을 넣어 우유 팩의 양쪽을 뗀 후 뒤로 밀었다가 당겨서 열어 보라고 한다.
- 모방하지 못하면 교사가 삼각형 모양의 홈으로 된 우유 팩을 여는 부분에 양손 엄지손가락을 넣어 우유 팩의 양쪽을 떼는 방법을 시범 보인다.
- 유아에게 교사를 모방하여 삼각형 모양의 홈으로 된 우유 팩을 여는 부분에 양손 엄지손가락을 넣어 우유 팩의 양쪽을 떼어 보라고 한다.
- 모방하지 못하면 교사가 유아의 손을 잡고 삼각형 모양의 홈으로 된 우유 팩을 여는 부분에 양손 엄지손가락을 넣어 우유 팩의 양쪽을 떼어 준다.

- 교사가 유아의 손을 삼각형 모양의 홈으로 된 우유 팩을 여는 부분에 닿게 해 준 후 양손 엄지손가락을 넣어 우유 팩의 양쪽을 떼어 보라고 한다.
- 도움을 점차 줄여 간다.
- 수행되면 유아 스스로 삼각형 모양의 홈으로 된 우유 팩을 여는 부분에 양손 엄지손가락을 넣어 우유 팩의 양쪽을 떼어 보라고 한다.
- 수행되면 교사가 떼어진 우유 팩의 양쪽을 뒤로 밀었다가 당기서 우유 팩을 여는 시범을 보인다.
- 유아에게 교사를 모방하여 떼어진 우유 팩의 양쪽을 뒤로 밀었다가 당겨서 우유 팩을 열어 보라고 한다.
- 모방하지 못하면 교사가 유아의 손을 잡고 떼어진 우유 팩의 양쪽을 뒤로 밀었다가 당겨서 우유 팩을 열어 준다.
- 교사가 유아의 손을 떼어진 우유 팩의 양쪽에 대 준 후 우유 팩을 열어 보라고 한다.
- 도움을 점차 줄여 간다.
- 수행되면 유아 스스로 삼각형 모양의 홈으로 된 우유 팩을 여는 부분에 양손 엄지손가락을 넣어 우유 팩의 양쪽을 뗀 후 뒤로 밀었다가 당겨서 열어 보라고 한다.
- 수행되면 유아의 특성에 맞는 적절한 강화제를 제공한다.

방법 ❸

- 교사가 삼각형 모양의 홈으로 된 우유 팩을 여는 부분에 양손 엄지손가락을 넣어 우유 팩의 양쪽을 뗀 후 뒤로 밀었다가 당겨 우유 팩을 여는 시범을 보인다.
- 유아에게 교사를 모방하여 삼각형 모양의 홈으로 된 우유 팩을 여는 부분에 양손 엄지손가락을 넣어 우유 팩의 양쪽을 뗀 후 뒤로 밀었다가 당겨서 열어 보라고 한다.
- 모방하지 못하면 교사가 삼각형 모양의 홈으로 된 우유 팩을 여는 부분에 양손 엄지손가락을 넣어 우유 팩의 양쪽을 떼어 준 후 유아에게 뒤로 밀었다가 당겨서 우유 팩을 열어 보라고 한다.
- 열지 못하면 교사가 유아의 손을 잡고 떼어진 우유 팩의 양쪽을 뒤로 밀었다가 당

겨서 우유 팩을 열어 준다.

- 교사가 유아의 손을 떼어진 우유 팩에 대 준 후 우유 팩의 양쪽을 뒤로 밀었다가 당겨서 우유 팩을 열어 보라고 한다.
- 수행되면 유아 스스로 떼어진 우유 팩의 양쪽을 뒤로 밀었다가 당겨서 우유 팩을 열어 보라고 한다.
- 수행되면 교사가 삼각형 모양의 홈으로 된 우유 팩을 여는 부분에 양손 엄지손가락을 넣어 우유 팩의 양쪽을 떼는 시범을 보인다.
- 유아에게 교사를 모방하여 삼각형 모양의 홈으로 된 우유 팩을 여는 부분에 양손 엄지손가락을 넣어 우유 팩의 양쪽을 떼어 보라고 한다.
- 모방하지 못하면 교사가 유아의 손을 잡고 삼각형 모양의 홈으로 된 우유 팩을 여는 부분에 양손 엄지손가락을 넣어 우유 팩의 양쪽을 떼어 준다.
- 교사가 유아의 손을 삼각형 모양의 홈으로 된 우유 팩을 여는 부분에 닿게 해 준 후 양손 엄지손가락을 넣어 우유 팩의 양쪽을 떼어 보라고 한다.
- 수행되면 유아 스스로 삼각형 모양의 홈으로 된 우유 팩을 여는 부분에 양손 엄지손가락을 넣어 우유 팩의 양쪽을 떼어 보라고 한다.
- 도움을 점차 줄여 간다.
- 수행되면 유아 스스로 삼각형 모양의 홈으로 된 우유 팩을 여는 부분에 양손 엄지손가락을 넣어 우유 팩의 양쪽을 뗀 후 뒤로 밀었다가 당겨서 열어 보라고 한다.
- 수행되면 유아의 특성에 맞는 적절한 강화제를 제공한다.

☞ 방법 ❸은 후진법(뒤에서부터 수행해 나감)으로 방법 ❷의 점진법(앞에서부터 순서대로 수행해 나감)보다 유아가 성취감을 쉽게 느낄 수 있어 일반적으로 발달지체 및 장애 영유아에게는 후진법을 많이 적용한다. 그러나 영유아의 특성을 고려하여 적용하는 것이 바람직하므로 참고하기 바란다.

☞ 200ml 빈 우유 팩으로 여는 방법을 지도한 후 실제 우유 팩으로 지도하면 보다 쉽게 수행이 가

능하다. 그리고 우유 팩을 열다가 우유를 쏟는 경우도 종종 발생하므로 우유 팩 열기 지도 시에는 밑에 수건을 깔아 놓고 지도하도록 한다.

☞ 200ml 우유 팩 열기가 수행되면 500ml, 1000ml 열기도 같은 방법으로 지도하도록 한다.

☞ 우유를 좋아하는 유아의 경우 우유를 강화제로 사용하면 되므로 강화제를 따로 준비하지 않아도 무방하다.

89 작은 단추 빼기

5~6세

목표 | 작은 단추를 뺄 수 있다.

자료 | 교사 및 유아의 겉옷, 강화제

방법 ❶

- 교사가 유아와 나란히 앉아 교사가 입고 있는 외투에서 작은 단추를 빼는 시범을 보인다.
- 유아에게 교사를 모방하여 외투의 작은 단추를 빼 보라고 한다.
- 수행되면 유아 스스로 외투의 작은 단추를 빼 보라고 한다.
- 수행되면 유아의 특성에 맞는 적절한 강화제를 제공한다.

방법 ❷

- 교사가 유아와 나란히 앉아 교사가 입고 있는 외투에서 작은 단추를 한 개 빼는 시범을 보인다.
- 유아에게 교사를 모방하여 외투의 작은 단추를 한 개 빼 보라고 한다.
- 모방하지 못하면 교사가 유아의 손을 잡고 작은 단추를 한 개 빼 준다.

- 교사가 작은 단추 한 개를 1/2 정도 빼어 구멍에 반쯤 걸려 있게 한다.
- 구멍에 반쯤 걸려 있는 단추를 유아가 뺄 수 있도록 교사가 유아의 엄지손가락과 집게손가락을 단추에 올려 준 후 단추를 빼 보라고 한다.
- 교사가 작은 단추 한 개를 1/2 정도 빼어 구멍에 반쯤 걸려 있게 한 후 유아에게 엄지손가락과 집게손가락으로 나머지 부분의 단추를 빼 보라고 한다.
- 수행되면 교사가 작은 단추를 가리키며 유아에게 한 개를 빼 보라고 한다.
- 도움을 점차 줄여 간다.
- 수행되면 유아 스스로 작은 단추를 한 개 빼 보라고 한다.
- 수행되면 교사가 입고 있는 외투에서 작은 단추를 두 개 빼는 시범을 보인다.
- 유아에게 교사를 모방하여 외투의 작은 단추를 두 개 빼 보라고 한다.
- 모방하지 못하면 작은 단추를 한 개 빼는 것과 같은 방법으로 지도한다.
- 수행되면 나머지 단추들도 작은 단추를 한 개 빼는 것과 같은 방법으로 지도한다.
- 도움을 점차 줄여 간다.
- 수행되면 유아 스스로 작은 단추를 모두 빼 보라고 한다.
- 수행되면 유아의 특성에 맞는 적절한 강화제를 제공한다.

방법 ❸

- 교사가 유아와 나란히 앉아 교사가 입고 있는 외투에서 작은 단추를 한 개 빼는 시범을 보인다.
- 유아에게 교사를 모방하여 외투의 작은 단추를 한 개 빼 보라고 한다.
- 모방하지 못하면 교사가 유아의 손을 잡고 작은 단추를 한 개 빼 준다.
- 교사가 작은 단추 한 개를 1/2 정도 빼어 구멍에 반쯤 걸려 있게 한다.
- 구멍에 반쯤 걸려 있는 단추를 유아가 뺄 수 있도록 교사가 유아의 엄지손가락과 집게손가락을 단추에 올려 준 후 나머지 부분의 단추를 빼 보라고 한다.
- 교사가 작은 단추 한 개를 1/2 정도 빼어 구멍에 반쯤 걸려 있게 한 후 유아에게 엄지손가락과 집게손가락으로 나머지 부분의 단추를 빼 보라고 한다.

• 수행되면 교사가 작은 단추를 가리키며 유아에게 빼 보라고 한다.
• 도움을 점차 줄여 간다.
• 수행되면 유아 스스로 작은 단추를 한 개 빼 보라고 한다.
• 수행되면 예를 들어 단추가 다섯 개 달린 경우 교사가 단추를 세 개 빼 준 후 두 개는 유아에게 빼 보라고 한다.
• 수행되면 교사가 단추를 두 개 빼 준 후 세 개는 유아에게 빼 보라고 한다.
• 수행되면 교사가 단추를 한 개 빼 준 후 네 개는 유아에게 빼 보라고 한다.
• 수행되면 유아 스스로 작은 단추를 모두 빼 보라고 한다.
• 수행되면 유아의 특성에 맞는 적절한 강화제를 제공한다.

☞ 방법 ❸은 후진법(뒤에서부터 수행해 나감)으로 방법 ❷의 점진법(앞에서부터 순서대로 수행해 나감)보다 유아가 성취감을 쉽게 느낄 수 있어 일반적으로 발달지체 및 장애 영유아에게는 후진법을 많이 적용한다. 그러나 영유아의 특성을 고려하여 적용하는 것이 바람직하므로 참고하기 바란다.

☞ 단추 안쪽, 즉 외투 안쪽에 유아가 좋아하는 강화제를 숨겨 놓고 단추를 다 뺀 후 유아가 강화제로 먹을 수 있도록 하면 무척 흥미로워하므로 재미있게 지도할 수 있다.

☞ 교사가 유아와 마주 보고 앉아서 지도할 경우에는 단추를 잡는 손의 방향이 유아가 보는 방향을 고려하여 시범을 보여야 하기 때문에 단추 빼기는 유아의 옆에 앉아서 지도하는 것이 효율적이다.

90 외투 벗기

5~6세

목표 | 스스로 외투를 벗을 수 있다.

자료 | 교사 및 유아의 외투, 강화제

방법 ❶

- 단추 빼기는 앞 단계에서 수행하였으므로 확인한 후 지도한다.
- 교사가, 예를 들어 단추를 뺀 후 외투를 벗는 시범을 보인다.
- 유아에게 교사를 모방하여 단추를 뺀 후 외투를 벗어 보라고 한다.
- 수행되면 유아 스스로 단추를 뺀 후 외투를 벗어 보라고 한다.
- 수행되면 유아의 특성에 맞는 적절한 강화제를 제공한다.

방법 ❷

- 단추 빼기는 앞 단계에서 수행하였으므로 확인한 후 지도한다.
- 교사가, 예를 들어 단추가 달린 외투에서 단추를 뺀 후 외투를 벗는 시범을 보인다.
- 유아에게 교사를 모방하여 단추를 뺀 후 외투를 벗어 보라고 한다.
- 모방하지 못하면 교사가 양손으로 외투의 앞 중앙 부분을 쥐고 외투의 윗부분을 어깨 뒤로 넘기는 시범을 보인다.
- 유아에게 교사를 모방하여 양손으로 외투의 앞 중앙 부분을 쥐고 외투의 윗부분을 어깨 뒤로 넘겨 보라고 한다.
- 모방하지 못하면 교사가 유아의 양손을 잡은 후 외투의 앞 중앙 부분을 쥐고 외투의 윗부분을 어깨 뒤로 넘겨 준다.
- 교사가 유아의 양손을 외투의 앞 중앙 부분에 대 준 후 유아에게 외투의 앞 중앙 부분을 쥐고 외투의 윗부분을 어깨 뒤로 넘겨 보라고 한다.
- 수행되면 유아 스스로 양손으로 외투의 앞 중앙 부분을 쥐고 외투의 윗부분을 어

깨 뒤로 넘겨 보라고 한다.

- 수행되면 교사가 왼손(유아가 볼 때 오른손)을 뒤로 돌린 후 오른손(유아가 볼 때 왼손) 소매 끝을 잡아당겨 팔을 벗는 시범을 보인다.
- 유아에게 교사를 모방하여 오른손을 뒤로 돌린 후 외투의 왼손 소매 끝을 잡아당겨 왼쪽 팔을 벗어 보라고 한다.
- 벗지 못하면 교사가 유아의 손을 잡고 오른손을 뒤로 돌린 후 외투의 왼손 소매 끝을 잡아당겨 왼쪽 팔을 벗겨 준다.
- 교사가 유아의 오른손을 뒤로 돌려 외투의 왼손 소매 끝에 대 준 후 유아에게 왼손 소매 끝을 잡아당겨 왼쪽 팔을 벗어 보라고 한다.
- 도움을 점차 줄여 간다.
- 수행되면 유아 스스로 오른손을 뒤로 돌려 외투의 왼손 소매 끝을 잡아당긴 후 왼쪽 팔을 벗어 보라고 한다.
- 수행되면 교사가 오른손(유아가 볼 때 왼손)을 뒤로 돌린 후 왼손(유아가 볼 때 오른손) 소매 끝을 잡아당겨 팔을 벗는 시범을 보인다.
- 유아에게 교사를 모방하여 왼손을 뒤로 돌린 후 외투의 오른손 소매 끝을 잡아당겨 오른쪽 팔을 벗어 보라고 한다.
- 벗지 못하면 외투의 왼쪽 소매를 벗는 것과 같은 방법으로 지도한다.
- 수행되면 유아 스스로 왼손을 뒤로 돌려 외투의 오른손 소매 끝을 잡아당긴 후 오른쪽 팔을 벗어 보라고 한다.
- 도움을 점차 줄여 간다.
- 수행되면 교사가 유아의 외투 단추를 빼 준 후 유아 스스로 외투를 벗어 보라고 한다.
- 수행되면 유아의 특성에 맞는 적절한 강화제를 제공한다.

☞ 유아와 마주 보고 지도할 때는 교사와 유아가 보는 방향이 반대(예: 교사가 왼손을 사용하면 유아가 볼 때 오른손이 됨)가 되므로 반드시 방향을 유념하여 지도하도록 한다.

91 큰 접시에 담긴 음식 덜어서 먹기

5~6세

목표 | 큰 접시에 담긴 음식을 덜어서 먹을 수 있다.

자료 | 음식이 담긴 큰 접시, 소 접시, 포크, 젓가락, 숟가락

방법 ❶

- 교사가 큰 접시에 담긴 음식을 포크나 젓가락으로 덜어서 작은 접시에 담아 먹는는 시범을 보인다.
- 유아에게 교사를 모방하여 큰 접시에 담긴 음식을 포크나 젓가락으로 덜어서 작은 접시에 담아 먹어 보라고 한다.
- 수행되면 유아 스스로 큰 접시에 담긴 음식을 포크나 젓가락으로 덜어서 작은 접시에 담아 먹어 보라고 한다.
- 수행되면 유아의 특성에 맞는 적절한 강화제를 제공한다.

방법 ❷

- 교사가 큰 접시에 담긴 음식을 포크나 젓가락으로 덜어서 작은 접시에 담아 먹는 시범을 보인다.
- 유아에게 교사를 모방하여 큰 접시에 담긴 음식을 포크나 젓가락으로 덜어서 작은 접시에 담아 먹어 보라고 한다.
- 모방하지 못하면 교사가, 예를 들어 포크를 사용하여 큰 접시에 담긴 음식을 작은 접시에 옮기는 시범을 보인다.
- 유아에게 교사를 모방하여 포크를 사용하여 큰 접시에 담긴 음식을 작은 접시에 옮겨(덜어) 보라고 한다.
- 모방하지 못하면 교사가 유아의 손을 잡고 포크를 사용하여 큰 접시에 담긴 음식을 작은 접시에 옮겨 준다.

- 모방하지 못하면 교사가 음식이 담긴 큰 접시를 가리키며 유아에게 포크로 음식을 집어 작은 접시에 옮겨 보라고 한다.
- 도움을 점차 줄여 간다.
- 수행되면 유아 스스로 포크를 사용하여 큰 접시에 담긴 음식을 작은 접시에 옮겨 보라고 한다.
- 수행되면 교사가 작은 접시에 놓인 음식을 먹는 시범을 보인다.
- 유아에게 교사를 모방하여 작은 접시에 놓인 음식을 먹어 보라고 한다.
- 모방하지 못하면 교사가 작은 접시에 놓인 음식을 가리키며 유아에게 먹으라고 한다.
- 도움을 점차 줄여 간다.
- 수행되면 유아 스스로 큰 접시에 담긴 음식을 포크나 젓가락으로 덜어서 작은 접시에 담아 먹어 보라고 한다.
- 수행되면 유아의 특성에 맞는 적절한 강화제를 제공한다.

92 티셔츠의 목을 늘여 주면 티셔츠 입기 5~6세

목표 | 티셔츠의 목을 늘여 주면 티셔츠를 입을 수 있다.

자료 | 짧은 소매 티셔츠, 강화제

방법 ❶

- 교사가 짧은 소매의 티셔츠를 입는 시범을 보인다.
- 교사가 티셔츠의 목을 늘여 준 후 유아에게 교사를 모방하여 짧은 소매의 티셔츠를 입어 보라고 한다.
- 수행되면 교사가 티셔츠의 목을 늘여 준 후 유아 스스로 짧은 소매의 티셔츠를 입어 보라고 한다.

- 수행되면 유아의 특성에 맞는 적절한 강화제를 제공한다.

방법 ❷

- 교사가 티셔츠의 목을 늘인 후 티셔츠에 머리를 넣는 시범을 보인다.
- 교사가 티셔츠의 목을 늘여 준 후 유아에게 교사를 모방하여 티셔츠에 머리를 넣어 보라고 한다.
- 넣지 못하면 교사가 유아의 머리를 티셔츠 안으로 넣어 준다.
- 교사가 티셔츠의 목을 늘여 준 후 유아 스스로 티셔츠에 머리를 넣어 보라고 한다.
- 수행되면 교사가 티셔츠의 왼쪽(유아가 볼 때 오른쪽) 소매에 팔을 넣는 시범을 보인다.
- 유아에게 교사를 모방하여 오른쪽 소매에 팔을 넣어 보라고 한다.
- 넣지 못하면 교사가 유아의 팔을 잡고 티셔츠의 오른쪽 소매에 팔을 넣어 준다.
- 교사가 티셔츠의 오른쪽 소매를 잡아 준 후 유아 스스로 오른쪽 소매 안에 팔을 넣어 보라고 한다.
- 수행되면 교사가 유아의 손을 티셔츠의 오른쪽 소매 안에 대 준 후 티셔츠를 입어 보라고 한다.
- 도움을 점차 줄여 간다.
- 수행되면 유아 스스로 오른쪽 소매 안에 팔을 넣어 보라고 한다.
- 수행되면 교사가 티셔츠의 오른쪽(유아가 볼 때 왼쪽) 소매에 팔을 넣는 시범을 보인다.
- 유아에게 교사를 모방하여 티셔츠의 왼쪽 소매에 팔을 넣어 보라고 한다.
- 모방하지 못하면 티셔츠의 오른쪽 소매를 입는 것과 같은 방법으로 지도한다.
- 수행되면 유아 스스로 왼쪽 소매에 팔을 넣어 보라고 한다.
- 도움을 점차 줄여 간다.
- 수행되면 교사가 티셔츠의 목을 늘여 준 후 유아 스스로 티셔츠를 입어 보라고 한다.
- 수행되면 유아의 특성에 맞는 적절한 강화제를 제공한다.

☞ 유아와 마주 보고 지도할 때는 교사와 유아가 보는 방향이 반대(예: 교사가 왼손을 사용하면 유아가

볼 때 오른손이 됨)가 되므로 반드시 방향을 유념하여 지도하도록 한다.

☞ 수행되면 인형놀이를 하면서 인형에게 티셔츠를 입히게 하여 일반화(배운 것을 다른 곳에도 적용할 수 있음)시켜 주도록 한다.

☞ 처음 지도 시 유아에게 조금 큰 티셔츠를 입는 연습을 반복한 후 실제 유아 옷으로 지도해도 효과적이다.

93 티셔츠 벗기

5~6세

목표 | 티셔츠를 벗을 수 있다.

자료 | 짧은 소매 티셔츠, 강화제

방법 ❶

- 교사가 짧은 소매의 티셔츠를 벗는 시범을 보인다.
- 유아에게 교사를 모방하여 짧은 소매의 티셔츠를 벗어 보라고 한다.
- 수행되면 유아 스스로 짧은 소매의 티셔츠를 벗어 보라고 한다.
- 수행되면 유아의 특성에 맞는 적절한 강화제를 제공한다.

방법 ❷

- 교사가 짧은 소매의 티셔츠를 벗는 시범을 보인다.
- 유아에게 교사를 모방하여 짧은 소매의 티셔츠를 벗어 보라고 한다.
- 모방하지 못하면 교사가 티셔츠의 아래를 잡아 위로 말아 올리는 시범을 보인다.
- 유아에게 교사를 모방하여 티셔츠의 아래를 잡아 위로 말아 올려 보라고 한다.
- 모방하지 못하면 교사가 유아의 손을 잡고 티셔츠의 아래를 잡아 위로 말아 올려

준다.

- 교사가 유아의 손을 티셔츠 아래에 대 준 후 유아에게 아래를 잡아 위로 말아 올려 보라고 한다.
- 도움을 점차 줄여 간다.
- 수행되면 유아 스스로 티셔츠의 아래를 잡아 위로 말아 올려 보라고 한다.
- 수행되면 교사가 티셔츠를 말아 올려 왼쪽(유아가 볼 때 오른쪽) 소매에서 팔을 빼는 시범을 보인다.
- 유아에게 교사를 모방하여 티셔츠를 말아 올려 오른쪽 소매에서 팔을 빼 보라고 한다.
- 빼지 못하면 교사가 유아의 팔을 잡고 티셔츠의 오른쪽 소매에서 팔을 빼 준다.
- 교사가 티셔츠의 오른쪽 소매를 잡아 준 후 유아에게 오른쪽 소매에서 팔을 빼 보라고 한다.
- 교사가 유아의 왼손을 티셔츠의 오른쪽 소매에 대 준 후 팔을 빼 보라고 한다.
- 도움을 점차 줄여 간다.
- 수행되면 유아 스스로 오른쪽 소매에서 팔을 빼 보라고 한다.
- 수행되면 교사가 티셔츠의 오른쪽(유아가 볼 때 왼쪽) 소매에서 팔을 빼는 시범을 보인다.
- 유아에게 교사를 모방하여 티셔츠의 왼쪽 소매에서 팔을 빼 보라고 한다.
- 모방하지 못하면 티셔츠의 오른쪽 소매를 벗는 것과 같은 방법으로 지도한다.
- 수행되면 교사가 유아 스스로 왼쪽 소매에서 팔을 빼 보라고 한다.
- 수행되면 교사가 티셔츠의 목을 늘여 머리를 빼는 시범을 보인다.
- 유아에게 교사를 모방하여 티셔츠의 목을 늘여 머리를 빼 보라고 한다.
- 빼지 못하면 교사가 유아의 손을 잡고 티셔츠의 목을 늘인 후 유아의 머리를 티셔츠 밖으로 빼 보라고 한다.
- 수행되면 유아 스스로 티셔츠에서 머리를 빼 보라고 한다.
- 도움을 점차 줄여 간다.
- 수행되면 유아 스스로 짧은 소매의 티셔츠를 벗어 보라고 한다.

• 수행되면 유아의 특성에 맞는 적절한 강화제를 제공한다.

☞ 유아와 마주 보고 지도할 때는 교사와 유아가 보는 방향이 반대(예: 교사가 왼손을 사용하면 유아가 볼 때 오른손이 됨)가 되므로 반드시 방향을 유념하여 지도하도록 한다.

☞ 수행되면 인형놀이를 하면서 인형이 입고 있는 티셔츠를 벗기게 하여 일반화(배운 것을 다른 곳에도 적용할 수 있음)시켜 주도록 한다.

☞ 처음 지도 시 유아에게 조금 큰 티셔츠를 입혀 벗는 연습을 반복한 후 실제 유아 옷으로 지도해도 효과적이다.

94 가방 메기

5~6세

목표 | 가방(백팩)을 멜 수 있다.

자료 | 가방, 강화제

방법 ❶

• 교사가 오른쪽 팔과 왼쪽 팔을 각각의 가방끈에 넣어 가방을 메는 시범을 보인다.
• 유아에게 교사를 모방하여 오른쪽 팔과 왼쪽 팔을 각각의 가방끈에 넣어 가방을 메어 보라고 한다.
• 수행되면 유아 스스로 오른쪽 팔과 왼쪽 팔을 각각의 가방끈에 넣어 가방을 메어 보라고 한다.
• 수행되면 유아의 특성에 맞는 적절한 강화제를 제공한다.

방법 ❷

- 교사가 오른쪽 팔과 왼쪽 팔을 각각의 가방끈에 넣어 가방을 메는 시범을 보인다.
- 유아에게 교사를 모방하여 오른쪽 팔과 왼쪽 팔을 각각의 가방끈에 넣어 가방을 메어 보라고 한다.
- 모방하지 못하면 교사가 가방을 들고 왼쪽(유아가 볼 때 오른쪽) 팔을 왼쪽(유아가 볼 때 오른쪽) 가방끈에 넣는 시범을 보인다.
- 유아에게 교사를 모방하여 오른쪽 팔을 오른쪽 가방끈에 넣어 보라고 한다.
- 넣지 못하면 교사가 유아의 오른쪽 팔을 잡아 오른쪽 가방끈에 넣어 준다.
- 교사가 오른쪽 가방끈을 잡아 준 후 유아에게 오른쪽 팔을 넣어 보라고 한다.
- 수행되면 교사가 유아의 오른쪽 팔을 오른쪽 가방끈에 대 준 후 팔을 넣어 보라고 한다.
- 수행되면 교사가 오른쪽 가방끈을 가리키며 유아에게 오른쪽 팔을 넣어 보라고 한다.
- 도움을 점차 줄여 간다.
- 수행되면 유아 스스로 오른쪽 팔을 오른쪽 가방끈에 넣어 보라고 한다.
- 수행되면 교사가 가방을 들고 오른쪽(유아가 볼 때 왼쪽) 팔을 오른쪽(유아가 볼 때 왼쪽) 가방끈에 넣는 시범을 보인다.
- 유아에게 교사를 모방하여 왼쪽 팔을 왼쪽 가방끈에 넣어 보라고 한다.
- 넣지 못하면 교사가 유아의 왼쪽 팔을 잡고 왼쪽 가방끈에 넣어 준다.
- 교사가 왼쪽 가방끈을 잡아 준 후 유아에게 왼쪽 팔을 넣어 보라고 한다.
- 수행되면 교사가 유아의 왼쪽 팔을 왼쪽 가방끈에 대 준 후 팔을 넣어 보라고 한다.
- 수행되면 교사가 왼쪽 가방끈을 가리키며 유아에게 왼쪽 팔을 넣어 보라고 한다.
- 도움을 점차 줄여 간다.
- 수행되면 유아 스스로 왼쪽 팔을 왼쪽 가방끈에 넣어 보라고 한다.
- 수행되면 유아 스스로 오른쪽 팔과 왼쪽 팔을 각각의 가방끈에 넣어 가방을 메어 보라고 한다.

• 수행되면 유아의 특성에 맞는 적절한 강화제를 제공한다.

☞ 교사가 유아와 마주 보고 앉아서 지도할 경우에는 가방끈에 팔을 넣는 방향이 유아가 보는 방향과 반대가 되므로 반드시 방향에 대하여 유념하여 지도하도록 한다. 가방 메기는 유아의 옆에 앉아서 지도하는 것이 효율적이다.

☞ 다음 그림처럼 시중에는 유아들이 좋아하는 캐릭터를 이용한 다양한 가방(백팩)들이 시판되고 있어 이를 활용하면 유아가 호기심과 흥미를 가질 수 있으므로 가방 메기를 놀이처럼 지도할 수 있다.

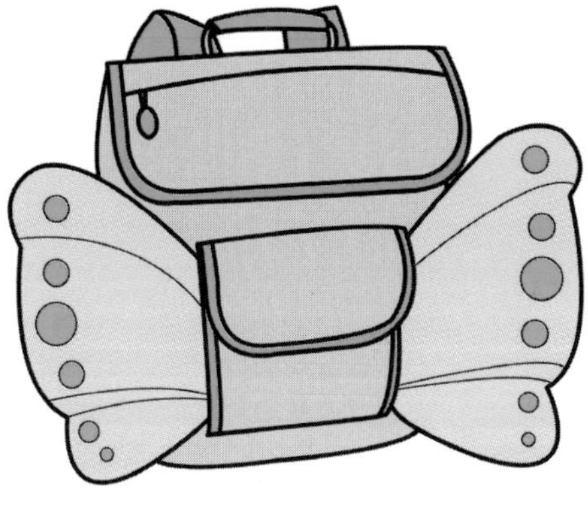

95 후크 풀기

5~6세

목표 | 후크를 풀 수 있다.

자료 | 후크가 달린 유아의 옷, 강화제

방법 ❶

- 교사가, 예를 들어 바지에 있는 후크를 잡아 고리에서 빼어 푸는(끄르는) 시범을 보인다.
- 유아에게 교사를 모방하여 바지에 있는 후크를 잡아 고리에서 빼어 풀어 보라고 한다.
- 수행되면 유아 스스로 바지에 있는 후크를 잡아 고리에서 빼어 풀어 보라고 한다.
- 수행되면 유아의 특성에 맞는 적절한 강화제를 제공한다.

방법 ❷

- 교사가, 예를 들어 바지에 있는 후크를 잡아 고리에서 빼어 푸는(끄르는) 시범을 보인다.
- 유아에게 교사를 모방하여 바지에 있는 후크를 잡아 고리에서 빼어 풀어 보라고 한다.
- 모방하지 못하면 교사가 왼손(유아가 볼 때 오른손)으로 후크를 잡는 시범을 보인다.
- 유아에게 교사를 모방하여 오른손으로 후크를 잡아 보라고 한다.
- 모방하지 못하면 교사가 유아의 손을 잡고 후크를 잡아 준다.
- 교사가 유아의 오른손을 후크에 대 준 후 후크를 잡아 보라고 한다.
- 수행되면 유아 스스로 후크를 잡아 보라고 한다.
- 수행되면 교사가 오른손(유아가 볼 때 왼손)으로 고리를 잡고 왼손(유아가 볼 때 오른손)으로 후크를 고리에서 빼어 푸는 시범을 보인다.
- 유아에게 교사를 모방하여 왼손으로 고리를 잡고 오른손으로 후크를 고리에서 빼

어 풀어 보라고 한다.

- 모방하지 못하면 교사가 유아의 손을 잡고 후크를 고리에서 빼어 풀어 준다.
- 교사가 유아의 왼손을 후크 고리에 대 준 후 유아에게 오른손으로 후크를 고리에서 빼어 풀어 보라고 한다.
- 도움을 점차 줄여 간다.
- 수행되면 유아 스스로 후크를 고리에서 빼어 풀어 보라고 한다.
- 수행되면 유아의 특성에 맞는 적절한 강화제를 제공한다.

☞ 교사가 유아와 마주 보고 앉아서 지도할 경우에는 후크와 고리를 잡는 손의 방향이 유아가 보는 방향을 고려하여 시범을 보여야 하기 때문에 후크 잠그기는 유아의 옆에 앉아서 지도하는 것이 효율적이다.

96 신발 끈 풀기 5~6세

목표 | 신발 끈을 풀 수 있다.

자료 | 교사 및 유아 운동화, 강화제

방법 ❶

- 교사가 신발 끈을 푸는 시범을 보인다.
- 유아에게 교사를 모방하여 신발 끈을 풀어 보라고 한다.
- 수행되면 유아 스스로 신발 끈을 풀어 보라고 한다.
- 수행되면 유아의 특성에 맞는 적절한 강화제를 제공한다.

방법 ❷ (스트레이트형-점진법)

- 교사가 묶여 있는 신발 끈의 양쪽 끝을 잡고 신발 끈을 푸는 시범을 보인다(사진 1, 2

참조).

- 유아에게 교사를 모방하여 신발 끈의 양쪽 끝을 잡고 신발 끈을 풀어 보라고 한다.
- 풀지 못하면 교사가 유아의 손을 잡고 신발 끈의 양쪽 끝을 잡아 신발 끈을 풀어 준다.
- 교사가 유아의 손을 신발 끈의 양쪽 끝에 대 준 후 유아에게 신발 끈의 양쪽 끝을 잡아 신발 끈을 풀어 보라고 한다.
- 수행되면 유아 스스로 신발 끈의 양쪽 끝을 잡고 신발 끈을 풀어 보라고 한다.
- 수행되면 교사가 엄지손가락과 검지손가락을 사용하여 오른쪽과 왼쪽 신발 끈이 묶여 있는 부분을 잡고 푸는 시범을 보인다(사진 2, 3 참조).
- 유아에게 교사를 모방하여 엄지손가락과 검지손가락을 사용하여 오른쪽과 왼쪽 신발 끈이 묶여 있는 부분을 잡고 풀어 보라고 한다.
- 모방하지 못하면 교사가 유아의 엄지손가락과 검지손가락을 잡아 오른쪽과 왼쪽 신발 끈이 묶여 있는 부분을 잡고 풀어 준다.
- 교사가 유아의 엄지손가락과 검지손가락을 오른쪽과 왼쪽 신발 끈이 묶여 있는 부분에 대 준 후 풀어 보라고 한다.
- 수행되면 유아 스스로 엄지손가락과 검지손가락을 사용하여 오른쪽과 왼쪽 신발 끈이 묶여 있는 부분을 잡고 풀어 보라고 한다.
- 수행되면 교사가 왼쪽 첫 번째(마지막 끈이 나오는 구멍) 구멍 아래에 오른손을 넣어 위에 있는 신발 끈을 아래로 잡아당겨 빼는 시범을 보인다(사진 4 참조).
- 유아에게 교사를 모방하여 왼쪽 첫 번째 구멍 아래에 오른손을 넣어 위에 있는 신발끈을 아래로 잡아당겨 빼 보라고 한다.
- 모방하지 못하면 교사가 유아의 손을 잡고 왼쪽 첫 번째 구멍 아래에 오른손을 넣어 위에 있는 신발 끈을 아래로 잡아당겨 빼 준다.
- 교사가 유아의 오른손을 왼쪽 첫 번째 구멍 아래에 대 준 후 신발 끈을 아래로 잡아당겨 빼 보라고 한다.
- 수행되면 유아 스스로 왼쪽 첫 번째 구멍 아래에 오른손을 넣어 위에 있는 신발 끈을 아래로 잡아당겨 빼 보라고 한다.

- 수행되면 교사가 왼쪽 두 번째 아래에 있는 신발 끈을 왼손으로 잡아 구멍 위로 빼는 시범을 보인다(사진 5 참조).
- 유아에게 교사를 모방하여 왼쪽 두 번째 아래에 있는 신발 끈을 왼손으로 잡아 구멍 위로 빼 보라고 한다.
- 빼지 못하면 교사가 유아의 손을 잡고 왼쪽 두 번째 아래에 있는 신발 끈을 왼손으로 잡아 구멍 위로 빼 준다.
- 유아 스스로 왼쪽 두 번째 아래에 있는 신발 끈을 왼손으로 잡아 구멍 위로 빼 보라고 한다.
- 수행되면 교사가 오른쪽 두 번째 구멍 아래에 있는 신발 끈을 왼손으로 잡아당겨 빼는 시범을 보인다(사진 6 참조).
- 유아에게 교사를 모방하여 오른쪽 두 번째 구멍 아래에 있는 신발 끈을 왼손으로 잡아당겨 빼 보라고 한다.
- 빼지 못하면 교사가 유아의 손을 잡고 오른쪽 두 번째 구멍 아래에 있는 신발 끈을 왼손으로 잡아당겨 빼 준다.
- 유아 스스로 오른쪽 두 번째 구멍 아래에 있는 신발 끈을 왼손으로 잡아당겨 빼 보라고 한다.
- 수행되면 교사가 오른쪽 세 번째 구멍 아래에 있는 신발 끈을 왼손으로 잡아당겨 위로 빼는 시범을 보인다(사진 7 참조).
- 유아에게 교사를 모방하여 오른쪽 세 번째 구멍 아래에 있는 신발 끈을 왼손으로 잡아당겨 위로 빼 보라고 한다.
- 빼지 못하면 교사가 유아의 손을 잡고 오른쪽 세 번째 구멍 아래에 있는 신발 끈을 왼손으로 잡아당겨 위로 빼 준다.
- 유아 스스로 오른쪽 세 번째 구멍 아래에 있는 신발 끈을 왼손으로 잡아당겨 위로 빼 보라고 한다.
- 수행되면 나머지 신발 끈을 푸는 것도 위에서 아래로 아래에서 위로 반복하며 같은 방법으로 지도한다.

- 수행되면 교사가 오른쪽 첫 번째(마지막 끈이 나오는 구멍) 구멍 위에 있는 신발 끈을 왼손으로 잡아당겨 빼는 시범을 보인다(사진 8 참조).
- 유아에게 교사를 모방하여 오른쪽 첫 번째 구멍 위에 있는 신발 끈을 왼손으로 잡아 당겨 빼 보라고 한다.
- 빼지 못하면 교사가 유아의 손을 잡고 오른쪽 첫 번째 구멍 위에 있는 신발 끈을 왼손으로 잡아당겨 빼 준다.
- 교사가 유아의 왼손을 오른쪽 첫 번째 구멍 위에 대 준 후 신발 끈을 잡아당겨 빼 보라고 한다.
- 수행되면 유아 스스로 오른쪽 첫 번째 구멍 위에 있는 신발 끈을 왼손으로 잡아당겨 빼 보라고 한다.
- 도움을 점차 줄여 간다.
- 수행되면 유아 스스로 신발 끈을 풀어 보라고 한다.
- 수행되면 유아의 특성에 맞는 적절한 강화제를 제공한다.

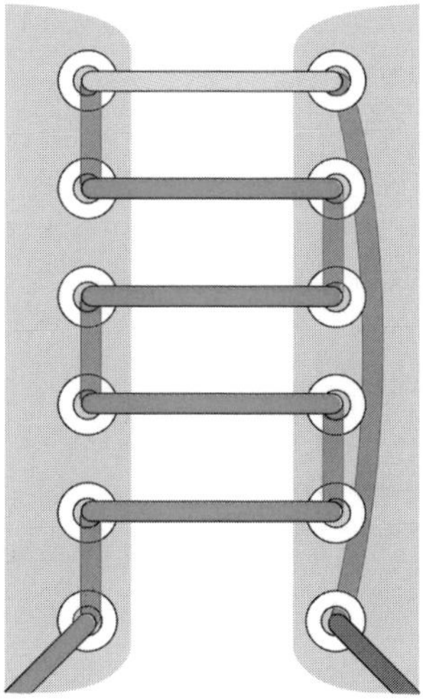

신발 끈이 끼워져 있는 순서

사진 1. 신발 끈이 묶여 있는 모양

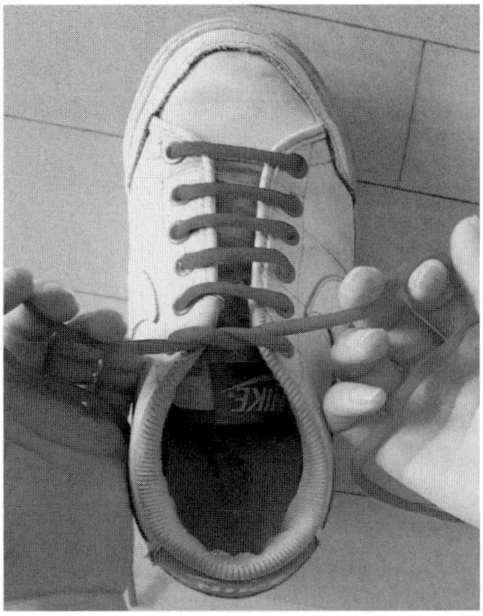

사진 2. 양쪽 끝을 잡고 푼 상태

사진 3. 엄지손가락과 검지손가락을 사용하여 오른쪽과 왼쪽 신발 끈이 묶여 있는 부분을 잡고 푼 상태

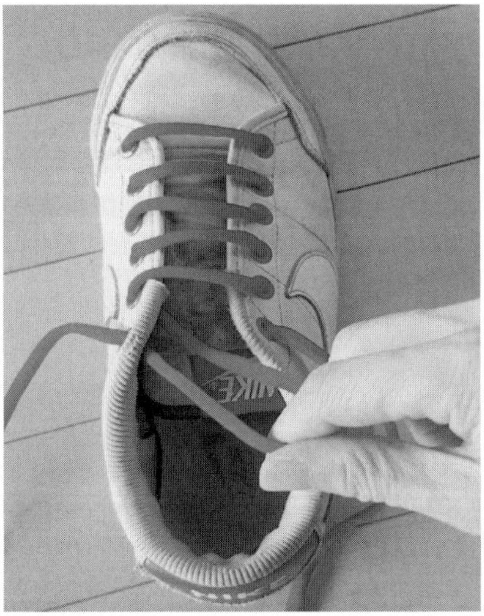

사진4. 왼쪽 첫 번째 구멍 아래에 있는 신발 끈을 아래로 잡아당겨 빼기

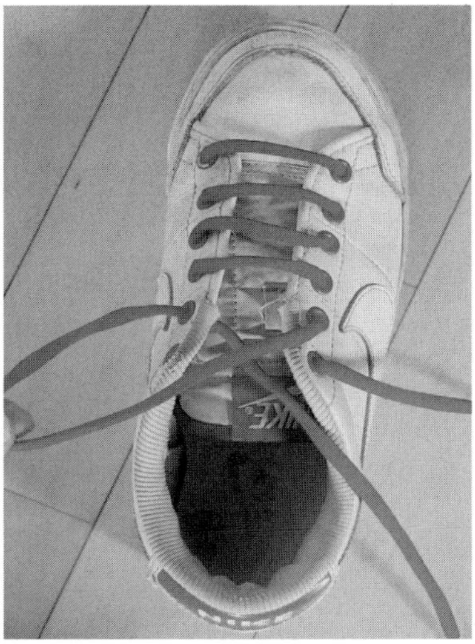

사진5. 왼쪽 두 번째 아래에 있는 신발 끈을 잡아 구멍 위로 빼기

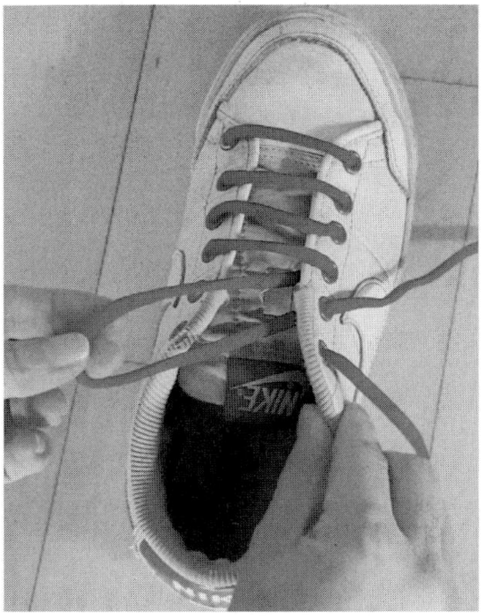

사진6. 오른쪽 두 번째 구멍 아래에 있는 신발 끈을 잡아당겨 빼기

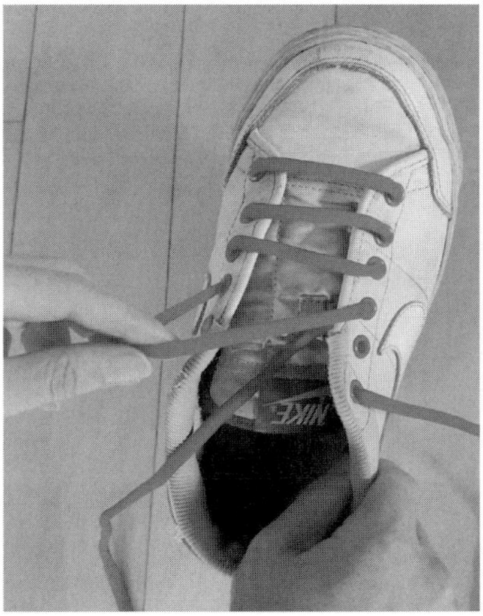

사진7. 오른쪽 세 번째 구멍 아래에 있는 신발 끈을 위로 빼기

사진8. 오른쪽 첫 번째 구멍 위에 있는 신발 끈 빼기

방법 ❸ (스트레이트형-후진법)

- 교사가 신발 끈을 왼쪽 여섯 번째 구멍까지 풀어 준 후 오른쪽 첫 번째 구멍 아래로 왼손을 넣어 신발 끈을 빼는 시범을 보인다.
- 유아에게 교사를 모방하여 오른쪽 첫 번째 구멍 아래로 왼손을 넣어 신발 끈을 빼 보라고 한다.
- 빼지 못하면 교사가 유아의 손을 잡고 오른쪽 첫 번째 구멍 아래로 왼손을 넣어 신발 끈을 빼 준다.
- 교사가 유아의 왼손을 첫 번째 구멍 아래에 넣어 준 후 신발 끈을 빼 보라고 한다.
- 수행되면 유아 스스로 오른쪽 첫 번째 구멍 아래로 왼손을 넣어 신발 끈을 빼 보라고 한다.
- 수행되면 교사가 신발 끈을 왼쪽 다섯 번째 구멍까지 풀어 준 후 왼쪽 여섯 번째 구멍 아래로 오른손을 넣어 위에 있는 신발 끈을 잡아당겨 빼는 시범을 보인다.
- 유아에게 교사를 모방하여 왼쪽 여섯 번째 구멍 아래로 오른손을 넣어 위에 있는 신발끈을 잡아당겨 빼 보라고 한다.
- 빼지 못하면 교사가 유아의 손을 잡고 왼쪽 여섯 번째 구멍 아래로 오른손을 넣어 위에 있는 신발 끈을 잡아당겨 빼 준다.
- 교사가 유아의 오른손을 여섯 번째 구멍 위에 대 준 후 왼쪽 여섯 번째 구멍 아래로 오른손을 넣어 위에 있는 신발 끈을 잡아당겨 빼 보라고 한다.
- 수행되면 유아 스스로 왼쪽 여섯 번째 구멍 아래로 오른손을 넣어 위에 있는 신발 끈을 잡아당겨 빼 보라고 한다.
- 수행되면 교사가 신발 끈을 왼쪽 네 번째 구멍까지 풀어 준 후 왼쪽 다섯 번째 구멍 아래에 오른손을 넣어 신발 끈을 잡아당겨 빼는 시범을 보인다.
- 유아에게 교사를 모방하여 왼쪽 다섯 번째 구멍 아래에 오른손을 넣어 신발 끈을 잡아당겨 빼 보라고 한다.
- 빼지 못하면 교사가 유아의 손을 잡고 왼쪽 다섯 번째 구멍 아래에 오른손을 넣어 신발끈을 잡아당겨 빼 준다.

- 교사가 유아의 오른손을 다섯 번째 구멍 아래에 대 준 후 왼쪽 다섯 번째 구멍 아래에 오른손을 넣어 신발 끈을 잡아당겨 빼 보라고 한다.
- 수행되면 유아 스스로 왼쪽 다섯 번째 구멍 아래에 오른손을 넣어 신발 끈을 잡아당겨 빼 보라고 한다.
- 수행되면 나머지 신발 끈도 같은 방법으로 순서대로 지도한다.
- 도움을 점차 줄여 간다.
- 수행되면 유아 스스로 신발 끈을 풀어 보라고 한다.
- 수행되면 유아의 특성에 맞는 적절한 강화제를 제공한다.

방법 ❹ (엑스자형-점진법)

- 묶여 있는 신발 끈의 양쪽 끝을 잡고 신발 끈을 푸는 과정은 같으므로 생략한다(사진 1 참조).
- 교사가 오른쪽 첫 번째(마지막 끈이 나오는 구멍) 구멍 아래에 왼손을 넣어 위에 있는 신발 끈을 아래로 빼는 시범을 보인다(사진 2 참조).
- 유아에게 교사를 모방하여 오른쪽 첫 번째 구멍 아래에 왼손을 넣어 위에 있는 신발 끈을 아래로 빼 보라고 한다.
- 모방하지 못하면 교사가 유아의 손을 잡고 오른쪽 첫 번째 구멍 아래에 왼손을 넣어 위에 있는 신발 끈을 아래로 빼 준다.
- 교사가 유아의 왼손을 오른쪽 첫 번째 구멍 아래에 대 준 후 신발 끈을 아래로 빼 보라고 한다.
- 수행되면 유아 스스로 오른쪽 첫 번째 구멍 아래에 왼손을 넣어 위에 있는 신발 끈을 아래로 빼 보라고 한다.
- 수행되면 교사가 왼쪽 첫 번째 구멍 위에 있는 신발 끈도 같은 방법으로 지도한다(사진 3 참조).
- 수행되면 교사가 왼쪽 두 번째 구멍 아래에 있는 신발 끈을 왼손으로 잡아당겨 위로 빼는 시범을 보인다(사진 4 참조).

- 유아에게 교사를 모방하여 왼쪽 두 번째 구멍 아래에 있는 신발 끈을 왼손으로 잡아당겨 위로 빼 보라고 한다.
- 모방하지 못하면 교사가 유아의 손을 잡고 왼쪽 두 번째 구멍 아래에 있는 신발 끈을 왼손으로 잡아당겨 위로 빼 준다.
- 교사가 유아의 왼손을 왼쪽 두 번째 구멍 위에 대 준 후 신발 끈을 잡아당겨 위로 빼 보라고 한다.
- 수행되면 유아 스스로 왼쪽 두 번째 구멍 아래에 있는 신발 끈을 왼손으로 잡아당겨 위로 빼 보라고 한다.
- 수행되면 교사가 오른쪽 두 번째 구멍 아래에 있는 신발 끈을 위로 빼는 것도 같은 방법으로 지도한다(사진 5 참조).
- 수행되면 다시 한 번 이 과정을 반복한다(사진 4, 5 참조).
- 수행되면 교사가 왼쪽 여섯 번째 구멍 아래에 있는 신발 끈을 위로 잡아당겨 빼는 시범을 보인다(사진 6 참조).
- 유아에게 교사를 모방하여 왼쪽 여섯 번째 구멍 아래에 있는 신발 끈을 위로 잡아당겨 빼 보라고 한다.
- 모방하지 못하면 교사가 유아의 손을 잡고 왼쪽 여섯 번째 구멍 아래에 있는 신발 끈을 위로 잡아당겨 빼 준다.
- 교사가 유아의 왼손을 왼쪽 여섯 번째 구멍 위에 대 준 후 신발 끈을 잡아당겨 위로 빼 보라고 한다.
- 수행되면 유아 스스로 왼쪽 여섯 번째 구멍 아래에 있는 신발 끈을 위로 잡아당겨 빼 보라고 한다.
- 도움을 점차 줄여 간다.
- 수행되면 유아 스스로 신발 끈을 풀어 보라고 한다(사진 7 참조).
- 수행되면 유아의 특성에 맞는 적절한 강화제를 제공한다.

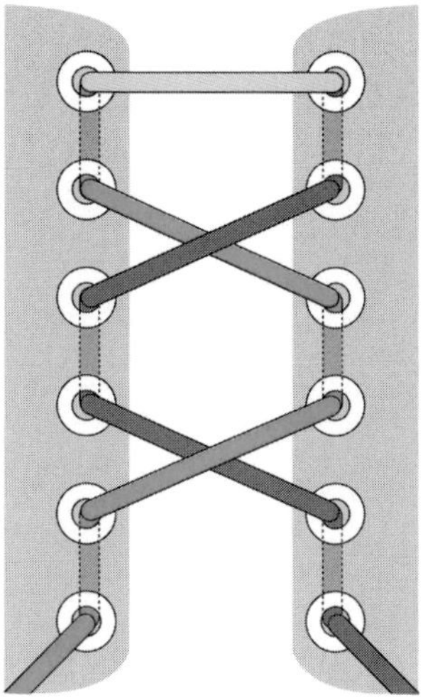

신발 끈이 끼워져 있는 순서

사진 1. 엄지손가락과 검지손가락을 사용하여 오른쪽과 왼쪽 신발 끈이 묶여 있는 부분을 잡고 푼 상태

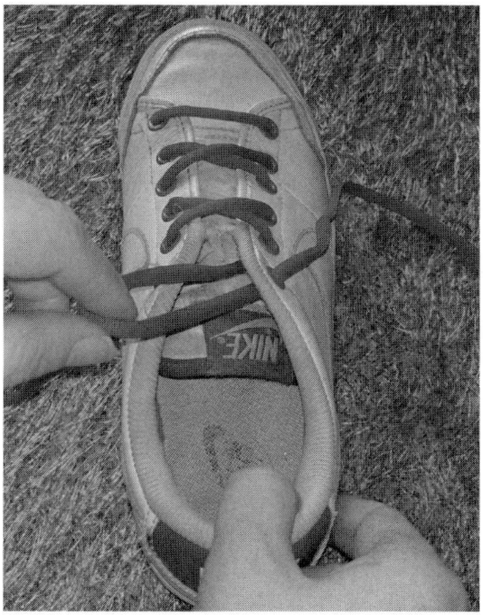

사진 2. 오른쪽 첫 번째 구멍 위에 있는 신발 끈 아래로 빼기

사진 3. 왼쪽 첫 번째 구멍 위에 있는 신발 끈 아래로 빼기

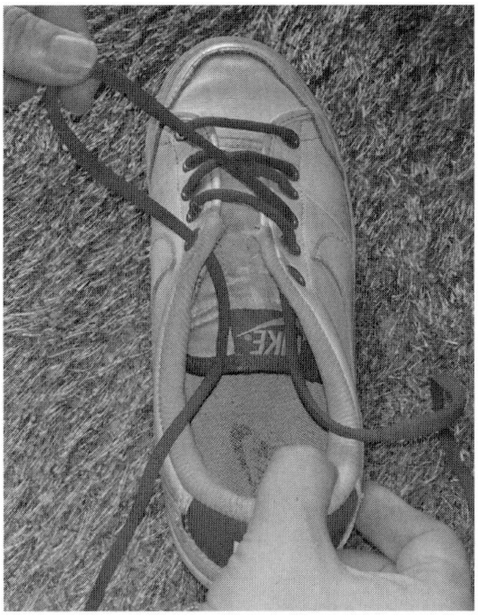

사진 4. 왼쪽 두 번째 구멍 아래에 있는 신발 끈 위로 빼기

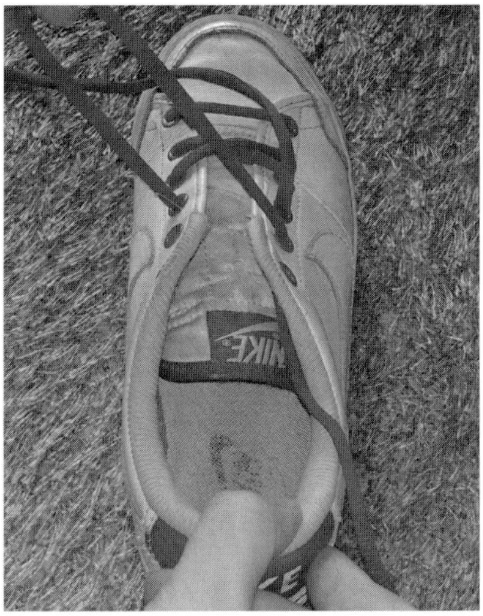

사진 5. 오른쪽 두 번째 구멍 아래에 있는 신발 끈을 위로 빼기

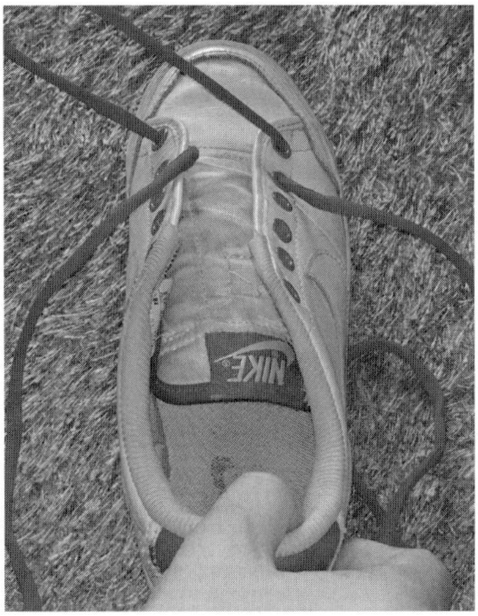

사진 6. 왼쪽 여섯 번째 구멍 아래에 있는 신발 끈 위로 잡아당겨 빼기

사진 7. 신발 끈 풀기를 완성한 모양

방법 ❺ (엑스자형-후진법)

- 교사가 양쪽 다섯 번째 구멍까지 신발 끈을 풀어 준 후 왼쪽 여섯 번째 구멍 위의 신발끈을 오른손으로 잡아 빼는 시범을 보인다.
- 유아에게 교사를 모방하여 왼쪽 여섯 번째 구멍 위의 신발 끈을 오른손으로 잡아 빼 보라고 한다.
- 빼지 못하면 교사가 유아의 손을 잡고 신발 끈을 빼 준다.
- 교사가 왼쪽 여섯 번째 구멍 위에 유아의 손을 대 준 후 신발 끈을 잡아 빼 보라고 한다.
- 수행되면 유아 스스로 왼쪽 여섯 번째 구멍 위의 신발 끈을 오른손으로 잡아 빼 보라고 한다.
- 수행되면 교사가 왼쪽 네 번째 구멍까지 신발 끈을 풀어 준 후 왼쪽 다섯 번째 구멍 아래에 오른손을 넣어 신발 끈을 빼는 시범을 보인다.
- 유아에게 교사를 모방하여 왼쪽 다섯 번째 구멍 아래에 오른손을 넣어 신발 끈을 빼 보라고 한다.
- 빼지 못하면 교사가 유아의 손을 잡고 신발 끈을 빼 준다.
- 교사가 유아의 오른쪽을 왼쪽 다섯 번째 구멍 아래에 대 준 후 빼 보라고 한다.
- 수행되면 유아 스스로 왼쪽 다섯 번째 구멍 아래에 오른손을 넣어 신발 끈을 빼 보라고 한다.
- 수행되면 교사가 오른쪽 다섯 번째 구멍까지 신발 끈을 풀어 준 후 같은 방법으로 지도한다.
- 수행되면 교사가 왼쪽 네 번째 구멍까지 신발 끈을 풀어 준 후 오른쪽 네 번째 구멍 위의 신발 끈을 왼손으로 잡아 빼는 시범을 보인다.
- 유아에게 교사를 모방하여 오른쪽 네 번째 구멍 위의 신발 끈을 왼손으로 잡아 빼 보라고 한다.
- 빼지 못하면 교사가 유아의 손을 잡고 신발 끈을 빼 준다.
- 교사가 유아의 왼손을 오른쪽 네 번째 구멍 위에 대 준 후 빼 보라고 한다.

- 수행되면 유아 스스로 오른쪽 네 번째 구멍 위의 신발 끈을 왼손으로 잡아 빼 보라고 한다.
- 수행되면 교사가 왼쪽 세 번째 구멍까지 신발 끈을 풀어 준 후 왼쪽 네 번째 구멍 위의 신발 끈을 왼손으로 잡아 빼 보라고 한다.
- 유아에게 교사를 모방하여 왼쪽 네 번째 구멍 위의 신발 끈을 왼손으로 잡아 빼 보라고 한다.
- 빼지 못하면 교사가 유아의 손을 잡고 신발 끈을 빼 준다.
- 교사가 유아의 왼손을 네 번째 구멍 위에 대 준 후 빼 보라고 한다.
- 수행되면 유아 스스로 왼쪽 네 번째 구멍 위의 신발 끈을 왼손으로 잡아 빼 보라고 한다.
- 나머지 신발 끈을 빼는 것도 같은 방법으로 지도한다.
- 수행되면 교사가 오른쪽 첫 번째 구멍아래 왼손을 넣어 신발 끈을 빼는 시범을 보인다.
- 유아에게 교사를 모방하여 오른쪽 첫 번째 구멍 아래에 왼손을 넣어 신발 끈을 빼 보라고 한다.
- 빼지 못하면 교사가 유아의 손을 잡고 신발 끈을 빼 준다.
- 교사가 유아의 왼손을 오른쪽 첫 번째 구멍 아래에 대 준 후 신발 끈을 빼 보라고 한다.
- 도움을 점차 줄여 간다.
- 수행되면 유아 스스로 신발 끈을 빼 보라고 한다.
- 수행되면 유아의 특성에 맞는 적절한 강화제를 제공한다.

☞ 신발 끈 빼기는 반드시 유아와 같은 방향에서 앉아 지도하도록 한다.

☞ 신발의 첫 번째 구멍은 신발을 신은 상태에서 보면 끈이 나오는 마지막 구멍, 즉 신발 끈을 묶는 마지막 줄이 나오는 구멍을 의미하므로 혼동하지 않도록 한다.

☞ 신발 끈 빼기를 지도하기 전 다음 그림처럼 간단하게 하드보드지에 신발 구멍을 내어 일자와 엑스자 모양으로 끈을 끼운 후 빼는 연습을 시켜 신발 끈 빼기를 지도하면 좀 더 쉽게 수행이 가능하다.

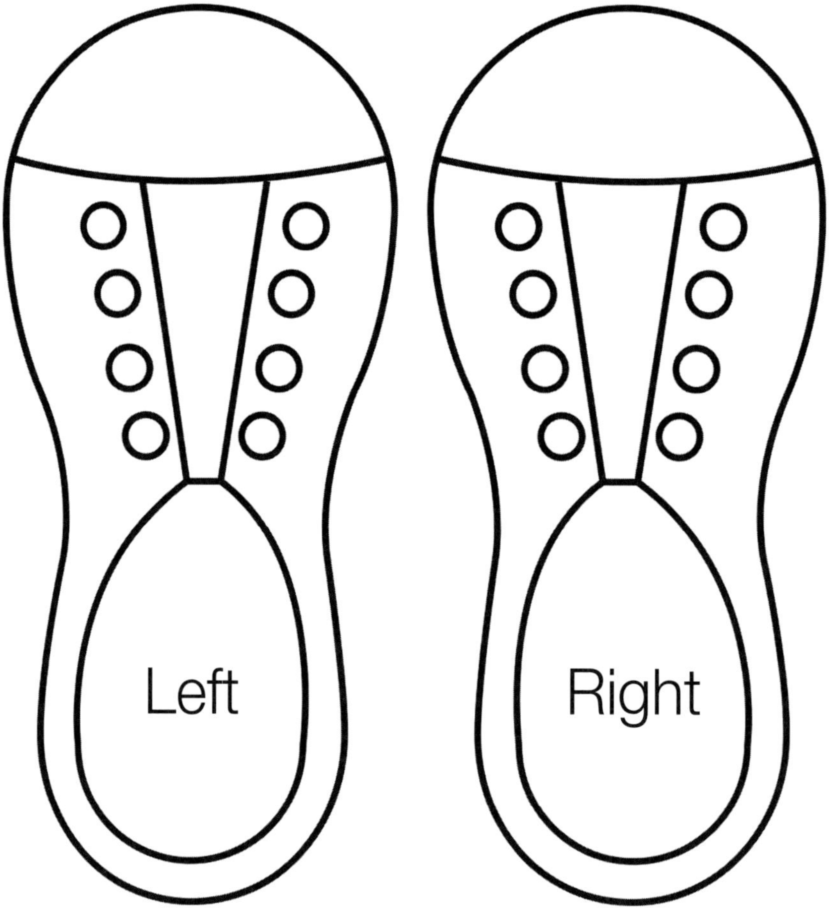
Left
Right

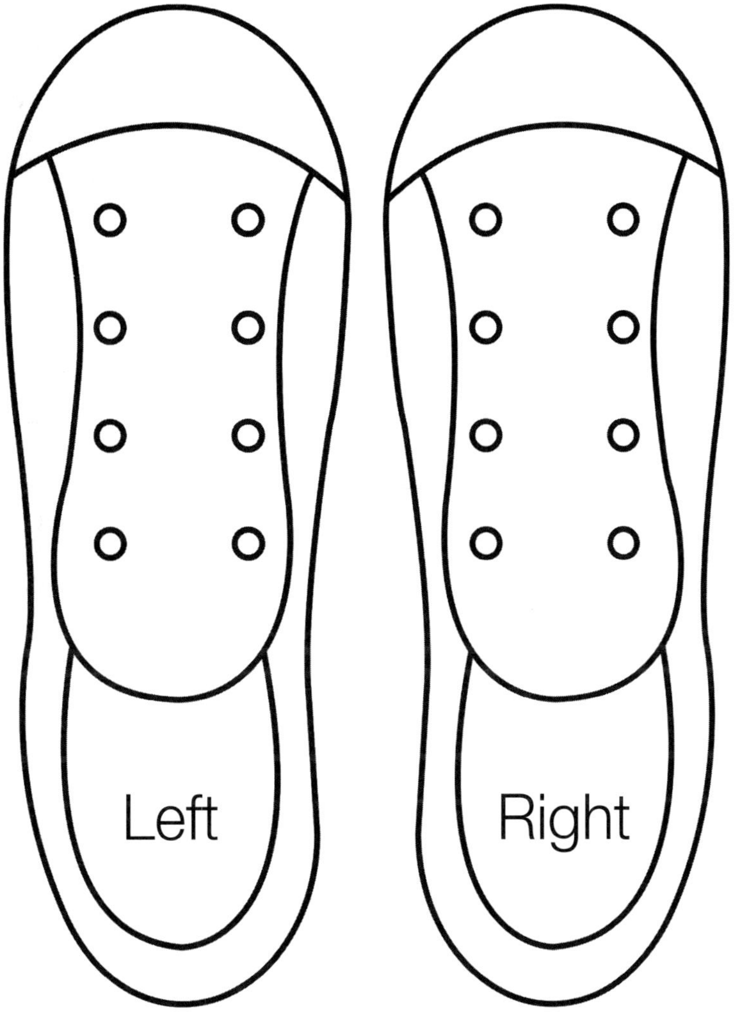

5~6
세

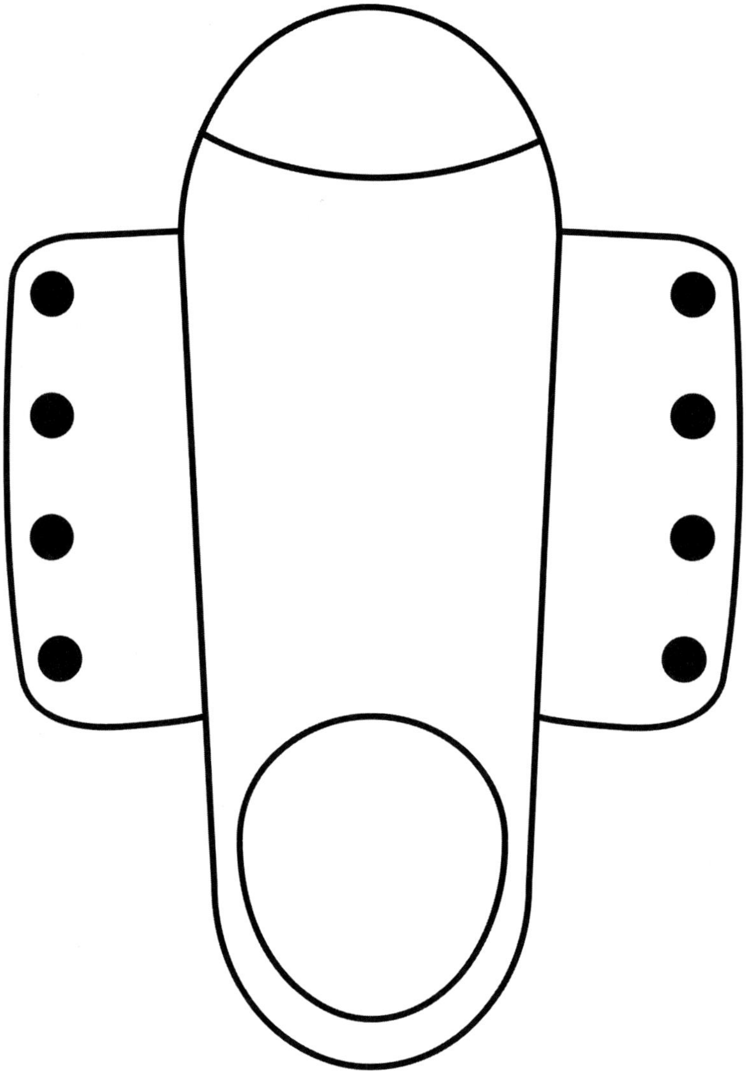

☞ 시중에는 다음 그림처럼 실리콘 신발 끈이 시판되고 있어 유아들이 간편하게 신발끈을 뺄 수 있으므로 이를 활용해도 효율적이다.

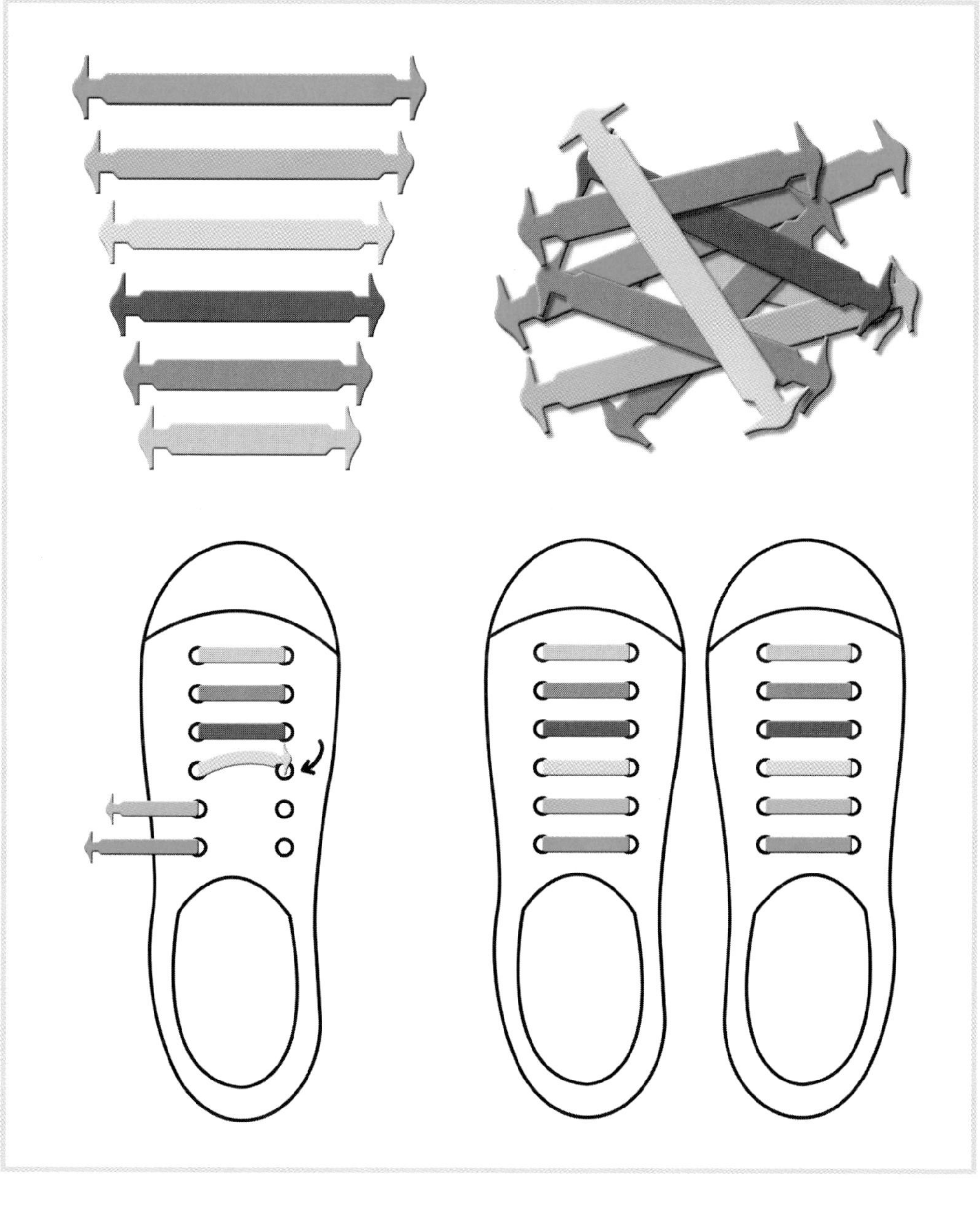

97 음료수 뚜껑 열기

5~6세

목표 | 음료수의 뚜껑을 열 수 있다.

자료 | 음료수, 강화제

방법 ❶

- 교사가 음료수 뚜껑을 잡아 돌려서 여는 시범을 보인다.
- 유아에게 교사를 모방하여 음료수 뚜껑을 잡아 돌려서 열어 보라고 한다.
- 수행되면 유아 스스로 음료수 뚜껑을 잡아 돌려서 열어 보라고 한다.
- 수행되면 유아의 특성에 맞는 적절한 강화제를 제공한다.

방법 ❷

- 교사가 음료수 뚜껑을 잡아 돌려서 여는 시범을 보인다.
- 유아에게 교사를 모방하여 음료수 뚜껑을 잡아 돌려서 열어 보라고 한다.
- 모방하지 못하면 교사가 오른손(유아가 볼 때 왼손)으로 음료수를 잡은 후 왼손(유아가 볼 때 오른손)으로 뚜껑을 잡는 시범을 보인다.
- 유아에게 교사를 모방하여 왼손으로 음료수를 잡은 후 오른손으로 뚜껑을 잡아 보라고 한다.
- 모방하지 못하면 교사가 유아의 손을 잡고 왼손으로 음료수를 잡은 후 오른손으로 뚜껑을 잡아 준다.
- 교사가 유아의 손을 잡고 왼손으로 음료수를 잡아 준 후 유아 스스로 오른손으로 뚜껑을 잡아 보라고 한다.
- 수행되면 유아 스스로 왼손으로 음료수를 잡은 후 오른손으로 뚜껑을 잡아 보라고 한다.
- 수행되면 교사가 음료수 뚜껑을 잡아 돌려서 여는 시범을 보인다.
- 유아에게 교사를 모방하여 음료수 뚜껑을 잡아 돌려서 열어 보라고 한다.

- 열지 못하면 교사가 유아의 손을 잡고 음료수 뚜껑을 잡아 돌려서 열어 준다.
- 교사가 음료수 뚜껑을 2/3 열어 준 후 유아에게 나머지를 돌려서 열어 보라고 한다.
- 수행되면 교사가 음료수 뚜껑을 1/2 열어 준 후 유아에게 나머지를 돌려서 열어 보라고 한다.
- 수행되면 교사가 음료수 뚜껑을 1/3 열어 준 후 유아에게 나머지를 돌려서 열어 보라고 한다.
- 도움을 점차 줄여 간다.
- 수행되면 유아 스스로 음료수 뚜껑을 잡아 돌려서 열어 보라고 한다.
- 수행되면 유아의 특성에 맞는 적절한 강화제를 제공한다.

☞ 유아와 마주 보고 지도할 때는 교사와 유아가 보는 방향이 반대(예: 교사가 왼손을 사용하면 유아가 볼 때 오른손이 됨)가 되므로 반드시 방향을 유념하여 지도하도록 한다.

98 작은 지퍼 올리기 5~6세

목표 | 작은 지퍼를 올릴 수 있다.

자료 | 작은 지퍼가 달린 교사 및 유아의 겉옷, 유아가 좋아하는 스트랩(예: 휴대폰 고리나 열쇠고리), 강화제

방법 ①

- 교사가 작은 지퍼가 달린 겉옷의 지퍼를 올리는 시범을 보인다.
- 유아에게 교사를 모방하여 작은 지퍼가 달린 겉옷의 지퍼를 올려 보라고 한다.
- 수행되면 유아 스스로 작은 지퍼가 달린 겉옷의 지퍼를 올려 보라고 한다.
- 수행되면 유아의 특성에 맞는 적절한 강화제를 제공한다.

방법 ❷

- 교사가 작은 지퍼 고리에 유아가 좋아하는 스트랩을 달아 준 후 스트랩을 잡아 지퍼를 올리는 시범을 보인다.
- 유아에게 교사를 모방하여 스트랩을 잡아 작은 지퍼를 올려 보라고 한다.
- 모방하지 못하면 교사가 유아의 손을 잡고 스트랩을 잡아 작은 지퍼를 올려 준다.
- 교사가 유아의 손을 스트랩에 올려 준 후 유아에게 스트랩을 잡아 작은 지퍼를 올려 보라고 한다.
- 수행되면 유아 스스로 스트랩을 잡아 작은 지퍼를 올려 보라고 한다.
- 수행되면 교사가 스트랩을 떼고 작은 지퍼의 1/3을 올리는 시범을 보인다.
- 유아에게 교사를 모방하여 작은 지퍼의 1/3을 올려 보라고 한다.
- 모방하지 못하면 교사가 유아의 손을 잡고 작은 지퍼의 1/3을 올려 준다.
- 교사가 작은 지퍼 고리에 유아의 손을 대 준 후 작은 지퍼의 1/3을 올려 보라고 한다.
- 수행되면 유아 스스로 작은 지퍼의 1/3을 올려 보라고 한다.
- 수행되면 교사가 작은 지퍼의 1/2을 올리는 시범을 보인다.
- 유아에게 교사를 모방하여 작은 지퍼의 1/2을 올려 보라고 한다.
- 모방하지 못하면 작은 지퍼의 1/3을 올린 것과 같은 방법으로 지도한다.
- 수행되면 교사가 작은 지퍼의 2/3를 올리는 시범을 보인다.
- 유아에게 교사를 모방하여 작은 지퍼의 2/3를 올려 보라고 한다.
- 모방하지 못하면 작은 지퍼의 1/2을 올린 것과 같은 방법으로 지도한다.
- 도움을 점차 줄여 간다.
- 수행되면 유아 스스로 작은 지퍼 고리를 당겨 지퍼를 올려 보라고 한다.
- 수행되면 유아의 특성에 맞는 적절한 강화제를 제공한다.

방법 ❸

- 교사가 작은 지퍼가 달린 겉옷의 지퍼를 올리는 시범을 보인다.
- 유아에게 교사를 모방하여 작은 지퍼가 달린 겉옷의 지퍼를 올려 보라고 한다.

- 모방하지 못하면 교사가 유아의 손을 잡고 작은 지퍼의 고리를 당겨 지퍼를 올려 준다.
- 교사가 작은 지퍼 고리에 유아가 좋아하는 스트랩을 달아 준 후 스트랩을 잡아 지퍼를 올리는 시범을 보인다.
- 유아에게 교사를 모방하여 스트랩을 잡아 작은 지퍼를 올려 보라고 한다.
- 모방하지 못하면 교사가 유아의 손을 잡고 스트랩을 잡아 작은 지퍼를 올려 준다.
- 교사가 유아의 손을 스트랩에 올려 준 후 유아에게 스트랩을 잡아 작은 지퍼를 올려 보라고 한다.
- 수행되면 유아 스스로 스트랩을 잡아 작은 지퍼를 올려 보라고 한다.
- 수행되면 교사가 스트랩을 떼고 지퍼의 2/3를 올려 준 후 유아에게 작은 지퍼 고리를 당겨 나머지를 올려 보라고 한다.
- 수행되면 교사가 지퍼의 1/2을 올려 준 후 유아에게 작은 지퍼 고리를 당겨 나머지를 올려 보라고 한다.
- 수행되면 교사가 지퍼의 1/3을 올려 준 후 유아에게 작은 지퍼 고리를 당겨 나머지를 올려 보라고 한다.
- 도움을 점차 줄여 간다.
- 수행되면 유아 스스로 작은 지퍼 고리를 당겨 지퍼를 올려 보라고 한다.
- 수행되면 유아의 특성에 맞는 적절한 강화제를 제공한다.

☞ 방법 ③은 후진법(뒤에서부터 수행해 나감)으로 방법 ②의 점진법(앞에서부터 순서대로 수행해 나감)보다 영아가 성취감을 쉽게 느낄 수 있어 일반적으로 발달지체 및 장애 영유아에게는 후진법을 많이 적용한다. 그러나 영유아의 특성을 고려하여 적용하는 것이 바람직하므로 참고하기 바란다.

☞ 우리가 일반적으로 열쇠고리 및 휴대폰 고리로 사용하고 있는 스트랩은 다음 그림처럼 가죽 · 천 등으로 된 끈으로 유아들이 좋아하는 캐릭터 및 다양한 모양들이 시중에 많이 판매되고 있으며 쉽게 구입이 가능하다.

6~7세

99 캔 음료수 뚜껑 따기

6~7세

목표 | 캔 음료수 뚜껑을 딸 수 있다.

자료 | 음료수, 강화제

방법 ❶

- 교사가 캔 음료수 뚜껑의 손잡이를 앞으로 잡아당겨 뚜껑을 따는 시범을 보인다.
- 유아에게 교사를 모방하여 캔 음료수 뚜껑의 손잡이를 앞으로 잡아당겨 뚜껑을 따 보라고 한다.
- 수행되면 유아 스스로 캔 음료수 뚜껑의 손잡이를 앞으로 잡아당겨 뚜껑을 따 보라고 한다.
- 수행되면 유아의 특성에 맞는 적절한 강화제를 제공한다.

방법 ❷

- 교사가 오른손(유아가 볼 때 왼손)으로 캔 음료수를 잡은 후 왼손(유아가 볼 때 오른손)으로 뚜껑의 손잡이를 잡는 시범을 보인다.
- 유아에게 교사를 모방하여 왼손으로 캔 음료수를 잡은 후 오른손으로 뚜껑의 손잡이를 잡아 보라고 한다.
- 모방하지 못하면 교사가 유아의 손을 잡고 왼손으로 캔 음료수를 잡은 후 오른손

으로 뚜껑의 손잡이를 잡아 준다.

- 교사가 유아의 손을 잡고 왼손으로 캔 음료수를 잡아 준 후 유아 스스로 오른손으로 뚜껑의 손잡이를 잡아 보라고 한다.
- 수행되면 유아 스스로 왼손으로 캔 음료수를 잡은 후 오른손으로 뚜껑의 손잡이를 잡아 보라고 한다.
- 수행되면 교사가 캔 음료수 뚜껑의 손잡이를 앞으로 잡아당겨 뚜껑을 따는 시범을 보인다.
- 유아에게 교사를 모방하여 캔 음료수 뚜껑의 손잡이를 앞으로 잡아당겨 뚜껑을 따 보라고 한다.
- 따지 못하면 교사가 유아의 손을 잡고 캔 음료수 뚜껑의 손잡이를 앞으로 잡아당겨 뚜껑을 따 준다.
- 교사가 캔 음료수 뚜껑의 손잡이에 유아의 손을 대 준 후 유아에게 손잡이를 앞으로 잡아당겨 뚜껑을 따 보라고 한다.
- 도움을 점차 줄여 간다.
- 수행되면 유아 스스로 캔 음료수 뚜껑의 손잡이를 앞으로 잡아당겨 뚜껑을 따 보라고 한다.
- 수행되면 유아의 특성에 맞는 적절한 강화제를 제공한다.

☞ 유아와 마주 보고 지도할 때는 교사와 유아가 보는 방향이 반대(예: 교사가 왼손을 사용하면 유아가 볼 때 오른손이 됨)가 되므로 반드시 방향을 유념하여 지도하도록 한다.

100 미숫가루 타서 마시기

6~7세

목표 | 미숫가루를 타서 마실 수 있다.

자료 | 미숫가루, 우유 또는 물, 플라스틱 컵, 거품기, 강화제

방법 ❶

- 교사가 컵에 우유를 붓고 미숫가루를 넣어 거품기로 저은 후 미숫가루를 마시는 시범을 보인다.
- 유아에게 교사를 모방하여 컵에 우유를 붓고 미숫가루를 넣어 거품기로 저은 후 미숫가루를 마셔 보라고 한다.
- 수행되면 유아 스스로 컵에 우유를 붓고 미숫가루를 넣어 거품기로 저은 후 미숫가루를 마셔 보라고 한다.
- 수행되면 유아의 특성에 맞는 적절한 강화제를 제공한다.

방법 ❷

- 교사가 컵에 우유를 붓고 미숫가루를 넣어 거품기로 저은 후 미숫가루를 마시는 시범을 보인다.
- 유아에게 교사를 모방하여 컵에 우유를 붓고 미숫가루를 넣어 거품기로 저은 후 미숫가루를 마셔 보라고 한다.
- 모방하지 못하면 교사가 컵에 우유를 붓고 미숫가루를 넣는 시범을 보인다.
- 유아에게 교사를 모방하여 컵에 우유를 붓고 미숫가루를 넣어 보라고 한다.
- 모방하지 못하면 교사가 유아의 손을 잡고 컵에 우유를 부은 후 미숫가루를 넣어 준다.
- 교사가 유아에게 컵에 우유를 붓게 한 후 유아의 손을 잡고 미숫가루를 넣어 준다.
- 유아 스스로 컵에 우유를 붓고 미숫가루를 넣어 보라고 한다.
- 수행되면 교사가 거품기로 미숫가루를 젓는 시범을 보인다.

- 유아에게 교사를 모방하여 거품기로 미숫가루를 저어 보라고 한다.
- 모방하지 못하면 교사가 유아의 손을 잡고 거품기로 미숫가루를 저어 준다.
- 교사가 유아에게 거품기를 준 후 미숫가루를 저어 보라고 한다.
- 수행되면 유아 스스로 거품기로 미숫가루를 저어 보라고 한다.
- 도움을 점차 줄여 간다.
- 수행되면 유아 스스로 컵에 우유를 붓고 미숫가루를 넣어 거품기로 저은 후 미숫가루를 마셔 보라고 한다.
- 수행되면 유아의 특성에 맞는 적절한 강화제를 제공한다.

101 샌드위치 만들기 6~7세

목표 | 샌드위치를 만들 수 있다.

자료 | 식빵, 잼, 버터나이프, 강화제

방법 ❶

- 교사가 버터나이프로 잼을 떠서 식빵 한 조각에 올려 넓게 펴 바른 후 식빵 한 조각을 더 올려 샌드위치를 만드는 시범을 보인다.
- 유아에게 교사를 모방하여 버터나이프로 잼을 떠서 식빵 한 조각에 올려 넓게 펴 바른 후 식빵 한 조각을 더 올려 샌드위치를 만들어 보라고 한다.
- 수행되면 유아 스스로 버터나이프로 잼을 떠서 식빵 한 조각에 올려 넓게 펴 바른 후 식빵 한 조각을 더 올려 샌드위치를 만들어 보라고 한다.
- 수행되면 유아의 특성에 맞는 적절한 강화제를 제공한다.

방법 ❷

- 교사가 버터나이프로 잼을 떠서 식빵 한 조각에 올려 넓게 펴 바른 후 식빵 한 조

각을 더 올려 샌드위치를 만드는 시범을 보인다.

- 유아에게 교사를 모방하여 버터나이프로 잼을 떠서 식빵 한 조각에 올려 넓게 펴 바른 후 식빵 한 조각을 더 올려 샌드위치를 만들어 보라고 한다.
- 모방하지 못하면 교사가 버터나이프로 잼을 떠서 식빵 한 조각에 올려놓는 시범을 보인다.
- 유아에게 교사를 모방하여 버터나이프로 잼을 떠서 식빵 한 조각에 올려놓아 보라고 한다.
- 모방하지 못하면 교사가 유아의 손을 잡고 버터나이프로 잼을 떠서 식빵 한 조각에 올려놓아 준다.
- 교사가 잼을 가리키며 유아에게 버터나이프로 잼을 떠서 식빵 한 조각에 올려놓아 보라고 한다.
- 수행되면 유아 스스로 버터나이프로 잼을 떠서 식빵 한 조각에 올려놓아 보라고 한다.
- 수행되면 교사가 식빵 위에 올려놓은 잼을 넓게 펴 바르는 시범을 보인다.
- 유아에게 교사를 모방하여 식빵 위에 올려놓은 잼을 넓게 펴 발라 보라고 한다.
- 모방하지 못하면 교사가 유아의 손을 잡고 식빵 위에 올려놓은 잼을 넓게 펴 발라 준다.
- 교사가 잼을 넓게 펴 바르는 몸짓을 보여 주며 유아에게 식빵 위에 올려놓은 잼을 넓게 펴 발라 보라고 한다.
- 수행되면 유아 스스로 식빵 위에 올려놓은 잼을 넓게 펴 발라 보라고 한다.
- 수행되면 교사가 잼이 발라진 식빵 위에 식빵 한 조각을 더 올려 겹치는 시범을 보인다.
- 유아에게 교사를 모방하여 잼이 발라진 식빵 위에 식빵 한 조각을 더 올려 겹쳐 보라고 한다.
- 모방하지 못하면 교사가 유아의 손을 잡고 잼이 발라진 식빵 위에 식빵 한 조각을 더 올려 겹쳐 준다.
- 교사가 식빵을 가리키며 유아에게 잼이 발라진 식빵 위에 식빵 한 조각을 더 올려

겹쳐 보라고 한다.

- 수행되면 유아 스스로 잼이 발라진 식빵 위에 식빵 한 조각을 더 올려 겹쳐 보라고 한다.
- 도움을 점차 줄여 간다.
- 수행되면 유아 스스로 버터나이프로 잼을 떠서 식빵 한 조각에 올려 넓게 펴 바른 후 식빵 한 조각을 더 올려 샌드위치를 만들어 보라고 한다.
- 수행되면 유아의 특성에 맞는 적절한 강화제를 제공한다.

☞ 수행이 된 경우 빵에 잼을 바른 후 치즈나 토마토를 올려 샌드위치 만드는 것을 지도해도 된다.

102 주전자로 컵에 그어진 선까지 물 따르기 6~7세

목표 | 주전자로 컵에 그어진 선까지 물을 따를 수 있다.

자료 | 주전자, 투명 컵, 물, 강화제

방법 ❶

- 주전자로 컵에 물 따르기는 앞 단계에서 수행하였으므로 확인한 후 지도한다.
- 교사가 투명한 컵에 선을 그어 놓고 선까지 물을 따라야 한다는 것을 유아에게 설명한다.
- 교사가 주전자를 들고 컵에 그어진 선까지 물을 따르는 시범을 보인다.
- 유아에게 교사를 모방하여 주전자를 들고 컵에 그어진 선까지 물을 따라 보라고 한다.
- 수행되면 유아 스스로 주전자를 들고 컵에 그어진 선까지 물을 따라 보라고 한다.
- 수행되면 유아의 특성에 맞는 적절한 강화제를 제공한다.

방법 ❷

- 주전자로 컵에 물 따르기는 앞 단계에서 수행하였으므로 확인한 후 지도한다.
- 교사가 투명한 컵에 선을 그어 놓고 선까지 물을 따라야 한다는 것을 유아에게 설명한다.
- 교사가 주전자를 들고 컵에 그어진 선까지 물을 따르는 시범을 보인다.
- 유아에게 교사를 모방하여 주전자를 들고 컵에 그어진 선까지 물을 따라 보라고 한다.
- 모방하지 못하면 교사가 유아의 손을 잡고 주전자를 들어 컵에 그어진 선까지 물을 따라 준다.
- 유아에게 주전자를 들고 컵에 그어진 선까지 물을 따르라고 한 후 유아가 컵에 그어진 선까지 물을 따르면 교사가 멈추라고 말해 준다.
- 교사가 컵의 선을 가리키며 유아에게 주전자를 들어 컵에 그어진 선까지 물을 따라 보라고 한다.
- 도움을 점차 줄여 간다.
- 수행되면 유아 스스로 주전자를 들고 컵에 그어진 선까지 물을 따라 보라고 한다.
- 수행되면 유아의 특성에 맞는 적절한 강화제를 제공한다.

☞ 처음 지도 시에는 투명 컵에 선을 그어 놓고 주전자로 컵에 그어진 선까지 물 따르기를 지도한 후 수행되면 불투명 컵에 교사가 원하는 만큼의 물 따르기를 위와 같은 방법으로 지도하면 된다.

☞ 수행되면 주전자에 물이나 음료수를 넣어 놓고 인형이나 또래에게 물이나 음료수를 주는 놀이를 하면 유아가 흥미 있어 할 뿐만 아니라 일반화시키는 데도 유용하다.

☞ 수행 후 유아가 쉽게 키울 수 있는 화분을 준비하여 일정한 물의 양을 화분에 주도록 지도하면 유아가 책임지고 화분을 키울 수 있어 성취감을 느끼게 할 수 있을 뿐 아니라 집안일의 하나를 맡아서 수행시키는 데도 도움이 된다.

103 외투 입기

6~7세

방법 ❶

- 큰 단추와 작은 단추 빼기는 앞 단계에서 수행하였으므로 확인한 후 지도한다.
- 교사가, 예를 들어 단추를 뺀 후 외투를 입는 시범을 보인다.
- 유아에게 교사를 모방하여 단추를 뺀 후 외투를 입어 보라고 한다.
- 수행되면 유아 스스로 단추를 뺀 후 외투를 입어 보라고 한다.
- 수행되면 유아의 특성에 맞는 적절한 강화제를 제공한다.

방법 ❷

- 큰 단추와 작은 단추 빼기는 앞 단계에서 수행하였으므로 확인한 후 지도한다.
- 교사가, 예를 들어 단추를 뺀 후 외투를 입는 시범을 보인다.
- 유아에게 교사를 모방하여 단추를 뺀 후 외투를 입어 보라고 한다.
- 모방하지 못하면 교사가 외투의 왼쪽(유아가 볼 때 오른쪽) 소매에 팔을 넣는 시범을 보인다.
- 교사가 유아의 왼쪽 팔 외투를 입혀 준 후 유아에게 교사를 모방하여 외투의 오른쪽 소매에 팔을 넣어 외투를 입어 보라고 한다.
- 입지 못하면 교사가 유아의 팔을 잡고 외투의 오른쪽 소매에 팔을 넣어 외투를 입혀 준다.
- 교사가 유아의 손을 외투의 오른쪽 소매 안에 대 준 후 외투를 입어 보라고 한다.
- 수행되면 교사가 외투의 오른쪽 소매를 잡아 준 후 유아 스스로 오른쪽 소매 안에 팔을 넣어 보라고 한다.
- 도움을 점차 줄여 간다.
- 수행되면 유아 스스로 오른쪽 팔의 외투를 입어 보라고 한다.
- 수행되면 교사가 외투의 오른쪽(유아가 볼 때 왼쪽) 소매에 팔을 넣어 외투를 입는 시범

을 보인다.

- 유아에게 교사를 모방하여 외투의 왼쪽 소매에 팔을 넣어 외투를 입어 보라고 한다.
- 모방하지 못하면 외투의 오른쪽 소매를 입는 것과 같은 방법으로 지도한다.
- 수행되면 유아 스스로 왼쪽 팔의 외투를 입어 보라고 한다.
- 도움을 점차 줄여 간다.
- 수행되면 유아 스스로 단추를 뺀 후 외투를 입어 보라고 한다.
- 수행되면 유아의 특성에 맞는 적절한 강화제를 제공한다.

☞ 유아와 마주 보고 지도할 때는 유아가 보는 방향이 반대(예: 교사가 왼손을 사용하면 유아가 볼 때 오른손)가 되므로 반드시 방향에 대하여 유념하도록 한다. 그리고 유아의 손에 대한 선호도(오른손잡이, 왼손잡이)를 고려하여 유아가 보는 방향을 맞추어야 한다.

☞ 티셔츠 및 윗옷 입기도 같은 방법으로 지도하면 된다.

104 벨트의 버클 풀기 6~7세

목표 | 벨트의 버클을 풀 수 있다.

자료 | 벨트, 강화제

방법 ❶

- 고리에서 벨트 빼기는 앞 단계에서 수행하였으므로 확인한 후 지도한다.
- 교사가 벨트의 끝을 잡고 힘을 주어 벨트를 뒤로 젖힌 후 버클을 푸는(끄르는) 시범을 보인다.
- 유아에게 교사를 모방하여 벨트의 끝을 잡고 힘을 주어 벨트를 뒤로 젖힌 후 풀어 보라고 한다.

- 수행되면 유아 스스로 벨트의 끝을 잡고 힘을 주어 벨트를 뒤로 젖힌 후 버클을 풀어 보라고 한다.
- 수행되면 유아 스스로 벨트의 끝을 잡고 힘을 주어 벨트를 뒤로 젖힌 후 버클을 풀어 벨트를 빼어 보라고 한다.
- 수행되면 유아의 특성에 맞는 적절한 강화제를 제공한다.

방법 ❷

- 고리에서 벨트 빼기는 앞 단계에서 수행하였으므로 확인한 후 지도한다.
- 교사가 벨트의 끝을 잡고 힘을 주어 벨트를 뒤로 젖힌 후 버클을 푸는(끄르는) 시범을 보인다.
- 유아에게 교사를 모방하여 벨트의 끝을 잡고 힘을 주어 벨트를 뒤로 젖힌 후 풀어 보라고 한다.
- 모방하지 못하면 교사가 벨트의 끝을 잡고 힘을 주어 벨트를 뒤로 젖히는 시범을 보인다.
- 유아에게 교사를 모방하여 벨트의 끝을 잡고 힘을 주어 벨트를 뒤로 젖혀 보라고 한다.
- 모방하지 못하면 교사가 유아의 손을 잡아 벨트의 끝을 잡고 힘을 주어 벨트를 뒤로 젖혀 준다.
- 교사가 유아의 손을 잡아 벨트의 끝을 잡게 해 준 후 유아에게 힘을 주어 벨트를 뒤로 젖혀 보라고 한다.
- 수행되면 교사가 유아의 손을 벨트 끝에 대 준 후 유아에게 벨트의 끝을 잡고 힘을 주어 벨트를 뒤로 젖혀 보라고 한다.
- 도움을 점차 줄여 간다.
- 수행되면 유아 스스로 벨트의 끝을 잡고 힘을 주어 벨트를 뒤로 젖혀 보라고 한다.
- 수행되면 교사가 뒤로 젖혀진 벨트를 잡아 버클을 푸는(끄르는) 시범을 보인다.
- 유아에게 교사를 모방하여 뒤로 젖혀진 벨트를 잡아 버클을 풀어 보라고 한다.

- 모방하지 못하면 교사가 유아의 손을 잡고 뒤로 젖혀진 벨트를 잡아 버클을 풀어 준다.
- 교사가 유아의 손을 잡아 뒤로 젖혀진 벨트를 잡게 해 준 후 유아에게 벨트를 잡아 버클을 풀어 보라고 한다.
- 수행되면 유아 스스로 뒤로 젖혀진 벨트를 잡아 버클을 풀어 보라고 한다.
- 도움을 점차 줄여 간다.
- 수행되면 유아 스스로 벨트의 끝을 잡고 힘을 주어 벨트를 뒤로 젖힌 후 버클을 풀어 보라고 한다.
- 수행되면 유아 스스로 벨트의 끝을 잡고 힘을 주어 벨트를 뒤로 젖힌 후 버클을 풀어 벨트를 빼 보라고 한다.
- 수행되면 유아의 특성에 맞는 적절한 강화제를 제공한다.

105 작은 단추 끼우기 6~7세

목표 | 작은 단추를 끼울 수 있다.

자료 | 교사 및 유아의 겉옷, 강화제

방법 ❶

- 교사가 유아와 나란히 앉아 교사가 입고 있는 겉옷에서 작은 단추를 끼우는 시범을 보인다.
- 유아에게 교사를 모방하여 작은 단추를 끼워 보라고 한다.
- 수행되면 유아 스스로 작은 단추를 끼워 보라고 한다.
- 수행되면 유아의 특성에 맞는 적절한 강화제를 제공한다.

방법 ❷

- 교사가 유아와 나란히 앉아 교사가 입고 있는 겉옷에서 작은 단추를 한 개 끼우는 시범을 보인다.
- 유아에게 교사를 모방하여 겉옷의 작은 단추를 한 개 끼워 보라고 한다.
- 모방하지 못하면 교사가 유아의 손을 잡고 작은 단추를 한 개 끼워 준다.
- 교사가 작은 단추 한 개를 1/2 정도 끼워 구멍에 반쯤 걸려 있게 한다.
- 구멍에 반쯤 걸려 있는 단추를 유아가 끼울 수 있도록 교사가 유아의 엄지손가락과 집게손가락을 단추에 올려 준 후 단추를 끼워 보라고 한다.
- 수행되면 교사가 작은 단추 한 개를 1/2 정도 끼워 구멍에 반쯤 걸려 있게 한 후 유아에게 엄지손가락과 집게손가락을 사용하여 단추를 끼워 보라고 한다.
- 수행되면 교사가 작은 단추를 가리키며 유아에게 작은 단추를 한 개 끼워 보라고 한다.
- 수행되면 유아 스스로 작은 단추를 한 개 끼워 보라고 한다.
- 수행되면 교사가 작은 단추를 두 개 끼우는 시범을 보인다.
- 유아에게 교사를 모방하여 작은 단추를 두 개 끼워 보라고 한다.
- 끼우지 못하면 작은 단추를 한 개 끼우는 것과 같은 방법으로 지도한다.
- 수행되면 나머지 단추들도 같은 방법으로 지도한다.
- 도움을 점차 줄여 간다.
- 수행되면 유아 스스로 작은 단추를 모두 끼워 보라고 한다.
- 수행되면 유아의 특성에 맞는 적절한 강화제를 제공한다.

방법 ❸

- 교사가 유아와 나란히 앉아 교사가 입고 있는 겉옷에서 작은 단추를 한 개 끼우는 시범을 보인다.
- 유아에게 교사를 모방하여 겉옷의 작은 단추를 한 개 끼워 보라고 한다.
- 모방하지 못하면 교사가 유아의 손을 잡고 작은 단추를 한 개 끼워 준다.

- 교사가 작은 단추 한 개를 1/2 정도 끼워 구멍에 반쯤 걸려 있게 한다.
- 구멍에 반쯤 걸려 있는 단추를 유아가 끼울 수 있도록 교사가 유아의 엄지손가락과 집게손가락을 단추에 올려 준 후 나머지 부분의 단추를 끼워 보라고 한다.
- 수행되면 교사가 작은 단추 한 개를 1/2 정도 끼워 구멍에 반쯤 걸려 있게 한 후 유아에게 엄지손가락과 집게손가락으로 나머지 부분의 단추를 끼워 보라고 한다.
- 수행되면 교사가 작은 단추 한 개를 가리키며 유아에게 끼워 보라고 한다.
- 도움을 점차 줄여 간다.
- 수행되면 유아 스스로 작은 단추를 한 개 끼워 보라고 한다.
- 수행되면, 예를 들어 단추가 다섯 개 달린 경우 교사가 세 개를 끼워 준 후 유아에게 두 개를 끼워 보라고 한다.
- 수행되면 교사가 단추를 두 개 끼워 준 후 유아에게 세 개를 끼워 보라고 한다.
- 수행되면 교사가 단추를 한 개 끼워 준 후 유아에게 네 개를 끼워 보라고 한다.
- 수행되면 유아 스스로 겉옷의 작은 단추를 모두 끼워 보라고 한다.
- 수행되면 유아의 특성에 맞는 적절한 강화제를 제공한다.

☞ 교사가 유아와 마주 보고 앉아서 지도할 경우에는 단추를 잡는 손의 방향이 유아가 보는 방향을 고려하여 시범을 보여야 하기 때문에 단추 끼우기는 유아의 옆에 앉아서 지도하는 것이 효율적이다.

☞ 방법 ❸은 후진법(뒤에서부터 수행해 나감)으로 방법 ❷의 점진법(앞에서부터 순서대로 수행해 나감)보다 유아가 성취감을 쉽게 느낄 수 있어 일반적으로 발달지체 및 장애 영유아에게는 후진법을 많이 적용한다. 그러나 영유아의 특성을 고려하여 적용하는 것이 바람직하므로 참고하기 바란다.

106 외투 입고 벗기

6~7세

목표 | 외투를 입고 벗을 수 있다.

자료 | 교사 및 유아의 외투, 강화제

방법 ❶

- 외투 벗기와 외투 입기는 각각 앞 단계에서 수행하였으므로 확인 후 입고 벗기를 연결하여 지도하도록 한다.
- 교사가 외투를 입고 단추를 잠근 후 다시 단추를 열고 외투를 벗는 시범을 보인다.
- 유아에게 교사를 모방하여 외투를 입고 단추를 잠근 후 다시 단추를 열고 외투를 벗어 보라고 한다.
- 수행되면 유아 스스로 외투를 입고 단추를 잠근 후 다시 단추를 열고 외투를 벗어 보라고 한다.
- 수행되면 유아의 특성에 맞는 적절한 강화제를 제공한다.

방법 ❷

- 외투 벗기와 외투 입기는 각각 앞 단계에서 수행하였으므로 확인 후 입고 벗기를 연결하여 지도하도록 한다.
- 교사가 외투를 입고 단추를 잠근 후 다시 단추를 열고 외투를 벗는 시범을 보인다.
- 유아에게 교사를 모방하여 외투를 입고 단추를 잠근 후 다시 단추를 열고 외투를 벗어 보라고 한다.
- 모방하지 못하면 교사가 외투를 입고 단추를 잠근 후 유아에게 교사를 모방하여 외투를 입고 단추를 잠가 보라고 한다.
- 수행되면 교사가 단추를 열고 외투를 벗은 후 유아에게 교사를 모방하여 단추를 열고 외투를 벗어 보라고 한다.
- 도움을 점차 줄여 간다.

- 수행되면 유아 스스로 외투를 입고 단추를 잠근 후 다시 단추를 열고 외투를 벗어 보라고 한다.
- 수행되면 유아의 특성에 맞는 적절한 강화제를 제공한다.

107 후크 잠그기

6~7세

목표 | 후크를 잠글 수 있다.

자료 | 후크가 달린 유아의 옷, 강화제

방법 ❶

- 교사가, 예를 들어 바지에 있는 후크를 고리에 걸어 잠그는 시범을 보인다.
- 유아에게 교사를 모방하여 바지에 있는 후크를 고리에 걸어 잠가 보라고 한다.
- 수행되면 유아 스스로 바지에 있는 후크를 고리에 걸어 잠가 보라고 한다.
- 수행되면 유아의 특성에 맞는 적절한 강화제를 제공한다.

방법 ❷

- 교사가, 예를 들어 바지에 있는 후크를 고리에 걸어 잠그는 시범을 보인다.
- 유아에게 교사를 모방하여 바지에 있는 후크를 고리에 걸어 잠가 보라고 한다.
- 모방하지 못하면 교사가 왼손(유아가 볼 때 오른손)으로 후크를 잡는 시범을 보인다.
- 유아에게 교사를 모방하여 오른손으로 후크를 잡아 보라고 한다.
- 모방하지 못하면 교사가 유아의 손을 잡고 후크를 잡아 준다.
- 교사가 유아의 오른손을 후크에 대 준 후 후크를 잡아 보라고 한다.
- 수행되면 교사가 후크를 가리키며 유아에게 후크를 잡아 보라고 한다.
- 도움을 점차 줄여 간다.
- 수행되면 유아 스스로 후크를 잡아 보라고 한다.
- 수행되면 교사가 오른손(유아가 볼 때 왼손)으로 고리를 잡고 왼손(유아가 볼 때 오른손)으로

후크를 고리에 거는 시범을 보인다.

- 유아에게 교사를 모방하여 왼손으로 고리를 잡고 오른손으로 후크를 고리에 걸어 보라고 한다.
- 모방하지 못하면 교사가 유아의 손을 잡고 후크를 고리에 걸어 잡가 준다.
- 교사가 유아의 왼손을 후크 고리에 대 준 후 유아에게 오른손으로 후크를 고리에 걸어 잠가 보라고 한다.
- 도움을 점차 줄여 간다.
- 수행되면 유아 스스로 바지에 있는 후크를 고리에 걸어 잠가 보라고 한다.
- 수행되면 유아의 특성에 맞는 적절한 강화제를 제공한다.

☞ 교사가 유아와 마주 보고 앉아서 지도할 경우에는 후크와 고리를 잡는 손의 방향이 유아가 보는 방향을 고려하여 시범을 보여야 하기 때문에 후크 잠그기는 유아의 옆에서 지도하는 것이 효율적이다.

108 똑딱단추 잠그기 6~7세

목표 | 똑딱단추를 잠글 수 있다.

자료 | 똑딱단추가 달린 교사 및 유아의 겉옷, 강화제

방법 ❶

- 교사가 유아와 나란히 앉아 교사가 겉옷에서 똑딱단추를 한 개 잠그는 시범을 보인다.
- 유아에게 교사를 모방하여 겉옷의 똑딱단추를 한 개 잠가 보라고 한다.
- 수행되면 유아 스스로 겉옷의 똑딱단추를 한 개 잠가 보라고 한다.
- 수행되면 교사가 유아와 나란히 앉아 교사 겉옷의 똑딱단추를 모두 잠그는 시범을

보인다.

- 유아에게 교사를 모방하여 겉옷의 똑딱단추를 모두 잠가 보라고 한다.
- 수행되면 유아 스스로 겉옷의 똑딱단추를 모두 잠가 보라고 한다.
- 수행되면 유아의 특성에 맞는 적절한 강화제를 제공한다.

방법 ❷

- 교사가 유아와 나란히 앉아 교사가 겉옷에서 똑딱단추를 한 개 잠그는 시범을 보인다.
- 유아에게 교사를 모방하여 겉옷의 똑딱단추를 한 개 잠가 보라고 한다.
- 모방하지 못하면 교사가 왼손으로 똑딱단추의 아래 단추를 잡는 시범을 보인다.
- 유아에게 교사를 모방하여 왼손으로 똑딱단추의 아래 단추를 잡아 보라고 한다.
- 모방하지 못하면 교사가 유아의 왼손을 잡고 똑딱단추의 아래 단추를 잡아 준다.
- 교사가 유아의 왼손을 똑딱단추의 아래 단추에 대 준 후 아래 단추를 잡아 보라고 한다.
- 도움을 점차 줄여 간다.
- 수행되면 유아 스스로 왼손으로 똑딱단추의 아래 단추를 잡아 보라고 한다.
- 수행되면 교사가 오른손으로 똑딱단추의 위 단추를 잡는 시범을 보인다.
- 유아에게 교사를 모방하여 오른손으로 똑딱단추의 위 단추를 잡아 보라고 한다.
- 모방하지 못하면 교사가 유아의 오른손을 잡고 똑딱단추의 위 단추를 잡아 준다.
- 교사가 유아의 오른손을 똑딱단추의 위 단추에 대 준 후 위 단추를 잡아 보라고 한다.
- 수행되면 교사가 똑딱단추의 위 단추를 아래 단추에 맞추어 눌러서 잠그는 시범을 보인다.
- 유아에게 교사를 모방하여 똑딱단추의 위 단추를 아래 단추에 맞추어 눌러서 잠가 보라고 한다.
- 모방하지 못하면 교사가 유아의 손을 잡고 똑딱단추의 위 단추를 아래 단추에 맞추어 눌러서 잠가 준다.

- 교사가 유아의 오른손과 왼손을 각각 똑딱단추에 대 준 후 유아에게 위 단추를 아래 단추에 맞추어 눌러서 잠가 보라고 한다.
- 수행되면 교사가, 예를 들어 똑딱단추가 다섯 개 달린 경우 교사가 네 개를 잠가 준 후 유아에게 한 개를 잠가 보라고 한다.
- 수행되면 교사가 똑딱단추를 세 개 잠가 준 후 유아에게 두 개를 잠가 보라고 한다.
- 수행되면 교사가 똑딱단추를 두 개 잠가 준 후 유아에게 세 개를 잠가 보라고 한다.
- 수행되면 교사가 똑딱단추를 한 개 잠가 준 후 유아에게 네 개를 잠가 보라고 한다.
- 도움을 점차 줄여 간다.
- 수행되면 유아 스스로 겉옷의 똑딱단추를 모두 잠가 보라고 한다.
- 수행되면 유아의 특성에 맞는 적절한 강화제를 제공한다.

☞ 방법 ❷는 똑딱단추를 순서대로 한 개씩 늘려 가면서 잠그도록 지도해도 무방하다.

109 음료수 뚜껑 닫기

6~7세

목표 | 음료수의 뚜껑을 닫을 수 있다.

자료 | 음료수, 강화제

방법 ❶

- 교사가 음료수의 입구에 뚜껑을 맞춘 후 뚜껑을 돌려서 닫는 시범을 보인다.
- 유아에게 교사를 모방하여 음료수의 입구에 뚜껑을 맞춘 후 뚜껑을 돌려서 닫아 보라고 한다.
- 수행되면 유아 스스로 음료수의 입구에 뚜껑을 맞춘 후 뚜껑을 돌려서 닫아 보라고 한다.
- 수행되면 유아의 특성에 맞는 적절한 강화제를 제공한다.

방법 ❷

- 교사가 음료수의 입구에 뚜껑을 맞춘 후 뚜껑을 돌려서 닫는 시범을 보인다.
- 유아에게 교사를 모방하여 음료수의 입구에 뚜껑을 맞춘 후 뚜껑을 돌려서 닫아 보라고 한다.
- 모방하지 못하면 교사가 오른손(유아가 볼 때 왼손)으로 음료수를 잡은 후 왼손(유아가 볼 때 오른손)으로 뚜껑을 잡는 시범을 보인다.
- 유아에게 교사를 모방하여 왼손으로 음료수를 잡은 후 오른손으로 뚜껑을 잡아 보라고 한다.
- 모방하지 못하면 교사가 유아의 손을 잡고 왼손으로 음료수를 잡은 후 오른손으로 뚜껑을 잡아 준다.
- 교사가 유아의 손을 잡고 왼손으로 음료수를 잡아 준 후 유아 스스로 오른손으로 뚜껑을 잡아 보라고 한다.
- 도움을 점차 줄여 간다.
- 수행되면 유아 스스로 왼손으로 음료수를 잡은 후 오른손으로 뚜껑을 잡아 보라고 한다.
- 수행되면 교사가 음료수의 입구에 뚜껑을 맞추는 시범을 보인다.
- 유아에게 교사를 모방하여 음료수의 입구에 뚜껑을 맞추어 보라고 한다.
- 맞추지 못하면 교사가 유아의 손을 잡고 음료수의 입구에 뚜껑을 맞추어 준다.
- 교사가 음료수의 입구를 가리키며 유아에게 음료수의 입구에 뚜껑을 맞추어 보라고 한다.
- 수행되면 유아 스스로 음료수의 입구에 뚜껑을 맞추어 보라고 한다.
- 수행되면 교사가 음료수 뚜껑을 돌려서 닫는 시범을 보인다.
- 유아에게 교사를 모방하여 음료수 뚜껑을 돌려서 닫아 보라고 한다.
- 닫지 못하면 교사가 유아의 손을 잡고 음료수 뚜껑을 돌려서 닫아 준다.
- 유아 스스로 음료수 뚜껑을 돌려서 닫아 보라고 한다.
- 도움을 점차 줄여 간다.

- 수행되면 유아 스스로 음료수의 입구에 뚜껑을 맞춘 후 뚜껑을 돌려서 닫아 보라고 한다.
- 수행되면 유아의 특성에 맞는 적절한 강화제를 제공한다.

☞ 유아와 마주 보고 지도할 때는 교사와 유아가 보는 방향이 반대(예: 교사가 왼손을 사용하면 유아가 볼 때 오른손이 됨)가 되므로 반드시 방향을 유념하여 지도하도록 한다.

110 티셔츠 입기

6~7세

목표 | 티셔츠를 입을 수 있다.

자료 | 짧은 소매 티셔츠, 강화제

방법 ❶

- 교사가 짧은 소매의 티셔츠를 입는 시범을 보인다.
- 유아에게 교사를 모방하여 짧은 소매의 티셔츠를 입어 보라고 한다.
- 수행되면 유아 스스로 짧은 소매의 티셔츠를 입어 보라고 한다.
- 수행되면 유아의 특성에 맞는 적절한 강화제를 제공한다.

방법 ❷

- 교사가 짧은 소매의 티셔츠를 입는 시범을 보인다.
- 유아에게 교사를 모방하여 짧은 소매의 티셔츠를 입어 보라고 한다.
- 모방하지 못하면 교사가 티셔츠에 머리를 넣는 시범을 보인다.
- 유아에게 교사를 모방하여 티셔츠에 머리를 넣어 보라고 한다.
- 넣지 못하면 교사가 유아의 머리를 티셔츠 안에 넣어 준다.
- 유아 스스로 티셔츠에 머리를 넣어 보라고 한다.

- 수행되면 교사가 티셔츠의 왼쪽(유아가 볼 때 오른쪽) 소매에 팔을 넣는 시범을 보인다.
- 유아에게 교사를 모방하여 오른쪽 소매에 팔을 넣어 보라고 한다.
- 넣지 못하면 교사가 유아의 팔을 잡고 티셔츠의 오른쪽 소매에 팔을 넣어 준다.
- 교사가 티셔츠의 오른쪽 소매를 잡아 준 후 유아 스스로 오른쪽 소매 안에 팔을 넣어 보라고 한다.
- 수행되면 교사가 유아의 손을 티셔츠의 오른쪽 소매 안에 대 준 후 티셔츠를 입어 보라고 한다.
- 수행되면 유아 스스로 오른쪽 소매 안에 팔을 넣어 보라고 한다.
- 수행되면 교사가 티셔츠의 오른쪽(유아가 볼 때 왼쪽) 소매에 팔을 넣는 시범을 보인다.
- 유아에게 교사를 모방하여 티셔츠의 왼쪽 소매에 팔을 넣어 보라고 한다.
- 모방하지 못하면 티셔츠의 오른쪽 소매를 입는 것과 같은 방법으로 지도한다.
- 수행되면 유아 스스로 왼쪽 소매에 팔을 넣어 보라고 한다.
- 도움을 점차 줄여 간다.
- 수행되면 유아 스스로 티셔츠를 입어 보라고 한다.
- 수행되면 유아의 특성에 맞는 적절한 강화제를 제공한다.

☞ 수행되면 인형놀이를 하면서 인형에게 티셔츠를 입히게 하여 일반화(배운 것을 다른 곳에도 적용할 수 있음)시켜 주도록 한다.

☞ 처음 지도 시 유아에게 조금 큰 티셔츠를 입혀 입는 연습을 반복한 후 실제 유아 옷으로 지도해도 효과적이다.

111 바지 입기

6~7세

목표 | 바지를 입을 수 있다.

자료 | 유아 바지, 강화제

방법 ❶

- 고무줄 바지 입기, 지퍼 올리기, 후크 잠그기는 앞 단계에서 수행하였으므로 확인한 후 지도한다.
- 교사가 바지 윗부분을 잡고 바지를 입은 후 지퍼를 올리고 후크를 잠그는 시범을 보인다.
- 유아에게 교사를 모방하여 바지 윗부분을 잡고 바지를 입은 후 지퍼를 올리고 후크를 잠가 보라고 한다.
- 수행되면 유아 스스로 바지 윗부분을 잡고 바지를 입은 후 지퍼를 올리고 후크를 잠가 보라고 한다.
- 수행되면 유아의 특성에 맞는 적절한 강화제를 제공한다.

방법 ❷

- 고무줄 바지 입기, 지퍼 올리기, 후크 잠그기는 앞 단계에서 수행하였으므로 확인한 후 지도한다.
- 교사가 바지 윗부분을 잡고 바지를 입은 후 지퍼를 올리고 후크를 잠그는 시범을 보인다.
- 유아에게 교사를 모방하여 바지 윗부분을 잡고 바지를 입은 후 지퍼를 올리고 후크를 잠가 보라고 한다.
- 모방하지 못하면 교사가 바지 윗부분을 잡고 바지 왼쪽(유아가 볼 때 오른쪽)에 다리를 넣는 시범을 보인다.

• 유아에게 바지 윗부분을 잡고 바지 오른쪽에 다리를 넣어 보라고 한다.
• 수행되면 교사가 바지 윗부분을 잡고 바지 오른쪽(유아가 볼 때 왼쪽)에 다리를 넣는 시범을 보인다.
• 유아에게 바지 윗부분을 잡고 바지 왼쪽에 다리를 넣어 보라고 한다.
• 수행되면 교사가 바지를 올리는 시범을 보인다.
• 유아에게 바지를 올려 보라고 한다.
• 수행되면 교사가 지퍼를 올리는 시범을 보인다.
• 유아에게 지퍼를 올려 보라고 한다.
• 수행되면 교사가 후크를 잠그는 시범을 보인다.
• 유아에게 후크를 잠가 보라고 한다.
• 수행되면 유아 스스로 바지 윗부분을 잡고 바지를 입은 후 지퍼를 올리고 후크를 잠가 보라고 한다.
• 수행되면 유아의 특성에 맞는 적절한 강화제를 제공한다.

☞ 교사와 유아가 인형에게 바지 입히는 놀이를 한 후 실제 유아 옷으로 지도해도 효과적이다.

112 속옷 입기

6~7세

목표 | 속옷을 입을 수 있다.

자료 | 유아 팬티, 인형, 인형 팬티, 강화제

방법 ❶

• 교사(부모)가 인형 팬티의 윗부분을 잡아 인형의 오른쪽 발과 왼쪽 발을 각각 넣어 팬티를 입히는 시범을 보인다.
• 유아에게 교사를 모방하여 팬티의 윗부분을 잡아 오른쪽 발과 왼쪽 발을 각각 넣

어 팬티를 입어 보라고 한다.

- 수행되면 유아 스스로 팬티의 윗부분을 잡아 오른쪽 발과 왼쪽 발을 각각 넣어 팬티를 입어 보라고 한다.
- 수행되면 유아의 특성에 맞는 적절한 강화제를 제공한다.

방법 ❷

- 교사(부모)가 인형 팬티의 윗부분을 잡아 인형의 오른쪽 발과 왼쪽 발을 각각 넣어 팬티를 입히는 시범을 보인다.
- 유아에게 교사를 모방하여 팬티의 윗부분을 잡아 오른쪽 발과 왼쪽 발을 각각 넣어 팬티를 입어 보라고 한다.
- 모방하지 못하면 교사가 인형 팬티를 잡고 인형의 왼쪽(유아가 볼 때 오른쪽) 다리를 넣는 시범을 보인다.
- 유아에게 교사를 모방하여 팬티를 잡고 오른쪽 다리를 넣어 보라고 한다.
- 넣지 못하면 교사가 유아의 종아리를 잡고 오른쪽 다리를 넣어 준다.
- 교사가 팬티의 오른쪽 부분을 가리키며 유아에게 오른쪽 다리를 넣어 보라고 한다.
- 수행되면 유아 스스로 팬티를 잡고 오른쪽 다리를 넣어 보라고 한다.
- 수행되면 교사가 인형 팬티를 잡고 인형의 오른쪽(유아가 볼 때 왼쪽) 다리를 넣는 시범을 보인다.
- 유아에게 교사를 모방하여 팬티를 잡고 왼쪽 다리를 넣어 보라고 한다.
- 넣지 못하면 교사가 유아의 종아리를 잡고 왼쪽 다리를 넣어 준다.
- 교사가 팬티의 왼쪽 부분을 가리키며 유아에게 왼쪽 다리를 넣어 보라고 한다.
- 수행되면 유아 스스로 팬티를 잡고 왼쪽 다리를 넣어 보라고 한다.
- 수행되면 교사가 인형 팬티 위 고무줄 부분을 잡고 팬티를 올리는 시범을 보인다.
- 유아에게 교사를 모방하여 팬티 위 고무줄 부분을 잡고 팬티를 올려 보라고 한다.
- 모방하지 못하면 교사가 유아의 손을 잡고 팬티 위 고무줄 부분을 잡아 올려 준다.
- 교사가 유아의 손을 잡아 팬티 위 고무줄 부분을 잡게 한 후 유아에게 팬티를 올려

보라고 한다.
- 도움을 점차 줄여 간다.
- 수행되면 유아 스스로 팬티 위 고무줄 부분을 잡고 팬티를 입어 보라고 한다.
- 수행되면 유아의 특성에 맞는 적절한 강화제를 제공한다.

☞ 부모가 지도할 때는 실제로 시범을 보이면서 지도하도록 한다.

☞ 처음 지도 시 유아에게 조금 큰 팬티를 주어 입는 연습을 반복한 후 실제 유아 팬티로 지도하면 빠르게 습득할 수 있어 효과적이다.

☞ 수행된 후 교사와 유아가 인형에게 팬티 입히는 놀이를 하면 일반화시키는 데 도움이 된다.

113 장화 신기

6~7세

목표 | 장화를 신을 수 있다.

자료 | 교사 및 유아 장화, 강화제

방법 ❶
- 교사가 장화를 신는 시범을 보인다.
- 유아에게 교사를 모방하여 장화를 신어 보라고 한다.
- 수행되면 유아 스스로 장화를 신어 보라고 한다.
- 수행되면 유아의 특성에 맞는 적절한 강화제를 제공한다.

방법 ❷
- 교사가 장화를 신는 시범을 보인다.

- 유아에게 교사를 모방하여 장화를 신어 보라고 한다.
- 신지 못하면 교사가 유아의 발을 잡고 장화를 신겨 준다.
- 교사가 왼쪽(유아가 볼 때 오른쪽) 장화를 신는 시범을 보인다.
- 유아에게 교사를 모방하여 오른쪽 장화를 신어 보라고 한다.
- 모방하지 못하면 교사가 유아의 발을 잡고 오른쪽 장화를 신겨 준다.
- 교사가 유아의 발을 2/3 정도 장화에 들어가게 신겨 준 후 유아 스스로 신어 보라고 한다.
- 수행되면 교사가 유아의 발을 1/2 정도 장화에 들어가게 신겨 준 후 유아 스스로 신어 보라고 한다.
- 수행되면 교사가 유아의 발을 1/3 정도 장화에 들어가게 신겨 준 후 유아 스스로 신어 보라고 한다.
- 교사가 오른쪽 장화를 들어 준 후 유아에게 오른쪽 장화를 신어 보라고 한다.
- 도움을 점차 줄여 간다.
- 수행되면 유아 스스로 오른쪽 장화를 신어 보라고 한다.
- 수행되면 교사가 오른쪽(유아가 보는 방향은 왼쪽) 장화를 신는 시범을 보인다.
- 유아에게 교사를 모방하여 왼쪽 장화를 신어 보라고 한다.
- 모방하지 못하면 오른쪽 장화 신기를 지도한 것과 같은 방법으로 지도한다.
- 도움을 점차 줄여 간다.
- 수행되면 유아 스스로 왼쪽 장화를 신어 보라고 한다.
- 수행되면 유아 스스로 양쪽 장화를 신어 보라고 한다.
- 수행되면 유아의 특성에 맞는 적절한 강화제를 제공한다.

☞ 장화 신기를 어려워하면 유아의 발보다 약간 큰 장화로 신는 방법을 지도한 후 유아의 장화로 지도하면 보다 쉽게 수행할 수 있다.

☞ 교사가 유아와 마주 보고 앉아서 지도할 경우에는 장화를 신는 발의 순서를 유아가 보는 방향

을 고려하여 시범을 보여야 하기 때문에 장화 신기는 유아의 옆에 앉아서 지도하는 것이 효율적이다.

114 자기 방의 물건 정리 정돈하기

6~7세

목표 | 자기 방의 물건을 정리 정돈할 수 있다.

자료 | 유아의 물건, 강화제

방법 ❶

- 교사(부모)가 유아의 물건 중, 예를 들어 장난감은 정리함에, 동화책은 책장에, 옷은 스탠드 옷걸이에 걸어 정리하는 시범을 보인다.
- 유아에게 교사를 모방하여 장난감은 정리함에, 동화책은 책장에, 옷은 스탠드 옷걸이에 걸어 정리해 보라고 한다.
- 수행되면 유아 스스로 장난감은 정리함에, 동화책은 책장에, 옷은 스탠드 옷걸이에 걸어 정리하는 등 자기 방의 물건을 정리 정돈해 보라고 한다.
- 수행되면 유아의 특성에 맞는 적절한 강화제를 제공한다.

방법 ❷

- 교사(부모)가 유아의 물건 중, 예를 들어 장난감은 정리함에, 동화책은 책장에, 옷은 스탠드 옷걸이에 걸어 정리하는 시범을 보인다.
- 유아에게 교사를 모방하여 장난감은 정리함에, 동화책은 책장에, 옷은 스탠드 옷걸이에 걸어 정리해 보라고 한다.
- 모방하지 못하면 교사가 장난감을 정리함에 넣는 시범을 보인다.
- 유아에게 교사를 모방하여 장난감을 정리함에 넣어 정리해 보라고 한다.
- 모방하지 못하면 교사가 유아의 손을 잡고 정리함에 넣어 준다.

- 교사가 유아에게 장난감을 주며 정리함에 넣어 보라고 한다.
- 수행되면 유아 스스로 장난감을 정리함에 넣어 보라고 한다.
- 수행되면 교사가 동화책을 책장에 꽂는 시범을 보인다.
- 유아에게 교사를 모방하여 동화책을 책장에 꽂아 보라고 한다.
- 모방하지 못하면 장난감을 정리한 것과 같은 방법으로 지도한다.
- 수행되면 유아 스스로 동화책을 책장에 꽂아 보라고 한다.
- 수행되면 교사가 유아의 옷을 스탠드 옷걸이에 거는 시범을 보인다.
- 유아에게 교사를 모방하여 자신의 옷을 스탠드 옷걸이에 걸어 보라고 한다.
- 모방하지 못하면 장난감을 정리한 것과 같은 방법으로 지도한다.
- 수행되면 유아 스스로 자신의 옷을 스탠드 옷걸이에 걸어 보라고 한다.
- 도움을 점차 줄여 간다.
- 수행되면 유아 스스로 장난감은 정리함에, 동화책은 책장에, 옷은 스탠드 옷걸이에 걸어 정리하는 등 자기 방의 물건을 정리 정돈해 보라고 한다.
- 수행되면 유아의 특성에 맞는 적절한 강화제를 제공한다.

115 옷걸이에 외투 걸기

6~7세

목표 | 옷걸이에 외투를 걸 수 있다.

자료 | 옷걸이, 외투, 강화제

방법 ❶

- 교사가 옷걸이에 외투를 거는 시범을 보인다.
- 유아에게 교사를 모방하여 옷걸이에 외투를 걸어 보라고 한다.
- 수행되면 유아 스스로 옷걸이에 외투를 걸어 보라고 한다.
- 수행되면 유아의 특성에 맞는 적절한 강화제를 제공한다.

방법 ❷

- 교사가 옷걸이에 외투를 거는 시범을 보인다.
- 유아에게 교사를 모방하여 옷걸이에 외투를 걸어 보라고 한다.
- 모방하지 못하면 교사가 유아의 손을 잡고 옷걸이에 외투를 걸어 준다.
- 교사가 옷걸이에 외투의 왼쪽(유아가 볼 때 오른쪽) 소매를 넣는 시범을 보인다.
- 유아에게 교사를 모방하여 옷걸이에 외투의 오른쪽 소매를 넣어 보라고 한다.
- 넣지 못하면 교사가 유아의 손을 잡고 옷걸이에 외투의 오른쪽 소매를 넣어 준다.
- 교사가 유아의 손을 외투의 오른쪽 소매에 대 준 후 유아에게 옷걸이에 오른쪽 소매를 넣어 보라고 한다.
- 수행되면 교사가 외투의 오른쪽 소매를 가리키며 유아에게 옷걸이에 오른쪽 소매를 넣어 보라고 한다.
- 수행되면 교사가 옷걸이를 잡아 준 후 유아에게 외투의 오른쪽 소매를 넣어 보라고 한다.
- 도움을 점차 줄여 간다.
- 수행되면 유아 스스로 옷걸이에 오른쪽 소매를 넣어 보라고 한다.
- 수행되면 교사가 옷걸이에 외투의 오른쪽(유아가 볼 때 왼쪽) 소매를 넣는 시범을 보인다.
- 유아에게 교사를 모방하여 옷걸이에 외투의 왼쪽 소매를 넣어 보라고 한다.
- 넣지 못하면 옷걸이에 외투의 오른쪽 소매를 넣는 것과 같은 방법으로 지도한다.
- 수행되면 유아 스스로 옷걸이에 왼쪽 소매를 넣어 보라고 한다.
- 도움을 점차 줄여 간다.
- 수행되면 유아 스스로 옷걸이에 외투를 걸어 보라고 한다.
- 수행되면 유아의 특성에 맞는 적절한 강화제를 제공한다.

방법 ❸

- 교사가 옷걸이에 외투의 오른쪽 소매를 걸어 준 후 외투의 오른쪽(유아가 볼 때 왼쪽) 소매를 넣는 시범을 보인다.

- 유아에게 교사를 모방하여 옷걸이에 외투의 왼쪽 소매를 넣어 보라고 한다.
- 넣지 못하면 교사가 유아의 손을 잡고 옷걸이에 외투의 왼쪽 소매를 넣어 준다.
- 교사가 유아의 손을 외투의 왼쪽 소매에 대 준 후 유아에게 옷걸이에 왼쪽 소매를 넣어 보라고 한다.
- 수행되면 교사가 외투의 왼쪽 소매를 가리키며 유아에게 옷걸이에 왼쪽 소매를 넣어 보라고 한다.
- 수행되면 교사가 옷걸이를 잡아 준 후 유아에게 외투의 왼쪽 소매를 넣어 보라고 한다.
- 도움을 점차 줄여 간다.
- 수행되면 유아 스스로 옷걸이에 왼쪽 소매를 넣어 보라고 한다.
- 수행되면 교사가 옷걸이에 외투의 왼쪽(유아가 볼 때 오른쪽) 소매를 넣는 시범을 보인다.
- 유아에게 교사를 모방하여 옷걸이에 외투의 오른쪽 소매를 넣어 보라고 한다.
- 넣지 못하면 옷걸이에 외투의 왼쪽 소매를 넣는 것과 같은 방법으로 지도한다.
- 수행되면 유아 스스로 옷걸이에 왼쪽 소매를 넣어 보라고 한다.
- 도움을 점차 줄여 간다.
- 수행되면 유아 스스로 옷걸이에 외투를 걸어 보라고 한다.
- 수행되면 유아의 특성에 맞는 적절한 강화제를 제공한다.

☞ 방법 ❸은 후진법(뒤에서부터 수행해 나감)으로 방법 ❷의 점진법(앞에서부터 순서대로 수행해 나감)보다 유아가 성취감을 쉽게 느낄 수 있어 일반적으로 발달지체 및 장애 영유아에게는 후진법을 많이 적용한다. 그러나 영유아의 특성을 고려하여 적용하는 것이 바람직하므로 참고하기 바란다.

☞ 유아와 마주 보고 지도할 때는 유아가 보는 방향이 반대(예: 교사가 왼쪽을 사용하면 유아가 볼 때 오른쪽)가 되므로 반드시 방향에 대하여 유념하도록 한다. 그리고 유아의 손에 대한 선호도(오른손잡이, 왼손잡이)를 고려하여 유아가 보는 방향을 맞추어야 한다.

☞ 옷걸이에 외투 걸기를 지도하기 전 장난감 옷걸이와 인형의 외투 및 겉옷 등을 준비하여 장난감 옷걸이에 인형의 옷 걸기 놀이를 한 후 지도하면 쉽게 수행할 수 있어 효과적이다.

116 상황이나 장소에 맞는 옷 고르기

6~7세

목표 | 상황이나 장소에 맞는 옷을 고를 수 있다.

자료 | 다양한 옷, 상황이나 장소 그림, 강화제

방법 ❶

- 교사가 다양한 옷(예: 비옷, 잠옷 등)을 놓고, 예를 들어 비가 오는 그림을 보여 주며 비옷을 고르는 시범을 보인다.
- 교사가 비가 오는 그림을 보여 주며 유아에게 교사를 모방하여 비옷을 골라 보라고 한다.
- 수행되면 교사가 비가 오는 그림을 보여 주며 유아 스스로 비옷을 골라 보라고 한다.
- 수행되면 교사가 다양한 옷을 놓고 각 상황이나 장소의 그림을 보여 주며 유아에게 각 상황이나 장소에 맞는 옷을 골라 보라고 한다.
- 수행되면 유아의 특성에 맞는 적절한 강화제를 제공한다.

방법 ❷

- 교사가 다양한 옷(예: 비옷, 잠옷 등)을 놓고, 예를 들어 비가 오는 그림을 보여 주며 비옷을 고르는 시범을 보인다.
- 교사가 비가 오는 그림을 보여 주며 유아에게 교사를 모방하여 비옷을 골라 보라고 한다.
- 모방하지 못하면 교사가 유아의 손을 잡고 비옷을 골라 준다.
- 교사가 비옷을 가리키며 유아에게 비옷을 골라 보라고 한다.

- 도움을 점차 줄여 간다.
- 수행되면 유아 스스로 비옷을 골라 보라고 한다.
- 수행되면 교사가 다양한 옷(예: 비옷, 잠옷, 운동복 등)을 놓고, 예를 들어 잠자는 그림을 보여 주며 잠옷을 고르는 시범을 보인다.
- 교사가 잠자는 그림을 보여 주며 유아에게 교사를 모방하여 잠옷을 골라 보라고 한다.
- 모방하지 못하면 교사가 유아의 손을 잡고 잠옷을 골라 준다.
- 교사가 잠옷을 가리키며 유아에게 잠옷을 골라 보라고 한다.
- 수행되면 유아 스스로 잠옷을 골라 보라고 한다.
- 수행되면 교사가 비옷, 잠옷, 운동복 등을 놓고 비 오는 그림과 잠자는 그림을 보여 주며 유아에게 맞는 옷을 골라보라고 한다.
- 도움을 점차 줄여 간다.
- 수행되면 교사가 다양한 옷을 놓고 각 상황이나 장소의 그림을 보여 주며 각 상황이나 장소에 맞는 옷을 골라 보라고 한다.
- 수행되면 유아의 특성에 맞는 적절한 강화제를 제공한다.

☞ 상황이나 장소 그림으로 지도하는 것보다 실제 상황에서 지도하는 것이 가장 효과적이다. 그러므로 가정에서 지도할 때는, 예를 들어 비가 올 때, 놀이터 갈 때, 잠잘 때 등 일상생활 속에서 지도하도록 한다.

117 벨트의 버클 끼우기 6~7세

목표 | 벨트의 버클을 끼울 수 있다.

자료 | 벨트, 강화제

방법 ❶

- 고리에 벨트 끼우기는 앞 단계에서 수행하였으므로 확인한 후 지도한다.
- 교사가 고리에 벨트를 끼운 후 벨트의 끝을 잡고 힘을 주어 벨트를 앞으로 당겨 버클을 끼우는 시범을 보인다.
- 유아에게 교사를 모방하여 고리에 벨트를 끼운 후 벨트의 끝을 잡고 힘을 주어 벨트를 앞으로 당겨 버클을 끼워 보라고 한다.
- 수행되면 유아 스스로 벨트의 끝을 잡고 힘을 주어 벨트를 앞으로 당긴 후 버클을 끼워 보라고 한다.
- 수행되면 유아 스스로 고리에 벨트를 끼운 후 벨트의 끝을 잡고 힘을 주어 벨트를 앞으로 당겨 버클을 끼워 보라고 한다.
- 수행되면 유아의 특성에 맞는 적절한 강화제를 제공한다.

방법 ❷

- 고리에 벨트 끼우기는 앞 단계에서 수행하였으므로 확인한 후 지도한다.
- 교사가 고리에 벨트를 끼운 후 벨트의 끝을 잡고 힘을 주어 벨트를 앞으로 당겨 버클을 끼우는 시범을 보인다.
- 유아에게 교사를 모방하여 고리에 벨트를 끼운 후 벨트의 끝을 잡고 힘을 주어 벨트를 앞으로 당겨 버클을 끼워 보라고 한다.
- 모방하지 못하면 교사가 벨트의 끝을 잡고 힘을 주어 벨트를 앞으로 당기는 시범을 보인다.
- 유아에게 교사를 모방하여 벨트의 끝을 잡고 힘을 주어 벨트를 앞으로 당겨 보라고 한다.
- 교사가 유아의 손을 잡고 벨트의 끝을 잡아 힘을 주어 벨트를 앞으로 당겨 준다.
- 교사가 유아의 손을 잡아 벨트의 끝을 잡게 해 준 후 유아에게 힘을 주어 벨트를 앞으로 당겨 보라고 한다.
- 수행되면 교사가 유아의 손을 벨트 끝에 대 준 후 유아에게 벨트의 끝을 잡고 힘을

주어 앞으로 당겨 보라고 한다.

- 수행되면 유아 스스로 벨트의 끝을 잡고 힘을 주어 벨트를 앞으로 당겨 보라고 한다.
- 수행되면 교사가 앞으로 당겨진 벨트를 잡아 버클을 끼우는 시범을 보인다.
- 유아에게 교사를 모방하여 앞으로 당겨진 벨트를 잡아 버클을 끼워 보라고 한다.
- 모방하지 못하면 교사가 유아의 손을 잡고 앞으로 당겨진 벨트를 잡아 버클을 끼워 준다.
- 교사가 유아의 손을 잡고 앞으로 당겨진 벨트를 잡게 해 준 후 유아에게 버클을 끼워 보라고 한다.
- 수행되면 유아 스스로 앞으로 당겨진 벨트를 잡아 버클을 끼워 보라고 한다.
- 도움을 점차 줄여 간다.
- 수행되면 유아 스스로 고리에 벨트를 끼운 후 벨트의 끝을 잡고 힘을 주어 벨트를 앞으로 당겨 버클을 끼워 보라고 한다.
- 수행되면 유아의 특성에 맞는 적절한 강화제를 제공한다.

118 삼색 주먹밥 만들기

6~7세

목표 | 삼색 주먹밥을 만들 수 있다.

자료 | 참기름과 소금으로 간을 맞추어 놓은 밥, 비트 가루(빨간색), 비타민 나무 열매 가루(주황색), 파슬리 가루(초록색), 주걱, 숟가락, 일회용 비닐장갑, 강화제

방법 ❶

- 교사가 유아에게 일회용 비닐장갑을 끼워 준다.
- 교사가 밥에다 비트 가루를 넣어 주걱으로 버무린 후 일회용 비닐장갑을 끼고 숟가락으로 밥을 손에 올려 동그랗게 만드는 시범을 보인다.
- 유아에게 교사를 모방하여 밥에다 비트 가루를 넣어 주걱으로 버무린 후 숟가락으

로 밥을 손에 올려 동그랗게 만들어 보라고 한다.

- 수행되면 유아 스스로 밥에다 비트 가루를 넣어 주걱으로 버무린 후 숟가락으로 밥을 손에 올려 동그랗게 만들어 보라고 한다.
- 수행되면 다른 가루들도 같은 방법으로 지도한 후 유아 스스로 삼색 주먹밥을 만들어 보라고 한다.
- 수행되면 유아의 특성에 맞는 적절한 강화제를 제공한다.

방법 ❷

- 교사가 밥에다 비트 가루를 넣어 주걱으로 버무리는 시범을 보인다.
- 유아에게 교사를 모방하여 밥에다 비트 가루를 넣어 주걱으로 버무려 보라고 한다.
- 수행되면 유아 스스로 밥에다 비트 가루를 넣어 주걱으로 버무려 보라고 한다.
- 수행되면 교사가 일회용 비닐장갑을 끼고 "동글동글 ♬ 동~그라미, 동글동글 ♬ 동~그라미, 밥~도 ♬ 동~그라미 ♬"라고 노래를 부르며 숟가락으로 밥을 손에 올려 동그랗게 만드는 시범을 보인다.
- 교사가 유아에게 일회용 비닐장갑을 끼워 준 후 교사를 모방하여 숟가락으로 밥을 손에 올려 동그랗게 만들어 보라고 한다.
- 수행되면 유아 스스로 숟가락으로 밥을 손에 올려 동그랗게 만들어 보라고 한다.
- 수행되면 다른 가루들도 같은 방법으로 지도한 후 유아 스스로 삼색 주먹밥을 만들어 보라고 한다.
- 수행되면 유아의 특성에 맞는 적절한 강화제를 제공한다.

방법 ❸

- 교사가 밥에다 비트 가루를 넣는 시범을 보인다.
- 유아에게 교사를 모방하여 밥에다 비트 가루를 넣어 보라고 한다.
- 모방하지 못하면 교사가 유아의 손을 잡고 밥에다 비트 가루를 넣어 준다.
- 교사가 유아의 손을 비트 가루에 대 준 후 밥에다 비트 가루를 넣어 보라고 한다.

• 교사가 비트 가루를 가리키며 유아에게 밥에다 비트 가루를 넣어 보라고 한다.
• 도움을 점차 줄여 간다.
• 수행되면 유아 스스로 밥에다 비트 가루를 넣어 보라고 한다.
• 수행되면 교사가 밥을 주걱으로 버무리는 시범을 보인다.
• 유아에게 교사를 모방하여 밥을 주걱으로 버무려 보라고 한다.
• 모방하지 못하면 교사가 유아의 손을 잡고 밥을 주걱으로 버무려 준다.
• 교사가 유아의 손을 주걱에 대 준 후 밥을 주걱으로 버무려 보라고 한다.
• 교사가 주걱을 가리키며 유아에게 밥을 주걱으로 버무려 보라고 한다.
• 수행되면 유아 스스로 밥을 주걱으로 버무려 보라고 한다.
• 수행되면 교사가 일회용 비닐장갑을 끼고 숟가락으로 밥을 손에 올리는 시범을 보인다.
• 교사가 유아에게 일회용 비닐장갑을 끼워 준 후 교사를 모방하여 숟가락으로 밥을 손에 올려 보라고 한다.
• 모방하지 못하면 교사가 유아의 손을 잡고 숟가락으로 밥을 손에 올려 준다.
• 교사가 유아의 손을 숟가락에 대 준 후 숟가락으로 밥을 손에 올려 보라고 한다.
• 수행되면 교사가 밥을 가리키며 유아에게 숟가락으로 밥을 손에 올려 보라고 한다.
• 수행되면 유아 스스로 숟가락으로 밥을 손에 올려 보라고 한다.
• 수행되면 교사가 "동글동글 ♬ 동~그라미, 동글동글 ♬ 동~그라미, 밥~도 ♬ 동~그라미 ♬"라고 노래를 부르며 두 손으로 밥을 동그랗게 만드는 시범을 보인다.
• 유아에게 교사를 모방하여 두 손으로 밥을 동그랗게 만들어 보라고 한다.
• 모방하지 못하면 교사가 유아의 손을 잡고 두 손으로 밥을 동그랗게 만들어 준다.
• 교사가 유아의 두 손을 밥에 대 준 후 두 손으로 밥을 동그랗게 만들어 보라고 한다.
• 수행되면 유아 스스로 두 손으로 밥을 동그랗게 만들어 보라고 한다.
• 도움을 점차 줄여 간다.
• 수행되면 유아 스스로 삼색 주먹밥을 만들어 보라고 한다.

• 수행되면 유아의 특성에 맞는 적절한 강화제를 제공한다.

☞ 비트 가루(빨간색), 비타민 나무 열매 가루(주황색), 파슬리 가루(초록색) 대신, 예를 들어 파프리카로 빨간색, 주황색, 초록색을 다져서 사용하거나 빨간색, 주황색, 초록색 가루 및 채소 중에서 빨간색, 주황색, 초록색을 사용해도 된다.

☞ 삼색 주먹밥을 만들면서 교통 신호등에 대한 지도를 자연스럽고 재미있게 놀이 방식으로 지도할 수 있으므로 적극적으로 활용하면 효과적이다.

119 지퍼 끼우기

6~7세

목표 | 지퍼를 끼울 수 있다.

자료 | 지퍼가 달린 교사 및 유아의 옷, 강화제

방법 ❶

• 교사가 지퍼를 끼우는 시범을 보인다.
• 유아에게 교사를 모방하여 지퍼를 끼워 보라고 한다.
• 수행되면 유아 스스로 지퍼를 끼워 보라고 한다.
• 수행되면 유아의 특성에 맞는 적절한 강화제를 제공한다.

방법 ❷

• 교사가 지퍼를 끼우는 시범을 보인다.
• 유아에게 교사를 모방하여 지퍼를 끼워 보라고 한다.
• 모방하지 못하면 교사가 유아의 손을 잡고 지퍼를 끼워 준다.
• 교사가 오른손(유아가 볼 때 왼손)으로 지퍼를 잡는 시범을 보인다.

- 유아에게 교사를 모방하여 왼손으로 지퍼를 잡아 보라고 한다.
- 잡지 못하면 교사가 유아의 왼손을 잡고 지퍼를 잡아 준다.
- 교사가 지퍼에 유아의 왼손을 대 준 후 지퍼를 잡아 보라고 한다.
- 수행되면 교사가 지퍼를 가리키며 유아에게 왼손으로 지퍼를 잡아 보라고 한다.
- 도움을 점차 줄여 간다.
- 수행되면 유아 스스로 왼손으로 지퍼를 잡아 보라고 한다.
- 수행되면 교사가 오른손(유아가 볼 때 왼손)으로 지퍼를 잡고 왼손(유아가 볼 때 오른손)으로 지퍼를 끼우는 시범을 보인다.
- 유아에게 왼손으로 지퍼를 잡은 후 교사를 모방하여 오른손으로 지퍼를 끼워 보라고 한다.
- 끼우지 못하면 유아에게 왼손으로 지퍼를 잡게 한 후 교사가 유아의 오른손을 잡고 지퍼를 끼워 준다.
- 유아에게 왼손으로 지퍼를 잡게 하고 교사가 지퍼에 유아의 손을 대 준 후 오른손으로 지퍼를 끼워 보라고 한다.
- 도움을 점차 줄여 간다.
- 수행되면 유아 스스로 지퍼를 끼워 보라고 한다.
- 수행되면 유아의 특성에 맞는 적절한 강화제를 제공한다.

☞ 시중에는 신변처리를 도와줄 수 있는 다양한 교재 · 교구(예: 신변처리 동화책에 실제 지퍼 및 단추 등이 부착되어 있음)들이 판매되고 있으므로 지퍼 끼우기를 지도할 수 있는 교재 · 교구를 가지고 유아와 함께 지퍼 끼우기 놀이를 한 후 지도해도 효과적이다.

120 신발 끈 끼우기

6~7세

목표 | 신발 끈을 끼울 수 있다.

자료 | 운동화, 강화제

방법 ❶

- 교사가 신발 끈을 끼우는 시범을 보인다.
- 유아에게 교사를 모방하여 신발 끈을 끼워 보라고 한다.
- 수행되면 유아 스스로 신발 끈을 끼워 보라고 한다.
- 수행되면 유아의 특성에 맞는 적절한 강화제를 제공한다.

방법 ❷ 스트레이트형

- 교사가 신발의 오른쪽 여섯 번째 구멍 위에서 아래로 신발 끈을 끼우는 시범을 보인다(사진 1 참조).
- 유아에게 교사를 모방하여 오른쪽 여섯 번째 구멍 위에서 아래로 신발 끈을 끼워 보라고 한다.
- 끼우지 못하면 교사가 유아의 손을 잡아 오른쪽 여섯 번째 구멍 위에서 아래로 신발 끈을 끼워 준다.
- 교사가 신발의 오른쪽 여섯 번째 구멍 위에 유아의 손을 대 준 후 신발 끈을 오른쪽 여섯 번째 구멍 위에서 아래로 끼워 보라고 한다.
- 수행되면 유아 스스로 신발 끈을 잡아 오른쪽 여섯 번째 구멍 위에서 아래로 신발 끈을 끼워 보라고 한다.
- 수행되면 교사가 오른쪽 여섯 번째 구멍 아래의 신발 끈을 잡아 오른쪽 첫 번째 구멍(마지막 끈이 나오는 구멍) 아래에서 위로 신발 끈을 빼는 시범을 보인다(사진 2 참조).
- 유아에게 교사를 모방하여 오른쪽 여섯 번째 구멍 아래의 신발 끈을 잡아 오른쪽

첫 번째 구멍 아래에서 위로 신발 끈을 빼 보라고 한다.

• 끼우지 못하면 교사가 유아의 오른손을 잡고 오른쪽 여섯 번째 구멍 아래의 신발 끈을 잡아 오른쪽 첫 번째 구멍 아래에서 위로 신발 끈을 빼 준다.
• 교사가 오른쪽 여섯 번째 구멍 아래의 신발 끈을 유아에게 잡게 해 준 후 오른쪽 첫 번째 구멍 아래에서 위로 신발 끈을 빼 보라고 한다.
• 도움을 점차 줄여 간다.
• 수행되면 유아 스스로 오른쪽 여섯 번째 구멍 아래의 신발 끈을 잡아 오른쪽 첫 번째 구멍 아래에서 위로 신발 끈을 빼 보라고 한다.
• 수행되면 교사가 오른쪽 여섯 번째 구멍 위에 있는 신발 끈을 잡아 왼쪽 여섯 번째 구멍 위에서 아래로 넣어 빼는 시범을 보인다(사진 3 참조).
• 유아에게 교사를 모방하여 오른쪽 여섯 번째 구멍 위에 있는 신발 끈을 잡아 왼쪽 여섯 번째 구멍 위에서 아래로 넣어 빼 보라고 한다.
• 모방하지 못하면 교사가 유아의 손을 잡고 오른쪽 여섯 번째 구멍 위에 있는 신발 끈을 잡아 왼쪽 여섯 번째 구멍 위에서 아래로 넣어 빼 준다.
• 교사가 오른쪽 여섯 번째 구멍 위에 있는 신발 끈을 유아의 손에 쥐어 준 후 왼쪽 여섯 번째 구멍 위에서 아래로 넣어 빼 보라고 한다.
• 수행되면 유아 스스로 오른쪽 여섯 번째 구멍 위에 있는 신발 끈을 잡아 왼쪽 여섯 번째 구멍 위에서 아래로 넣어 빼 보라고 한다.
• 수행되면 교사가 왼쪽 여섯 번째 구멍 아래의 신발 끈을 손으로 잡아당겨 왼쪽 다섯 번째 구멍 아래에서 위로 넣어 빼는 시범을 보인다(사진 4 참조).
• 유아에게 교사를 모방하여 왼쪽 여섯 번째 구멍 아래의 신발 끈을 손으로 잡아당겨 왼쪽 다섯 번째 구멍 아래에서 위로 넣어 빼 보라고 한다.
• 모방하지 못하면 교사가 유아의 손을 잡고 왼쪽 여섯 번째 구멍 아래의 신발 끈을 손으로 잡아당겨 왼쪽 다섯 번째 구멍 아래에서 위로 넣어 빼 준다.
• 교사가 왼쪽 여섯 번째 구멍 아래의 신발 끈을 유아의 오른손에 쥐어 준 후 왼쪽 다섯 번째 구멍 아래에서 위로 넣어 빼 보라고 한다.

- 도움을 점차 줄여 간다.
- 수행되면 유아 스스로 왼쪽 여섯 번째 구멍 아래의 신발 끈을 손으로 잡아당겨 왼쪽 다섯 번째 구멍 아래에서 위로 넣어 빼 보라고 한다.
- 수행되면 교사가 왼쪽 다섯 번째 구멍 위에 있는 신발 끈을 잡아 오른쪽 다섯 번째 구멍 위에서 아래로 넣어 빼는 시범을 보인다(사진 5 참조).
- 유아에게 교사를 모방하여 왼쪽 다섯 번째 구멍 위에 있는 신발 끈을 잡아 오른쪽 다섯 번째 구멍 위에서 아래로 넣어 빼 보라고 한다.
- 모방하지 못하면 교사가 유아의 손을 잡고 왼쪽 다섯 번째 구멍 위에 있는 신발 끈을 잡아 오른쪽 다섯 번째 구멍 위에서 아래로 넣어 빼 준다.
- 교사가 왼쪽 다섯 번째 구멍 위에 있는 신발 끈을 유아의 손에 쥐어 준 후 오른쪽 다섯 번째 구멍 위에서 아래로 넣어 빼 보라고 한다.
- 수행되면 유아 스스로 왼쪽 다섯 번째 구멍 위에 있는 신발 끈을 잡아 오른쪽 다섯 번째 구멍 위에서 아래로 넣어 빼 보라고 한다.
- 수행되면 교사가 오른쪽 다섯 번째 구멍 아래에 있는 신발 끈을 잡아 오른쪽 네 번째 구멍 아래에서 위로 넣어 빼는 시범을 보인다(사진 6 참조).
- 유아에게 교사를 모방하여 오른쪽 다섯 번째 구멍 아래에 있는 신발 끈을 잡아 오른쪽 네 번째 구멍 아래에서 위로 넣어 빼 보라고 한다.
- 같은 과정을 반복하여 왼쪽 첫 번째 구멍까지 신발 끈 끼우기를 지도한다.
- 도움을 점차 줄여 간다.
- 수행되면 유아 스스로 신발 끈을 끼워 보라고 한다(사진 7 참조).
- 수행되면 유아의 특성에 맞는 적절한 강화제를 제공한다.

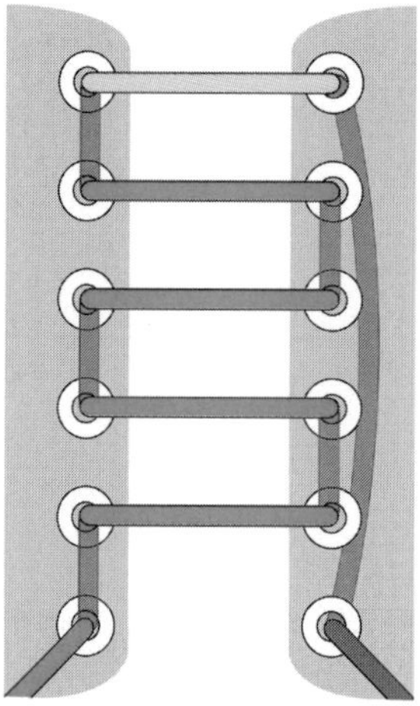

신발 끈 끼우는 순서

사진 1. 여섯 번째 구멍 위에서 아래로 신발 끈 끼우기

사진 2. 여섯 번째 구멍 아래의 신발 끈을 잡아 오른쪽 첫 번째 구멍 아래에서 위로 신발 끈 빼기

사진 3. 오른쪽 여섯 번째 구멍 위에 있는 신발 끈을 잡아 왼쪽 여섯 번째 구멍 위에서 아래로 빼기

사진 4. 왼쪽 여섯 번째 구멍 아래의 신발 끈을 왼쪽 다섯 번째 구멍 아래에서 위로 넣어 빼기

사진5. 왼쪽 다섯 번째 구멍 위의 신발 끈을 오른쪽 다섯 번째 구멍 위에서 아래로 넣어 빼기

사진6. 오른쪽 다섯 번째 구멍 아래의 신발 끈을 오른쪽 네 번째 구멍 아래에서 위로 넣어 빼기

사진7. 완성된 모양

방법 ❸ 엑스자형

- 교사가 신발의 오른쪽 여섯 번째 구멍 아래에서 위로 신발 끈을 끼우는 시범을 보인다(사진 1 참조).
- 유아에게 교사를 모방하여 오른쪽 여섯 번째 구멍 아래에서 위로 신발 끈을 끼워 보라고 한다.
- 끼우지 못하면 교사가 유아의 손을 잡아 오른쪽 여섯 번째 구멍 아래에서 위로 신발 끈을 끼워 준다.
- 교사가 신발의 오른쪽 여섯 번째 구멍 아래에 유아의 손을 대 준 후 신발 끈을 오른쪽 여섯 번째 구멍 아래에서 위로 끼워 보라고 한다.
- 수행되면 교사가 신발의 오른쪽 여섯 번째 구멍을 가리키켜 유아에게 여섯 번째 구멍 아래에서 위로 신발 끈을 끼워 보라고 한다.
- 도움을 점차 줄여 간다.
- 수행되면 유아 스스로 신발 끈을 잡아 오른쪽 여섯 번째 구멍 아래에서 위로 신발 끈을 끼워 보라고 한다.
- 수행되면 교사가 오른쪽 여섯 번째 구멍 위에 있는 신발 끈을 잡아 왼쪽 여섯 번째 구멍 위에서 아래로 넣어 빼는 시범을 보인다(사진 2 참조).
- 유아에게 교사를 모방하여 오른쪽 여섯 번째 구멍 위에 있는 신발 끈을 잡아 왼쪽 여섯 번째 구멍 위에서 아래로 넣어 빼 보라고 한다.
- 모방하지 못하면 교사가 유아의 손을 잡고 오른쪽 여섯 번째 구멍 위에 있는 신발 끈을 잡아 왼쪽 여섯 번째 구멍 위에서 아래로 넣어 빼 준다.
- 교사가 오른쪽 여섯 번째 구멍 위에 있는 신발 끈을 유아의 손에 쥐어준 후 왼쪽 여섯 번째 구멍 위에서 아래로 넣어 빼 보라고 한다.
- 수행되면 유아 스스로 오른쪽 여섯 번째 구멍 위에 있는 신발 끈을 잡아 왼쪽 여섯 번째 구멍 위에서 아래로 넣어 빼 보라고 한다.
- 수행되면 교사가 왼쪽 여섯 번째 구멍 아래의 신발 끈을 잡아 왼쪽 다섯 번째 구멍 아래에서 위로 넣어 빼는 시범을 보인다(사진 3 참조).

- 유아에게 교사를 모방하여 왼쪽 여섯 번째 구멍 아래의 신발 끈을 잡아 왼쪽 다섯 번째 구멍 아래에서 위로 넣어 빼 보라고 한다.
- 모방하지 못하면 교사가 유아의 손을 잡고 왼쪽 여섯 번째 구멍 아래의 신발 끈을 잡아 왼쪽 다섯 번째 구멍 아래에서 위로 넣어 빼 준다.
- 교사가 왼쪽 여섯 번째 구멍 아래의 신발 끈을 유아의 손에 쥐어 준 후 왼쪽 다섯 번째 구멍 아래에서 위로 넣어 빼 보라고 한다.
- 수행되면 유아 스스로 왼쪽 여섯 번째 구멍 아래의 신발 끈을 잡아 왼쪽 다섯 번째 구멍 아래에서 위로 넣어 빼 보라고 한다.
- 수행되면 오른쪽 여섯 번째 구멍 아래의 신발 끈을 잡아 오른쪽 다섯 번째 구멍 아래에서 위로 넣어 빼는 것도 같은 방법으로 지도한다(사진 4 참조).
- 수행되면 교사가 왼쪽 다섯 번째 구멍 위에 있는 신발 끈을 잡아 오른쪽 네 번째 구멍 위에서 아래로 넣어 빼는 시범을 보인다(사진 5 참조).
- 유아에게 교사를 모방하여 왼쪽 다섯 번째 구멍 위에 있는 신발 끈을 잡아 오른쪽 네 번째 구멍 위에서 아래로 넣어 빼 보라고 한다.
- 모방하지 못하면 교사가 유아의 손을 잡고 왼쪽 다섯 번째 구멍 위에 있는 신발 끈을 잡아 오른쪽 네 번째 구멍 위에서 아래로 넣어 빼 준다.
- 교사가 왼쪽 다섯 번째 구멍 위에 있는 신발 끈을 유아의 손에 쥐어 준 후 오른쪽 네 번째 구멍 위에서 아래로 넣어 빼 보라고 한다.
- 수행되면 교사가 신발의 오른쪽 네 번째 구멍을 가리키며 유아에게 왼쪽 다섯 번째 구멍 위에 있는 신발 끈을 잡아 오른쪽 네 번째 구멍 위에서 아래로 넣어 빼 보라고 한다.
- 도움을 점차 줄여 간다.
- 수행되면 유아 스스로 왼쪽 다섯 번째 구멍 위에 있는 신발 끈을 잡아 오른쪽 네 번째 구멍 위에서 아래로 넣어 빼 보라고 한다.
- 수행되면 교사가 오른쪽 다섯 번째 구멍 위에 있는 신발 끈을 잡아 왼쪽 네 번째 구멍 위에서 아래로 넣어 빼는 시범을 보인다(사진 6 참조).

- 유아에게 교사를 모방하여 오른쪽 다섯 번째 구멍 위에 있는 신발 끈을 잡아 왼쪽 네 번째 구멍 위에서 아래로 넣어 빼 보라고 한다.
- 모방하지 못하면 교사가 유아의 손을 잡고 오른쪽 다섯 번째 구멍 위에 있는 신발 끈을 잡아 왼쪽 네 번째 구멍 위에서 아래로 넣어 빼 준다.
- 교사가 오른쪽 다섯 번째 구멍 위에 있는 신발 끈을 유아의 손에 쥐어 준 후 왼쪽 네 번째 구멍 위에서 아래로 넣어 빼 보라고 한다.
- 수행되면 유아 스스로 오른쪽 다섯 번째 구멍 위에 있는 신발 끈을 잡아 왼쪽 네 번째 구멍 위에서 아래로 넣어 빼 보라고 한다.
- 수행되면 한번 더 × 모양이 되도록 반복한다.
- 도움을 점차 줄여 간다.
- 수행되면 유아 스스로 신발 끈을 끼워 보라고 한다(사진 7 참조).
- 수행되면 유아의 특성에 맞는 적절한 강화제를 제공한다.

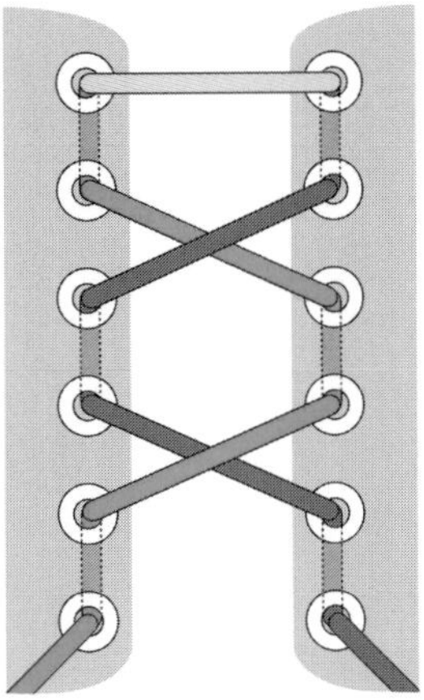

신발 끈 끼우는 순서

사진 1. 오른쪽 여섯 번째 구멍 아래에서 위로 신발 끈 끼우기

사진 2. 오른쪽 여섯 번째 구멍 위의 신발 끈을 왼쪽 여섯 번째 구멍 위에서 아래로 넣어 빼기

사진 3. 왼쪽 여섯 번째 구멍 아래의 신발 끈을 왼쪽 다섯 번째 구멍 아래에서 위로 넣어 빼기

사진 4. 오른쪽 여섯 번째 구멍 아래의 신발 끈을 오른쪽 다섯 번째 구멍 아래에서 위로 넣어 빼기

사진 5. 왼쪽 다섯 번째 구멍 위의 신발 끈을 오른쪽 네 번째 구멍 위에서 아래로 넣어 빼기

사진 6. 오른쪽 다섯 번째 구멍 위의 신발 끈을 왼쪽 네 번째 구멍 위에서 아래로 넣어 빼기

사진 7. 완성된 모양

방법 ❹ 위, 아래 크로스 유형

- 교사가 신발의 왼쪽 여섯 번째 구멍 위에서 아래로 신발 끈을 끼우는 시범을 보인다(사진 1 참조).
- 유아에게 교사를 모방하여 왼쪽 여섯 번째 구멍 위에서 아래로 신발 끈을 끼워 보라고 한다.
- 끼우지 못하면 교사가 유아의 손을 잡아 왼쪽 여섯 번째 구멍 위에서 아래로 신발 끈을 끼워 준다.
- 교사가 신발의 왼쪽 여섯 번째 구멍 위에 유아의 손을 대 준 후 위에서 아래로 끼워 보라고 한다.
- 수행되면 유아 스스로 왼쪽 여섯 번째 구멍 위에서 아래로 신발 끈을 끼워 보라고 한다.
- 수행되면 교사가 왼쪽 여섯 번째 구멍 아래에 있는 신발 끈을 잡아 오른쪽 여섯 번째 구멍 위로 끼우는 것도 같은 방법으로 지도한다.
- 수행되면 교사가 오른쪽과 왼쪽 신발 끈의 길이가 같도록 당기는 시범을 보인다(사진 2 참조).
- 유아에게 교사를 모방하여 오른쪽과 왼쪽 신발 끈의 길이가 같도록 당겨 보라고 한다.
- 모방하지 못하면 교사가 유아의 손을 잡고 오른쪽과 왼쪽 신발 끈의 길이가 같도록 당겨 준다.
- 교사가 유아에게 양쪽 신발 끈을 쥐어 준 후 오른쪽과 왼쪽 신발 끈의 길이가 같도록 당겨 보라고 한다.
- 수행되면 유아 스스로 오른쪽과 왼쪽 신발 끈의 길이가 같도록 당겨 보라고 한다.
- 수행되면 교사가 왼쪽 여섯 번째 구멍 위에 있는 신발 끈을 잡아 오른쪽 다섯 번째 구멍 아래에서 위로 넣어 빼는 시범을 보인다(사진 3 참조).
- 유아에게 교사를 모방하여 왼쪽 여섯 번째 구멍 위에 있는 신발 끈을 잡아 오른쪽 다섯 번째 구멍 아래에서 위로 넣어 빼 보라고 한다.

- 모방하지 못하면 교사가 유아의 손을 잡고 왼쪽 여섯 번째 구멍 위에 있는 신발 끈을 잡아 오른쪽 다섯 번째 구멍 아래에서 위로 넣어 빼 준다.
- 교사가 왼쪽 여섯 번째 구멍 위에 있는 신발 끈을 유아의 손에 쥐어 준 후 오른쪽 다섯 번째 구멍 아래에서 위로 넣어 빼 보라고 한다.
- 수행되면 유아 스스로 왼쪽 여섯 번째 구멍 위에 있는 신발 끈을 잡아 오른쪽 다섯 번째 구멍 아래에서 위로 넣어 빼 보라고 한다.
- 수행되면 교사가 오른쪽 여섯 번째 구멍 위에 있는 신발 끈을 잡아 왼쪽 다섯 번째 구멍 아래에서 위로 넣어 빼는 시범을 보인다(사진 4 참조).
- 유아에게 교사를 모방하여 오른쪽 여섯 번째 구멍 위에 있는 신발 끈을 잡아 왼쪽 다섯 번째 구멍 아래에서 위로 넣어 빼 보라고 한다.
- 모방하지 못하면 교사가 유아의 손을 잡고 오른쪽 여섯 번째 구멍 위에 있는 신발 끈을 잡아 왼쪽 다섯 번째 구멍 아래에서 위로 넣어 빼 준다.
- 교사가 오른쪽 여섯 번째 구멍 위에 있는 신발 끈을 유아의 손에 쥐어 준 후 왼쪽 다섯 번째 구멍 아래에서 위로 넣어 빼 보라고 한다.
- 수행되면 유아 스스로 오른쪽 여섯 번째 구멍 위에 있는 신발 끈을 잡아 왼쪽 다섯 번째 구멍 아래에서 위로 넣어 빼 보라고 한다.
- 수행되면 사진 3과 4의 과정을 반복하여 지도한다.
- 도움을 점차 줄여 간다.
- 수행되면 유아 스스로 신발 끈을 끼워 보라고 한다(사진 5 참조).
- 수행되면 유아의 특성에 맞는 적절한 강화제를 제공한다.

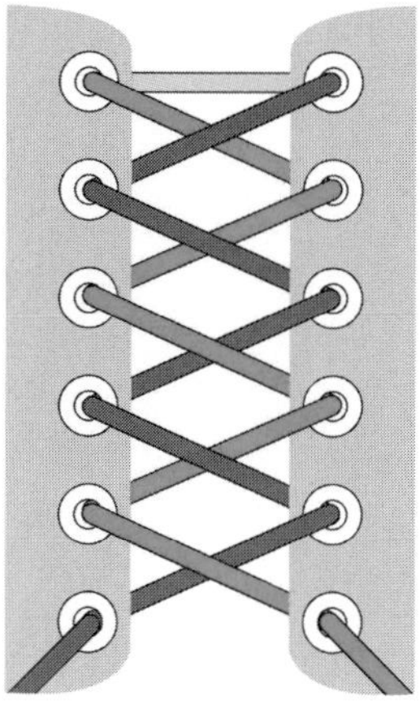

신발 끈 끼우는 순서

사진 1. 신발 끈 한쪽을 구멍에 끼우기

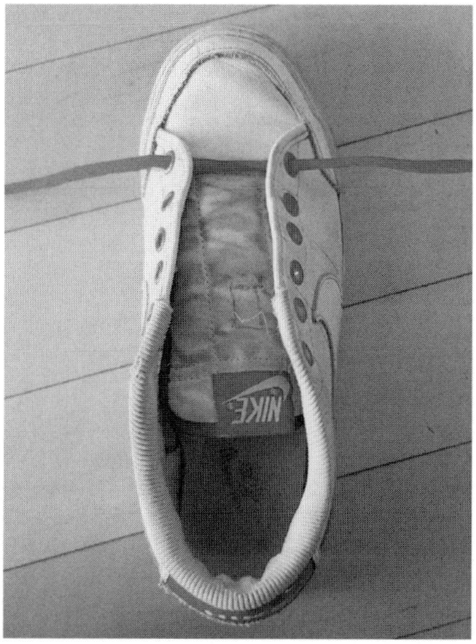

사진 2. 좌우 끈의 길이가 같도록 반
대편도 끼우기

사진 3. 오른쪽 다섯 번째 구멍 아래에서
위로 넣어 빼기

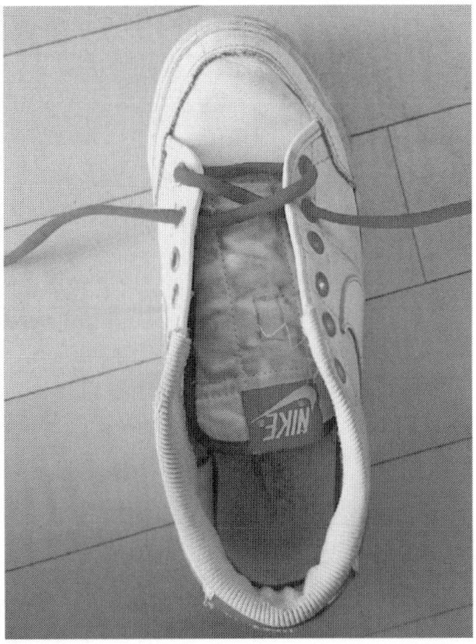

사진 4. 왼쪽 다섯 번째 구멍 아래
에서 위로 넣어 빼기

사진 5. 완성된 모양

☞ 신발 끈 끼우기는 반드시 유아와 같은 방향에서 앉아 지도하도록 한다.

☞ 신발의 첫 번째 구멍은 신발을 신은 상태에서 보면 끈이 나오는 마지막 구멍, 즉 신발 끈을 묶는 마지막 줄이 나오는 구멍을 의미하므로 혼동하지 않도록 한다.

☞ 신발 끈 끼우기를 지도하기 전 다음 그림처럼 교구를 만들어 놓으면 신발 끈 끼우기, 풀기, 끈 묶기 등 다양하게 활용할 수 있어 효율적이다. 제작 방법은 하드보드지를 두 장 겹쳐 유아의 신발을 대고 신발 모양을 그린 후 신발 구멍을 내면 되므로 아주 쉽고 간단하게 만들 수 있다. 신발 끈 끼우기 지도 시 일자와 엑스자 모양으로 끈을 끼우는 연습을 한 후 신발 끈 끼우기를 지도하면 좀 더 쉽게 수행이 가능하다.

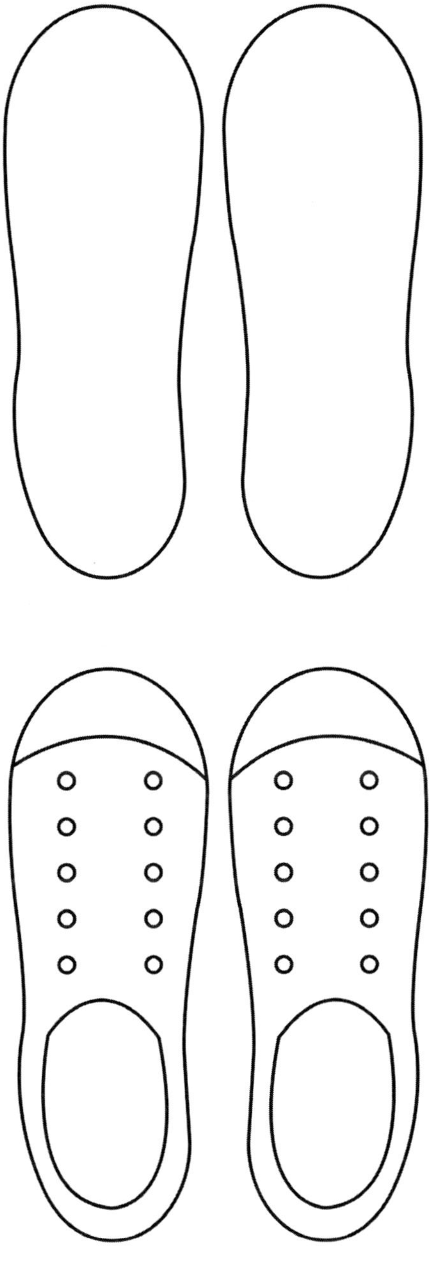

☞ 위 방법 외에도 다음 그림처럼 다양하게 신발 끈을 끼울 수 있는 방법이 있으므로 참고하도록 한다.

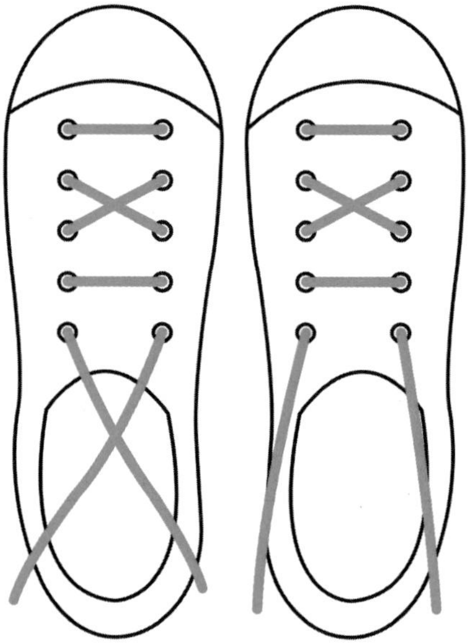

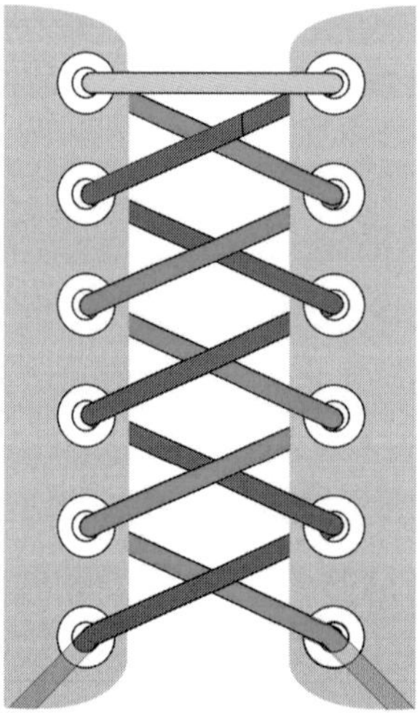

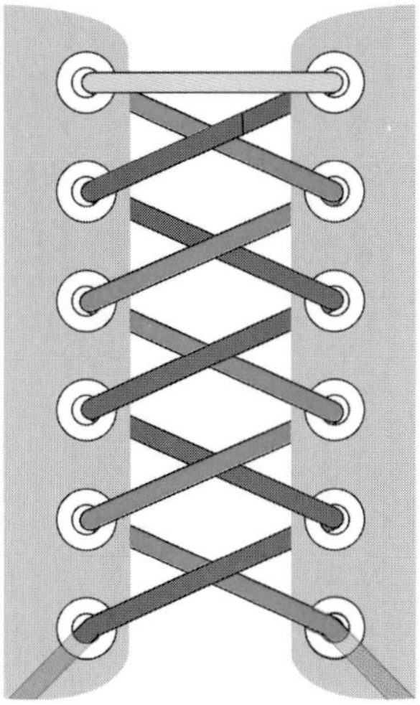

☞ 시중에는 다음 그림처럼 실리콘 신발 끈이 시판되고 있어 유아들이 간편하게 신발 끈을 끼울 수 있으므로 이를 활용해도 효율적이다.

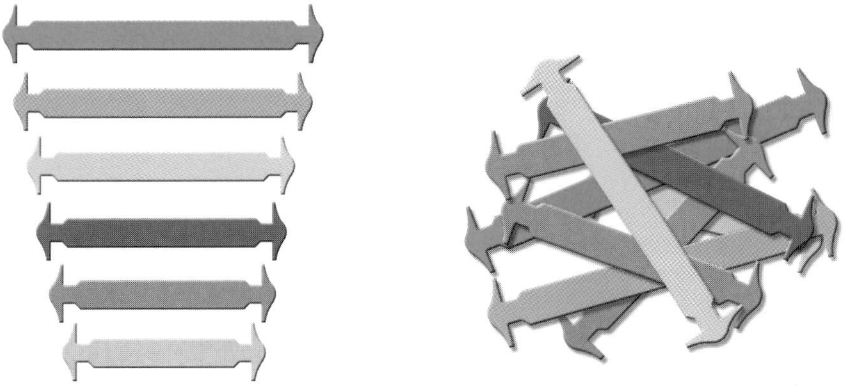

실리콘 운동화 끈

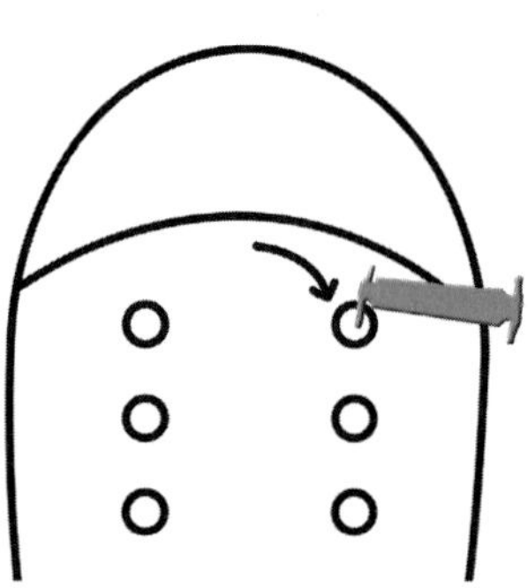

1. 신발끈 구멍에 삽입하기

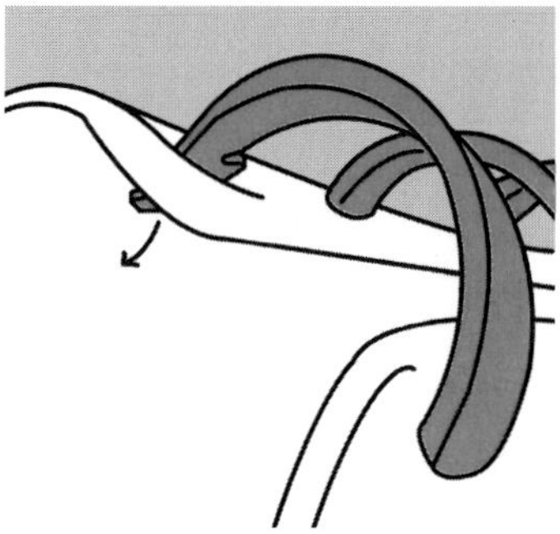

2. 구멍 밑으로 끈 끼우기

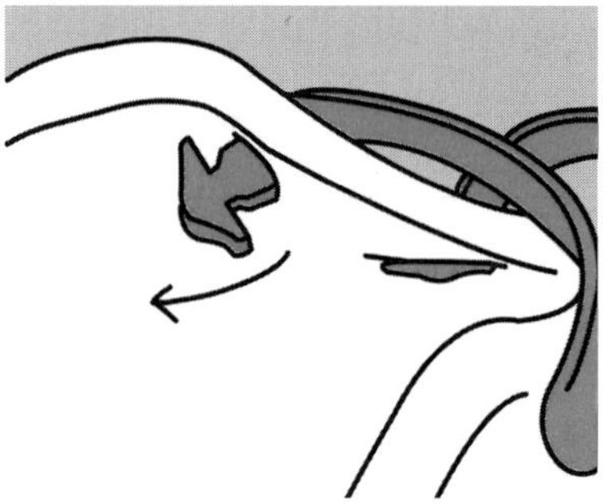

3. 화살표가 나오게 힘껏 당겨 주기

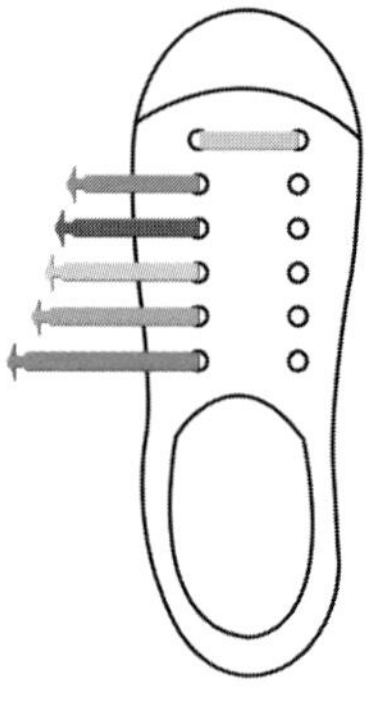

4. 한쪽 면 순서대로 끈 고정

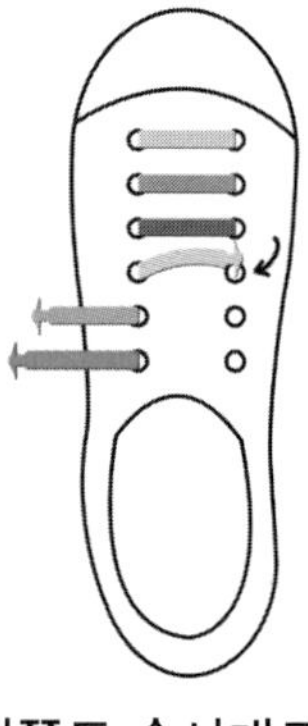

5. 반대쪽도 순서대로 끈 고정

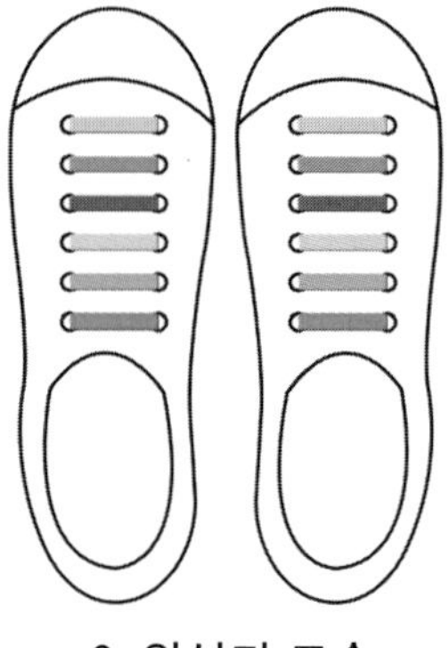

6. 완성된 모습

〈실리콘 끈 끼우기〉

121 신발 끈 묶기

6~7세

목표 | 신발 끈을 묶을 수 있다.

자료 | 끈이 달린 신발(운동화), 강화제

방법 ❶

- 교사가 신발 끈을 묶는 시범을 보인다.
- 유아에게 교사를 모방하여 신발 끈을 묶어 보라고 한다.
- 수행되면 유아 스스로 신발 끈을 묶어 보라고 한다.
- 수행되면 유아의 특성에 맞는 적절한 강화제를 제공한다.

방법 ❷

- 교사가 신발 끈을 묶는 시범을 보인다.
- 유아에게 교사를 모방하여 신발 끈을 묶어 보라고 한다.
- 모방하지 못하면 교사가 양손으로 양쪽 신발 끈을 잡는 시범을 보인다(사진 1 참조).
- 유아에게 교사를 모방하여 양손으로 양쪽 신발 끈을 잡아 보라고 한다.
- 모방하지 못하면 교사가 유아의 양손을 잡고 양쪽 신발 끈을 잡아 준다.
- 교사가 양쪽 신발 끈을 가리키며 유아에게 양손으로 양쪽 신발 끈을 잡아 보라고 한다.
- 수행되면 유아 스스로 양손으로 양쪽 신발 끈을 잡아 보라고 한다.
- 수행되면 교사가 오른손(유아가 볼 때 왼손)으로 오른쪽 신발 끈을 잡아 토끼 귀 모양으로 고리를 만드는 시범을 보인다(사진 2 참조).
- 유아에게 교사를 모방하여 왼손으로 오른쪽 신발 끈을 잡아 토끼 귀 모양으로 고리를 만들어 보라고 한다.
- 모방하지 못하면 교사가 유아의 왼손을 잡고 오른쪽 신발 끈을 잡아 토끼 귀 모양으로 고리를 만들어 준다.

- 교사가 오른쪽 신발 끈에 유아의 왼손을 대 준 후 신발 끈을 잡아 토끼 귀 모양으로 고리를 만들어 보라고 한다.
- 수행되면 유아 스스로 왼손으로 오른쪽 신발 끈을 잡아 토끼 귀 모양으로 고리를 만들어 보라고 한다.
- 수행되면 왼쪽 신발 끈으로 토끼 귀 모양의 고리를 만드는 것도 같은 방법으로 지도한다.
- 수행되면 교사가 오른쪽 토끼 모양의 고리를 가지고 왼쪽 토끼 모양의 고리를 감싸면서 고리 속으로 넣는 시범을 보인다(사진 3 참조).
- 유아에게 교사를 모방하여 오른쪽 토끼 모양의 고리를 가지고 왼쪽 토끼 모양의 고리를 감싸면서 고리 속으로 넣어 보라고 한다.
- 모방하지 못하면 교사가 유아의 손을 잡은 후 오른쪽 토끼 모양의 고리를 가지고 왼쪽 토끼 모양의 고리를 감싸면서 고리 속으로 넣어 준다.
- 교사가 유아의 손을 오른쪽 토끼 모양의 고리에 대 준 후 오른쪽 토끼 모양의 고리를 가지고 왼쪽 토끼 모양의 고리를 감싸면서 고리 속으로 넣어 보라고 한다.
- 수행되면 유아 스스로 오른쪽 토끼 모양의 고리를 가지고 왼쪽 토끼 모양의 고리를 감싸면서 고리 속으로 넣어 보라고 한다.
- 수행되면 교사가 고리 속으로 들어간 양쪽 신발 끈을 잡아당겨 묶는 시범을 보인다(사진 4 참조).
- 유아에게 교사를 모방하여 고리 속으로 들어간 양쪽 신발 끈을 잡아당겨 묶어 보라고 한다.
- 모방하지 못하면 교사가 유아의 손을 잡고 고리 속으로 들어간 양쪽 신발 끈을 잡아당겨 묶어 준다.
- 교사가 유아의 손을 양쪽 신발 끈을 잡아당길 수 있도록 대 준 후 양쪽 신발 끈을 잡아당겨 묶어 보라고 한다.
- 수행되면 유아 스스로 고리 속으로 들어간 양쪽 신발 끈을 잡아당겨 묶어 보라고 한다.

☞ 신발 끈 묶기는 연령상 불가능할 수 도 있으므로 이 점을 염두에 두고 지도 여부를 선택하도록 한다.

☞ 만약 수행된다면 모자 끈 매기도 위와 같은 방법으로 지도하면 된다.

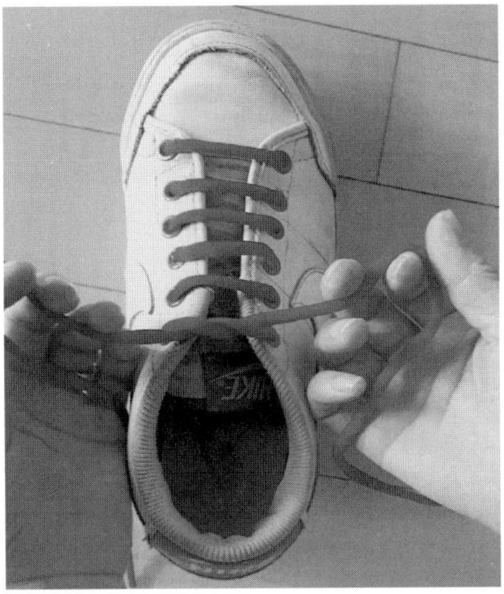

사진 1. 양쪽으로 신발 끈 잡기

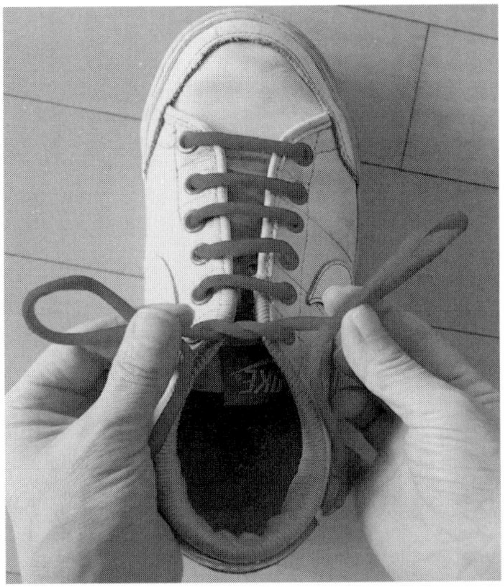

사진 2. 토끼 귀 모양으로 고리 만들기

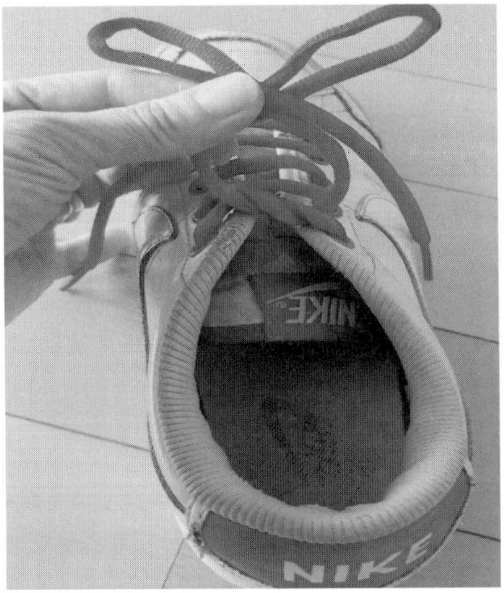

사진 3. 오른쪽 토끼 모양 고리로 왼쪽 토끼 모양 고리를 감싸 고리 속으로 넣기

사진 4. 양쪽 신발 끈을 잡아당겨 신발 끈 묶기

☞ 신발 끈 끼우기를 지도하기 전 다음 그림처럼 교구를 만들어 놓으면 신발 끈 끼우기, 풀기, 끈 묶기 등 다양하게 활용할 수 있어 효율적이다. 제작 방법은 하드보드지를 두 장 겹쳐 유아의 신발을 대고 신발 모양을 그린 후 신발 구멍을 내면 되므로 아주 쉽고 간단하게 만들 수 있다. 신발 끈 묶기 지도 시 끈을 미리 끼워 놓고 신발 끈 묶기를 지도하면 된다.

6~7 세

☞ 시중에는 다음 그림처럼 신발 끈 끼우기와 풀기 등을 지도할 수 있도록 신발 모형이 시판되고 있으므로 이를 활용하여 다양한 방법의 신발 끈 끼우기와 풀기 등을 지도할 수 있다.

부록

관찰표

신변처리편

관찰표

신변처리편

연령	번호	목표	시행 일자	습득 일자
0~1세	1	도움 받아 젖병의 우유 빨아 삼키기		
	2	두 손으로 젖병 잡기		
	3	젖병을 두 손으로 잡고 우유 빨아 삼키기		
	4	성인이 컵을 잡아 주면 음료수 마시기		
	5	스파우드 컵으로 음료수 마시기		
	6	빨대 컵으로 음료수 마시기		
	7	도움 받아 유동식 먹기		
	8	도움 받아 숟가락에 놓인 유동식 먹기		
	9	손을 사용하여 과자 집어 먹기		
	10	양쪽 손잡이가 달린 컵 쥐기		
	11	모자 벗기		
1~2세	12	한쪽 손잡이가 달린 컵 쥐기		
	13	두 손으로 컵 잡기		
	14	두 손으로 컵 잡고 물 마시기		
	15	지퍼를 내려 주면 바지 내리기		
	16	성인을 모방하여 수건으로 손 닦기		
	17	찍찍이를 떼어 주면 신발 벗기		
	18	벙어리장갑 벗기		
	19	양말 벗기		
	20	겉옷을 입혀 줄 때 팔 벌리기		
	21	모자 쓰고 벗기		

〈계속〉

연령	번호	목표	시행 일자	습득 일자
2~3세	22	도움 받아 손 씻기		
	23	동화책을 책장에 꽂기		
	24	빨대를 사용하여 음료수 마시기		
	25	숟가락을 사용하여 흘리면서 음식 먹기		
	26	컵을 제자리에 갖다 놓기		
	27	영아용 변기에 앉기		
	28	바지를 잡아 주면 바지에 다리 넣기		
	29	찍찍이를 떼고 신발 벗기		
	30	똑딱단추 열기		
	31	지퍼를 내려 주면 바지 내리기		
	32	한 손으로 컵 잡고 물 마시기		
	33	큰 지퍼 내리기		
	34	냅킨을 사용하여 입 닦기		
	35	영아용 변기에 대소변 보기		
	36	신발장에 신발 넣기		
3~4세	37	고무줄 바지 벗기		
	38	포크로 음식 찍어 먹기		
	39	단추나 지퍼를 열어 주면 외투 벗기		
	40	화장실 노크하기		
	41	변기의 물 내리기		
	42	도움 받아 이 닦기		
	43	수건으로 스스로 손 닦기		
	44	수건으로 얼굴 닦기		
	45	스탠드 옷걸이에 겉옷 걸기		
	46	숟가락을 사용하여 음식 먹기		
	47	머리 빗기		
	48	교사를 모방하여 손 씻기		
	49	찍찍이를 떼어 주면 신발 신기		
	50	큰 지퍼 올리기		
	51	옷의 앞부분 찾기		
	52	양말 신기		
	53	화장실에서 대소변 보기		

〈계속〉

연령	번호	목표	시행 일자	습득 일자
4~5세	54	휴지통 비우기		
	55	화장실 문 열기		
	56	티셔츠의 목을 늘여 주면 티셔츠 벗기		
	57	단추나 지퍼를 열어 주면 외투 입기		
	58	고리에서 벨트 빼기		
	59	모방하여 이 닦기		
	60	나이프를 사용하여 빵에 잼 바르기		
	61	찍찍이 달린 신발 신기		
	62	수도꼭지 틀고 잠그기		
	63	스스로 손 씻기		
	64	손 씻고 수건으로 닦기		
	65	고무줄 바지 입기		
	66	지퍼 내리고 바지 벗기		
	67	도움 받아 세수하기		
	68	좌우를 살피며 길 건너기		
	69	큰 단추 빼기		
	70	옷에 묻은 것 닦기		
	71	코 닦기		
	72	벙어리장갑 끼기		
	73	혼자 스스로 놀이터나 슈퍼 가기		
	74	쟁반 들고 음식 나르기		
	75	팩 음료수 구멍에 빨대 꽂기		
	76	작은 지퍼 내리기		

〈계속〉

연령	번호	목표	시행 일자	습득 일자
5~6세	77	팔과 다리 씻기		
	78	화장실 문을 닫아 잠그기		
	79	차에서 안전벨트 매기		
	80	세수하기		
	81	이 닦기		
	82	고리에 벨트 끼우기		
	83	주전자로 컵에 물 따르기		
	84	나이프로 부드러운 음식 자르기		
	85	휴지로 대변 닦기		
	86	큰 단추 끼우기		
	87	수저 사용하기		
	88	200ml 우유 팩 열기		
	89	작은 단추 빼기		
	90	외투 벗기		
	91	큰 접시에 담긴 음식 덜어서 먹기		
	92	티셔츠의 목을 늘여 주면 티셔츠 입기		
	93	티셔츠 벗기		
	94	가방 메기		
	95	후크 풀기		
	96	신발 끈 풀기		
	97	음료수 뚜껑 열기		
	98	작은 지퍼 올리기		

〈계속〉

연령	번호	목표	시행 일자	습득 일자
6~7세	99	캔 음료수 뚜껑 따기		
	100	미숫가루 타서 마시기		
	101	샌드위치 만들기		
	102	주전자로 컵에 그어진 선까지 물 따르기		
	103	외투 입기		
	104	벨트의 버클 풀기		
	105	작은 단추 끼우기		
	106	외투 입고 벗기		
	107	후크 잠그기		
	108	똑딱단추 잠그기		
	109	음료수 뚜껑 닫기		
	110	티셔츠 입기		
	111	바지 입기		
	112	속옷 입기		
	113	장화 신기		
	114	자기 방의 물건 정리 정돈하기		
	115	옷걸이에 외투 걸기		
	116	상황이나 장소에 맞는 옷 고르기		
	117	벨트의 버클 끼우기		
	118	삼색 주먹밥 만들기		
	119	지퍼 끼우기		
	120	신발 끈 끼우기		
	121	신발 끈 묶기		

MEMO

● 저자 소개 ●

임경옥(Lim Kyoungook)
강남대학교 특수교육과 특수교육 학사
경기대학교 교육대학원 유아교육 석사
강남대학교 교육대학원 유아특수교육 석사
단국대학교 대학원 유아특수교육 박사
전 무지개 특수아동교육원 원장
현 수원여자대학교 사회복지과 아동복지전공 교수

〈저서 및 역서〉
장애영유아발달영역별 지침서1~5권(공저, 학지사, 2010)
보육교사 일반직무교육(공저, 양성원, 2016)
원장 일반직무교육(공저, 양성원, 2016)
보육교사 심화직무교육(공저, 양성원, 2017)
원장 심화직무교육(공저, 양성원, 2017)
특수교육학개론(공저, 학지사, 2017)
발달지체 영유아 조기개입-인지편(학지사, 2017)
아동권리와 복지(공저, 공동체, 2018)
특수교구교재 제작(공저, 학지사, 2018)

〈주요논문〉
발달지체 유아 아버지의 가족지원 인식 및 요구에 관한 질적 연구(유아특수교육연구, 2012)
장애 영유아 미술치료 연구 동향 분석-1997년부터 2012년까지 전문 학술지 중심으로(한국특수아동학회, 2013)
보육교사의 전문성 인식과 통합보육 신념에 관한 연구(사회복지 실천연구, 2013)
예비유아특수교사들의 관찰실습경험에 대한 질적 연구(한국특수아동학회, 2013)
예비보육교사들의 실습경험에 대한 이야기(한국콘텐츠학회, 2016)
아동복지전공 예비보육교사들이 보육실습에서 경험하는 딜레마에 대한 탐색(한국콘텐츠학회, 2016)

05

발달지체 영유아 조기개입 - 신변처리편 -

2018년 1월 10일 1판 1쇄 발행
2024년 7월 25일 1판 4쇄 발행

지은이 • 임경옥
펴낸이 • 김진환
펴낸곳 • (주) 학지사
04031 서울특별시 마포구 양화로 15길 20 마인드월드빌딩
대표전화 • 02)330-5114 팩스 • 02)324-2345
등록번호 • 제313-2006-000265호

홈페이지 • http://www.hakjisa.co.kr
인스타그램 • https://www.instagram.com/hakjisabook

ISBN 978-89-997-1345-3 93370

정가 17,000원